중국과 미국의 해양경쟁

중국과 미국의 해양경쟁

초판발행일 | 2014년 7월 31일

지은이 | 이재형
펴낸곳 | 도서출판 황금알
펴낸이 | 金永馥

주간 | 김영탁
편집실장 | 조경숙
인쇄제작 | 칼라박스
주 소 | 110-510 서울시 종로구 동숭동 201-14 청기와빌라2차 104호
물류센타(직송 · 반품) | 100-272 서울시 중구 필동2가 124-6 1F
전 화 | 02) 2275-9171
팩 스 | 02) 2275-9172
이메일 | tibet21@hanmail.net
홈페이지 | http://goldegg21.com
출판등록 | 2003년 03월 26일 (제300-2003-230호)

* 값은 뒤표지에 있습니다.

ISBN 978-89-97318-75-9-93390

중국과 미국의 해양경쟁

이재형 지음

황금알

머리말

국제사회에서 10년 전만해도 중국과 미국을 비교한다는 것이 큰 의미가 없어 보였다. 그만큼 두 나라의 국력 격차가 컸기 때문이다. 그러나 지금은 여기저기에서 중국과 미국을 비교분석하는 것이 유행처럼 번지고 있다. 그런데 우리가 주목해야 할 점은 중국과 미국의 국력 격차가 예상보다 빨리 좁혀지고 있다는 사실이다. 오늘날 중국과 미국을 거론하는 것은 마치 냉전시대에 미국과 소련의 관계를 비교한 것과 유사하다고 볼 수 있다. 단지 냉전시 미 · 소관계 연구에는 민주주의와 공산주의라는 이데올로기적 잣대와 두 군사 초강대국의 첨예한 군비경쟁이 존재했다면, 오늘날 중 · 미관계 연구에는 경제적 영향력과 지정학적 중요성이 부각되고 있다는 점이 다르다고 하겠다. 하여튼 21세기에 들어서면서 중국과 미국의 관계는 두 나라만의 문제라기보다 전 세계의 이목이 집중되고 있는 것이 현실이다. 그만큼 양국의 영향력이 국제사회에 미치는 폭이 넓기 때문이다.

중국과 미국의 비교에 있어서 미국은 제2차 세계대전 이후 줄곧 초강대국의 지위를 유지해 오고 있기 때문에 새삼스러울 것도 없지만, 중국의 경우는 좀 다르다. 마오쩌둥이 1949년 10월 1일 중화인민공화국을 선포하고 나서 1950년대 말 '대약진운동'으로 중국이 철강 생산 면에서 서구를 금방 추월할 것이라고 장담할 때도 서구인들은 이 말을 진지하게 받아들이지 않았다. 그러나 중국은 1960년 대약진운동이 끝나고 50년 만에 다시 과거의 명성을 찾기 위한 용틀임을 시작한 것이다.

중국은 2010년을 기점으로 국민총생산 면에서 일본을 앞질렀고, 수출 총액 면에서 독일을 추월함으로써 명실상부한 세계 제2의 경제대국이 되었다. 오늘날 중국의 눈부신 발전을 가리켜 '새로운 부상'이라고 표현하기보다는, 중국이 잠시 잃었던 강대국의 명성을 서서히 되찾고 있다고 보는 것이 더 타당할 것이다. 중국은 과거 20개의 세기 중 18개의 세기 동안 세계 최강의 국가였기 때문이다. 이제는 중국이 국민총생산 측면에서 언제쯤 미국의 그것을 앞지를 것인가가 세인의 관심거리가 됐다. 경제 전문가들의 미래예측을 종합해 보면 중국은 건국 100주년이 되는 2049년이 되면 국민총생산 면에서 미국을 제치고 세계 제1의 위치를 차지할 가능성이 크다는 것이다.

그렇다면 군사 면에서는 어떨까? 미국은 군사력 면에서 아직까지 단연 세계 최강의 위치에 있다고 할 수 있다. 하지만 여기서 우리는 구소련이 붕괴된 원인을 더듬어 볼 필요가 있다. 구소련은 아프가니스탄에 10여 년간 10만 명이라는 대병력을 주둔시키고, 미국과 힘겹게 군비경쟁을 하는 과정에서 과도한 국방비를 지출함으로써 국가경제의 균형을 잡지 못하고 결국 연방이 해체되는 수모를 당했다. 미국도 이라크와 아프가니스탄에서 거의 10여 년 간 전쟁을 치루면서 많은 예산을 투입했고 큰 인명 피해도 입었다. 오바마 미 대통령은 2014년 1월 의회 국정연설에서 “올해 연말까지 아프가니스탄에서 미군 철수를 마무리하겠다. 아프간 정부가 새 안보 협정에 서명한다면 아프간 군을 훈련하고 지원할 소수의 미군을 주둔시키겠다”고 밝혔다.

당연히 미국 정부도 이제 연방의회의 국방비 삭감압력을 면할 수 없게 된 것이다. 오바마 대통령과 의회가 2011년 합의한 바에 따르면 향후 10년 동안 국방비 4,879억 달러를 감축할 계획이라고 한다. 앞으로 매년 약 500억 달러의 국방비가 삭감된다는 얘기다.

그런데 중국은 이제 경제가 부강해지기 시작하자 바로 군사력 건설에 주력하고 있다. 중국 입장에서 보면 육지 국경은 거의 획정되어 더 이상 인접국가인 러시아나 인도, 베트남 등과 국경문제로 전쟁을 치를 가능성은 희박하다고 볼 수 있다. 그러나 중국이 핵심 국가이익으로 간주하고 있는 도서 영유권 문제는 동중국해에서는 일본과, 남중국해에서는 필리핀, 베트남 등과 극명하게 대립하고 있다. 오늘날 중국은 과거 아편전쟁에서 해군력이 미약하여 서구 제국주의에 당한 뼈저린 교훈을 되새기며 해군력 증강에 박차를 가하고 있다. 그런데 현재 중국과 도서분쟁 당사국들은 미국의 동맹국이거나 우방국이므로 만약 이 지역에서 도서 분쟁이 발발한다면 결국에는 중국과 미국의 힘겨루기 상황이 불가피하게 될 것이다.

앞으로 제3차 세계대전이 일어날 것인가? 이러한 질문을 던지고 싶지는 않지만 오늘날 동아시아 해역의 긴장상황을 보고 있노라면 우려하지 않을 수 없다. 중국이 핵심 국가이익으로 간주하고 있는 대만문제, 그리고 동 · 남중국해의 해양영토문제(중국명 釣魚島 댜오위다오, 일본명 尖閣列島 센카쿠제도)가 당사국인 중국, 일본, 필리핀, 베트남뿐만 아니라 미국의 국가이익과도 관련이 있기 때문이다. 아직도 중국인들은 1931년부터 1945년까지 일본군들의 만행으로 거의 수백만 명의 자국인이 사망하였고, 난징에서만도 30여만 명의 중국 군 · 민이 도살되는 참상을 생생하게 기억하고 있다. 더구나 최근 일본의 아베 총리는 군국주의적 처신으로 주변 국가들로부터 고립을 자초함으로써 이 지역의 긴장을 더욱 부채질하고 있다.

중국은 건국 초기부터 평화외교 5원칙을 내세워 전쟁을 먼저 일으키지 않겠다고 선언했다. 그러나 국가 핵심이익과 관련해서는 군사력 동원을 주저하지 않을 것이라고 천명한 바 있다. 작년 중국의 방공식별구역 확대 조치 이후 동아시아 해역은 이미 전운이 감돌고 있다. 중국과 미국의 폭격기 및 항공모함 출동, 일본의 전투기 및 해안순시선 출동사태에 이어, 최근에는 중국 군용기가 자국이 선정한 동중국해 방공식별구역에서 일본 군용기를 실탄까지 사용해 격퇴한 것으로 전해졌다. 이 지역에서 중국군과 일본군의 대결이 자칫 미군의 개입으로 확대된다면 이 지역이 제3차 세계대전이 일어날 가능성이 큰 지역 중의 하나가 될 수도 있다.

필자는 이 책의 주제를 『중국과 미국의 해양경쟁』으로 선정하였고, 이 두 나라의 해양 각축전이 어떠한 배경으로 어떻게 전개될 것인가를 분석해 나갈 것이다.

이 책 제1장에서는 해양과 인류의 역사발전에 관한 상관관계를 개관하고, 제2장에서는 중국과 미국의 외교관계 발전과정을 청나라 말기부터 양국이 국교를 수립하는 단계까지 고찰해 볼 것이며, 제3장에서는 중국과 미국의 잠재력을 외교, 경제, 군사력 면에서 비교분석할 것이다. 제4장과 제5장에서는 중국과 미국의 해양전략 역사와 현상을 고찰하고, 제6장에서는 중국과 미국의 해양세력이 서태평양-인도양 해역, 중동-아프리카 지역, 그리고 중남미와 북극해 지역에서 어떻게 경쟁하고 있는지, 그리고 양국의 해양격돌이 앞으로 어떻게 전개될 것인지를 조망해 볼 것이다. 마지막 제7장에서는 중국과 미국 중 어느 나라가 해양경쟁에서 진정한 승자가 될 것인지를 분석할 것이다.

일부 석학들은 20세기는 '미국의 세기'였다고 특징지으며, 21세기는 '해군의 세기'가 될 것이라고 예측한 바 있다. 그런데 필자는 21세기는 '중·미의 해양경쟁의 세기'가 될 것이라고 보고 있다. 역사적으로 볼 때도 바다를 지배했던 나라는 국력을 대외에 과시함으로써 강국이 되어 세계의 역사를 주도해 왔다. 고대에는 그리스와 로마인들이, 그리고 중세에는 아랍과 베니스인들이 지중해를 제패했다. 특히 근대 세계사는 해양패권 승자의 역사라 해도 과언이 아닐 것이다. 포르투갈과 스페인이 대서양, 태평양, 인도양을 누비며 식민지 쟁탈전을 벌였고, 영국은 스페인의 무적함대를 무찌르고 바다의 지배권을 획득함으로써 해가 지지 않는 대제국을 건설하였으며, 2차 세계대전을 승리로 이끈 미국은 오늘날 세계 최강의 해양강국이 되었다. 이처럼 국가의 흥망성쇠는 제해력(制海力)과 밀접한 관계를 가지고 있는 것이다.

따라서 필자는 금세기에는 물론 다가오는 세기에도 해양력은 강력한 국가를 만드는 원천이며, 한 국가의 국위선양에도 매우 중요한 요소가 될 것이라고 확신한다. 아무쪼록 이 책이 일반 국민들은 물론 학계에서도 해양전략의 중요성을 재인식하는 자그마한 계기가 되어 주었으면 하는 마음이 간절하다.

이 책이 나오기까지 아내 임태수, 하나뿐인 소중한 딸 로한이가 기도하며 교정을 도와주었고, 아들 민성, 상협 선생의 든든한 지지와 며느리 김청설 선생의 끊임없는 격려도 큰 힘이 되었다. 이 책은 해양과 관련된 다수의 국내외 단행본, 논문, 신문기사 등을 참고하여 작성하였다. 이들 자료를 필자보다 먼저 연구하여 발표한 분들에게도 고마움을 전하고 싶다.

이 책을 발간해 보자고 필자에게 제의하고 격려와 협조를 아끼지 않은 도서출판 '황금알' 김영탁 주간님과 편집을 위해 수고한 조경숙 편집실장님에게도 진심으로 감사를 드린다.

2014년 2월

동아시아평화문제연구소

도곡동 연구실에서

이재형

차 례

머리말 • 4

제1장 해양과 인류의 역사

1. 해양과 인류 • 17
2. 근대 해양세력의 대두와 세계지도의 변화 • 22
3. 국가발전과 해양전략의 상관관계 • 34

제2장 중국과 미국의 관계 발전

1. 중 · 미 관계의 태동 • 45
2. 국민당 · 공산당 내전 당시의 중 · 미 관계 • 48
3. 중화인민공화국 탄생 이후 양국관계 • 52
4. 양안관계와 중 · 미의 전략 • 60
5. 탈냉전 후 양국관계 • 68

제3장 중국과 미국의 잠재력 비교

1. 개요 • 75
2. 중 · 미 외교 잠재력 • 81
3. 중 · 미 경제 잠재력 • 96
4. 중 · 미 군사 잠재력 • 112

제4장 중국의 해양전략

1. 세계 최강의 해양제국 명나라 • 125

2. 굴욕의 한 세기를 당한 중국 • 133

3. 중공 수립 후 해군 • 144

4. 탈냉전 후 중국해군 • 159

제5장 미국의 해양전략

1. 개요 • 173

2. 미 본토 방어 시기(1775~1890) • 180

3. 대양해군 시대(1890~1945) • 187

4. 미 해군이 세계 최강 해군으로 부상한 시기(1945~1992) • 197

5. 탈냉전 이후의 미 해군 • 200

제6장 중국과 미국의 지역별 해양경쟁

1. 서태평양–인도양에서의 중 · 미 경쟁 • 209

2. 중 · 미의 중동–아프리카 지역 전략 • 240

3. 중 · 미의 중남미/북극해 전략 • 252

제7장 중 · 미 해양경쟁에서 승자는 누가 될 것인가? • 265

참고문헌 • 290

찾아보기 • 301

도표 목차

〈도표 1-1〉 세계의 대항해(1400~1600년) • 26
〈도표 1-2〉 제국주의 국가들의 식민지 현황(1900년 기준) • 33
〈도표 2-1〉 양안의 군사력 대비 • 67
〈도표3-1〉 중국과 미국의 일반현황 비교(군사력 제외) 2012년 말 기준 • 77
〈도표 3-2〉 중국과 미국에 대한 세계인의 인식 • 92
〈도표 3-3〉 신국제질서의 성격에 대한 미국 학계, 언론계의 평가 • 95
〈도표 3-4〉 중국에 대한 10대 원유 공급 국가(2011년도 기준) • 102
〈도표 3-5〉 중국, 대만, 인도, 싱가포르의 경제성장률(%) • 105
〈도표 3-6〉 주요 국가의 GDP 비교 〈1700~2003년〉 • 109
〈도표 3-7〉 신국제질서의 성격에 대한 미국학계의 평가 • 116
〈도표 3-8〉 A2 능력과 AD 능력 • 117
〈도표 4-1〉 정화의 원정 함대 • 128
〈도표 4-2〉 정화의 아시아/아프리카 항해와 서구의 해양활동 비교 • 129
〈도표 4-3〉 중국이 체결한 주요 불평등 조약 • 139
〈도표 4-4〉 중국해군의 주요 함대 및 해군 항공기 • 165
〈도표 5-1〉 미국 영토 확장의 역사 • 185
〈도표 5-2〉 주요 국가별 해군 예산 비교(단위: 백만 파운드) • 193
〈도표 5-3〉 레이건 행정부의 600함정 확보계획(1981~1989) • 199
〈도표 5-4〉 미 해군 무기 및 장비 • 202
〈도표 5-5〉 미 해군 병력 수준(해병대 제외, 단위: 명) • 204
〈도표 6-1〉 남중국해에서의 군사적 충돌 일지 • 236
〈도표 6-2〉 중국과 주변국가의 남중국해 영유권/해양관할권 주장 • 237
〈도표 6-3〉 중국-아프리카 협력포럼 개최 현황 • 247
〈도표 6-4〉 아프리카와 전 세계 광물 매장량 비교 • 248
〈도표 7-1〉 1차 대전 당시 영 · 독과 현재의 중 · 일 관계 비교 • 280

도해 목차

〈도해 1-1〉 토르데실라스 조약에 의한 포르투갈과 스페인의 세계 식민지 분할 • 27

〈도해 3-1〉 주 오키나와 미 해병대 재배치 • 115

〈도해 4-1〉 정화와 콜럼버스의 함선 길이 비교 • 127

〈도해 4-2〉 정화의 원정항해도 • 130

〈도해 4-3〉 리우후아칭 해군사령관의 제1 및 제2도련선 • 158

〈도해 4-4〉 중국 항공모함 랴오닝호 • 164

〈도해 4-5〉 중국해군 북 · 동 · 남해함대 사령부 • 167

〈도해 5-1〉 루스벨트가 참여한 러프라이더(Rough Riders) • 176

〈도해 5-2〉 미국 영토 확장 지도 • 186

〈도해 5-3〉 미 항모 엔터프라이즈호 • 196

〈도해 6-1〉 동아시아 해역과 방공식별구역 • 214

〈도해 6-2〉 조어도 3개 섬 분쟁지역 • 217

〈도해 6-3〉 중국의 진주목걸이 전략 • 219

〈도해 6-4〉 세이셸 군도 • 220

〈도해 6-5〉 중국-미얀마 오일/가스전 • 223

〈도해 6-6〉 과다르-신장위구르 자치구 송유관 • 228

〈도해 6-7〉 중국의 남중국해 영해 주장 • 229

〈도해 6-8〉 중 · 미에 대한 주요국가 호감도 • 234

〈도해 6-9〉 아태지역 미해군 기지 및 중 · 미 해군력 비교 • 238

〈도해 6-10〉 아프리카 전도 • 244

〈도해 6-11〉 북극해, 북극항로 현황 • 254

〈도해 6-12〉 북극해의 해상수송로와 원유 매장지역 • 255

〈도해 6-13〉 중국-콜롬비아 신규철도 건설계획 • 261

〈도해 7-1〉 사이버 공격 상위국가 비중 • 275

〈도해 7-2〉 달에 착륙한 옥토끼호 • 279

약자

A2/AD: Anti-access/Area-denial 접근차단 및 지역거부

ASEAN: Association of Southeast Asian Nations 동남아시아국가연합

CNOOC: China National Offshore Oil Cooperation 중국해양석유공사

EAS: East Asia Summit 동아시아정상회의

EC: European Community 유럽공동체

EU: European Union 유럽연합

FOCAC: Forum on China-Africa Cooperation 중국-아프리카 포럼

ICBM: Inter-Continental Ballistic Missile 대륙간탄도미사일

IRBM: Intermediate Range Ballistic Missile 중거리탄도미사일

MBA: Master of Business Administration 경영관리학 석사

PPP: Purchasing Power Parity 구매력평가

RCEP: Regional Comprehensive Economic Partnership 역내포괄적경제동반자협정

S&ED: China-U.S. Strategic and Economic Dialogue 미중경제전략대화

SCO: Shanghai Cooperation Organization 상하이협력기구

SLBM: Submarine-Launched Ballistic Missile잠수함발사탄도미사일

SLOC: Sea Lines of Communication 해상교통로

SSBN: Strategic Submarine Ballistic Nuclear 핵추진잠수함

SSGN: Submersible, Ship, Guided, Nuclear 유도미사일공격잠수함

SSN: Ship Submersible Nuclear 핵추진공격형잠수함

TSEA: Taiwan Security Enhancement Act 대만안보증진법

TPP: Trans-Pacific Strategic Economic Partnership 환태평양전략적경제동반자협정

UNCLOS: United Nations Convention on Law of the Sea 유엔해양법회의

WEF: World Economic Forum 세계경제포럼

WMD: Weapons of Mass Destruction 대량살상무기

제1장
해양과 인류의 역사

1. 해양과 인류

세계의 해양은 지구 표면의 약 71%로, 대략 3억 5천만㎢이다.[1] 또한 이곳에서는 지구상 모든 서비스 가치의 3분의 2 이상이 이루어지고 있으며, 지구 생물종의 80%가 서식하고 있다. 2025년까지 세계인구의 4분의 3 정도가 이 연안지역에서 거주할 것으로 예견될 만큼 해양이 인간생활에 미칠 영향은 더욱 더 커질 것으로 전망된다.[2] 이 지구상에서 가장 높은 곳은 에베레스트 산으로 8,848m, 가장 깊은 심해는 비티아스 해연(Vityaz Deep 海淵)으로 11,304m라고 하니 바다의 세계가 얼마나 거대하고 심오할까 하는 생각이 든다.

그런데 지구에 존재한 물의 양은 엄청나지만 생물과 인간에게 필수불가결한 담수(淡水: 소금기가 없는 물)는 지구 전체에 존재하는 물 가운데 오직 2.5%에 불과하다. 오늘날 세계적으로 인구는 늘어나고 기상이변에 따른 홍수, 가뭄 등으로 곳곳에서 물 부족을 호소하고 있는 실정이다. 따라서 앞으로 바닷물을 담수화하여 먹는 물과 관개용수로 사용하는 것이 세계적인 추세가 될 것이다. 해수담수화 부문 세계 1위인 두산중공업은 세계 최대 구리광산인 칠레 에스콘디다에 광산용 담수를 생산하는 해수담수화플랜트(수주 가격은 1억300만 달러)를 수주했는데, 이 플랜트는 하루 55만 명이 쓸 수 있는 22만t 규모의 담수를 2016년부터 생산을 시작한다고 한다.[3]

---

1) S. G. Gorshkov, *The Sea Power of the State*, New York: Pergamon Press Inc., 1979, pp. 59–60.
2) 변상경, “우리가 해양과 함께 서 있는 이유”, 조선일보, 2014.02.24.
3) 조백근, “두산중공업, 칠레 해수담수화플랜트 1억300만 달러 수주”, 노컷뉴스, 2013.08.25.

그러면 물은 인류에게 어떤 존재일까? 우선 물은 우리 몸의 약 70%를 차지하고 있으며, 우리는 하루에 약 2리터의 물을 마시고 있다. 따라서 물은 우리 몸이 건강을 유지하고 활력을 증진시키는데 필수적인 요소이다. 물은 화학반응의 촉매역할 능력을 지니고 있어서 모든 식물의 끝부분, 그리고 인간의 혈관 등에서 중력을 통해 영양분과 미네랄을 위로 밀어 올리는 일도 한다. 이 귀중한 물은 지구상에서 자체적으로 재생산되고 있는 유일한 핵심자원이라는 점도 특이하다.[4] 또한 세계 인구의 약 80%는 해안이나 해안에 근접한 곳에서 살고 있다.

세계 역사를 보더라도 4대 문명의 발상지는 모두 강 유역에서 발원하였다. 메소포타미아 문명은 티그리스강과 유프라테스강 유역에서, 이집트 문명은 나일강 유역에서, 인도 문명은 인더스강 유역에서, 중국 문명은 황하 유역에서 비롯되었다. 해양은 인류문명의 미래에도 지대한 역할을 담당하게 될 것이다. 점증하고 있는 인구의 증가문제, 육지에서 채굴되는 석탄, 석유, 가스 등의 한계에 따른 에너지 위기, 인류의 건강을 위협하는 환경문제 등을 해결하기 위해서 해양은 이러한 난제들을 풀어주는 열쇠가 될 수 있을 것이다.

인류의 역사 발전과 더불어 선박 제조기술이 발달하고 인접국가 상호간의 교역이 증가함에 따라 수상교통로는 강에서 바다로, 바다에서 대양으로 확대되기에 이르렀다. 배는 강, 바다, 대양을 항행하는 수상교통수단이다. 우리나라의 경우 무역화물의 99%가 바다를 통하여 교역이 이루어지고 있다. 배는 원시사회에서는 통나무배(통나무를 파서 만든 작은 배)와

4) 스티븐 솔로몬 저, 주경철, 안민석 옮김, 『물의 세계사』(서울: 민음사, 2013), p. 20.

뗏목을 주로 이용하였고, 산업혁명 이전에는 노와 돛만을 사용한 목범선을 주로 이용하였다.[5] 그러나 산업혁명 이후 증기기관이 출현함에 따라 1820년대에는 미국, 영국, 독일, 프랑스 등이 기선을 선보이기 시작했다. 그 이후 각종 현대식 선박이 발전을 거듭해, 오늘날 최첨단의 잠수함, 항공모함, 컨테이너선, 유조선으로까지 진화하게 된 것이다.

바다와 대양은 교통로 이외에도, 식량과 자원의 보고, 관광자원 등으로 인류의 일상생활과 역사발전에 크게 기여해 왔다. 또한 해양은 인류에게 생선에서 나오는 양질의 단백질을 제공해 주고 있다. 이 단백질은 우리의 일상생활에서 매우 중요한 영양소이다. 어패류는 세계의 동물성 단백질 공급량의 25%를 차지한다고 한다.

해양에서 생산되는 석유와 천연가스는 중요한 세계의 에너지원으로 활용되고 있는데, 오늘날 석유생산량 가운데 바다에서 생산되는 양이 전체 생산량의 30%를 차지하고 있다. 해양은 광물과 원소를 추출하는데도 매우 중요하다. 해양에서 획득할 수 있는 광물자원은 바닷물 자체를 비롯하여 우라늄, 마그네슘, 칼륨, 망간, 코발트, 니켈 등이 있으며 이 자원들은 첨단기술산업의 원자재로써 인류의 사회경제발전에 매우 중요한 광물이다. 우리들이 일상생활에서 사용하는 소금, 치약, 화장품, 의약품, 필름, 필터, 비료 등도 해양광물로부터 나온 재료를 사용해서 만든 것들이다.[6] UN은 세계의 인구가 2100년에는 109억 명에 달할 것이라고 전망했는데, 그 점을 고려해 보면, 지구상의 육지만으로는 미래의 식량, 에너

5) 곡금량 저, 김태만 외 옮김, 『바다가 어떻게 문화가 되는가』(부산: 산지니, 2008), pp. 129-132.

6) Michael H. Sedge, *Commercialization of the Ocean*, New York: Franklin Watts, 1987, p. 14.

지 및 광물수요를 충당하기 어려울 것이다. 따라서 해양의 전략적 가치는 점점 더 증대될 것이 분명하다.

해양은 또한 매우 소중한 에너지 자원이다. 해양에서 나오는 바람, 파도, 조수간만의 차이 등은 에너지로 전환될 수 있다.[7] 조수간만의 차이를 이용한 조력발전의 경우 세계 각국이 건설에 박차를 가하고 있다. 조력발전소는 1967년 프랑스에서 처음 건설하였고, 뒤이어 캐나다, 중국이 운영하고 있으며, 우리나라도 2012년 시설용량 25만kw인 시화조력발전소를 가동 중에 있다. 일본 후쿠시마 원전 사고 이후 원전에 대한 우려와 논란 때문에 앞으로 조력발전소 설비는 더욱 탄력을 받을 전망이다. 파도를 이용하는 파력발전도 실용단계에 접어들고 있다. 파력발전은 파도로 인해 상하로 움직이는 바닷물의 운동에너지를 이용하는 전력 생산방식으로 잠재적인 발전량이 약 2조 와트(Watt)로 추산되며, 이는 날씨의 영향을 덜 받아 평균 발전효율이 30~50%에 달해 기존 태양광발전에 비해 10% 정도 효율이 더 높은 것으로 평가되고 있다.[8]

해양에서 생산되는 석유와 천연가스도 중요한 세계의 에너지원으로 활용되고 있는데, 오늘날 석유생산량 가운데 바다에서 생산되는 양이 점차 늘고 있다. 미국은 1954년부터 2007년까지 해저에서 168억 배럴의 석유와 173억m^3의 천연가스를 생산했는데, 이는 전체생산량의 27% 및 14%를 각각 차지한다. 또한 미국의 경우, 아직까지 미발견된 석유와 천연가스의 30%가 그들의 대륙붕(大陸棚, continental shelf, 해변으로부터 깊이 약 200m

7) David A. Ross, *Opportunities and Uses of the Ocean*, New York: Springer-Verlag, 1980, p. 275.
8) 이승연, "일본 파력발전 상용화 나섰다", 서울경제, 2009.09.02.

까지의 완만한 경사의 해저지형)에 매장되어있다고 한다. 북극에는 지구상에 남아있는 석유와 가스 저장량의 4분의 1을 보유하고 있는 것으로 알려지고 있는데, 현재 관할권 논쟁이 일고 있는 로모소노프 해령(海嶺, oceanic ridge, 깊은 바다에 있는 길고 좁은 산맥 모양의 솟아오른 부분)에는 약 100억 배럴의 석유가 매장되어 있는 것으로 추정되고 있다.[9)]

해양은 또한 한 국가에서 다른 국가로 군사력을 투사(投射: force projection)하거나 외교적 압력을 가하는 수단으로 사용되기도 한다. 해양에 관련된 역사를 살펴보면, 바다를 국가이익 증진수단으로 선택한 국가들은 다른 국가들보다 정치적, 경제적으로 더욱 강대했음을 알 수 있다. 포르투갈, 스페인, 영국, 프랑스 및 네덜란드를 포함한 유럽 해양 국가들은 강력한 해군력을 이용하여 광대한 식민지를 획득하였고, 경제적 부를 챙겼을 뿐단 아니라, 세계 각처에 자국 국민들을 위한 새로운 주거지를 마련할 수 있었던 것이다. 1840년부터 1940년까지 유럽인 6천만 명 이상이 그들이 말하는 신세계(아메리카, 시베리아, 캐나다, 호주, 뉴질랜드 및 남아프리카 공화국)로 이주했다.[10)]

신계계르의 야심찬 탐험과 이주의 결과로 항로는 오랫동안 해양 세력들 간의 경쟁의 장이 되어 왔다. 따라서 각국은 주요 항로에 대해 통제권을 차지하고자 했으며, 이제 해상수송로는 재화와 용역의 선적에 필수불가결한 것이 되었다. 왜냐하면 수송비용 면에서 배를 이용해서 이루어지는 무역이 항공기를 이용하는 것 보다 40배 이상 저렴하기 때문이다. 따라

9) "북극전쟁 시작? 러시아, 사상 처음 북극심해 탐사 돌입", 동아일보, 2007.08.01.

10) David Thomson, *Europe Since Napoleon*, Middlesex, England: Penguin Books, 1966, p. 493.

서 오늘날 바다를 통해 이루어지는 무역이 국제 무역의 90% 이상을 차지한다. 더 중요한 것은 항로가 강대국들에게 있어서 자국의 해군력을 다른 지역, 즉 자국의 이익이 걸린 지역에 투사하는데 매우 중요하게 이용된다는 점이다. 결국 해양의 역사는 주로 상충하는 상업적 이익과 국가 이익에서 비롯된 경쟁국들 간의 기록이라고 말할 수 있겠다.[11)]

2. 근대 해양세력의 대두와 세계지도의 변화

유럽이 세계사에서 두각을 나타내기 시작한 것은 1490년대 획기적인 세 차례의 대서양 항해가 계기가 되었다. 콜럼버스의 아메리카 왕복 항해, 바스코 다 가마의 아프리카-인도 항해, 그리고 잉글랜드에서 출발해 북아메리카의 뉴펀들랜드에 닿았던 존 캐벗의 항해가 그것이다.[12)] 대서양의 해류와 무역풍의 원리를 터득한 이들의 항해는 지구의 모든 대양을 항해할 수 있는 기틀을 만든 것이다. 무역풍(trade wind , 貿易風)이란 중위도(30 ° ~ 40 ° 부근) 고압대에서 적도 저압대를 향하여 북반구에서는 북동풍, 남반구에서는 남동풍으로 1년 내내 지속적으로 부는 바람으로, 본래는 정남북의 방향으로 부는 것인데 지구 자전의 영향을 받아서 북반구에서는 오른쪽으로 쏠리기 때문에 북동풍, 남반구에서는 왼쪽으로 쏠려 남동풍으

11) E.B. Potter, ed., *Sea Power: A Naval History*, 2nd Ed., Annapolis, Maryland: Naval Institute Press, 1982, p. 1.
12) 스티븐 솔로몬 저, 주경철, 안민석 옮김, 『물의 세계사』(서울: 민음사, 2013), p. 225.

로 된다. 돛단배는 이 무역풍의 원리를 이용하면 수월하게 항해를 할 수 있다. 무역풍이 부는 지역 내에서는 폭풍이 거의 없고 날씨도 매우 좋을 뿐만 아니라 풍속이 초속 4~8m 정도로 항해하기 좋은 지역이다.

이탈리아 태생의 콜럼버스(1451~1506)는 지구가 둥글다는 확신을 가지고 대서양을 횡단하면 인도가 있을 것이라고 생각했고, 아시아를 가기 위해서는 대서양의 서쪽을 도는 편이 빠르다고 믿었다. 그가 아프리카를 돌아 인도양 쪽에서 인도를 찾았다면 아메리카 대륙의 발견은 실제보다 훨씬 늦어졌을 수도 있었다. 그의 항해는 에스파냐 여왕 이사벨라(1451~1504)가 후원자가 되었다. 1492년 8월 3일, 콜럼버스 일행은 산타 마리아호 등 3척의 범선으로 에스파냐의 팔로스 항구를 출항하였다.

그러나 70일 동안을 가도 육지는 없고 주위는 바다만 계속되자 선원들은 서쪽 끝은 바로 땅이 끝나는 곳으로, 그곳에서는 물이 폭포를 이루어 끝없이 떨어져 내린다고 생각했기 때문에 두려움에 떨었다. 그런 상황에서 1492년 10월 12일, 드디어 육지에 상륙했다. 콜럼버스는 구세주와 관련시켜서 이 섬을 구세주란 의미의 산살바도르(San Salvador, 현재 엘살바도르의 수도)라고 명명했다. 그는 자신이 도착한 곳을 인도로 생각하여 지금도 카리브 해에 떠있는 섬들을 '서인도'라고 부르고, 그곳 원주민을 '인도 사람'의 의미를 지닌 '인디오(Indio)'라고 부르고 있다. 그 후 그는 4차례의 거듭된 항해로 건강을 해쳐 54세의 나이로 죽었다. 실로 콜럼버스의 항해는 후대의 항해가들이 지구를 일주하고 동서반구를 하나로 연결시킴으로써 세계를 일체화하는데 직접적인 공헌을 했고, 유럽이 신대륙에 대한 식

민지를 개척하는데 기여하게 되었다.[13)]

포르투갈 국왕은 콜럼버스의 대항해 이후에 당시 37세의 바스코 다 가마를 탐험대장으로 임명하여 희망봉을 돌아 인도로 향하는 항로를 개척하기로 결심했다. 다 가마는 네 척의 배에 3년치 식량을 싣고 1497년 7월 8일 리스본 항을 출항했다. 그는 11월 22일 희망봉을 돌아, 다음해 3월에는 마다가스카르(Madagascar) 해협을 통과했다. 드디어 1498년 5월 20일 목적지인 인도의 캘리컷에 도착하여 약 3개월 간 그 곳의 힌두 군주를 만나 그의 방문 목적인 '기독교 전파와 향신료 무역'에 관해 협상을 벌였으나 군주와 조약을 맺는 데는 실패했다. 그가 본국으로 귀환하는 과정에서 3개월 간 많은 선원들이 괴혈병으로 사망하여 결국 배 한 척을 불태우고 1499년 여름 다 가마는 의기양양하게 포르투갈에 귀환했으나 처음 출항했던 170명의 선원 중 3분의 1만 살아서 돌아왔다. 그러나 가지고 온 후추와 화물들은 항해 비용의 60배나 되었다니 그의 항해는 이익이 넘치는 무역원정이었다고 볼 수 있다.[14)]

세계의 대항해

세계 최초의 대항해는 서구 국가가 아닌 중국에서 1405년 당시 명나라 황제인 영락제(永樂帝)의 명에 따라 정화(鄭和: Zheng He 1371~1435)에 의하여 단행되었다. 정화는 윈난성(雲南省) 쿤양(昆陽) 출생으로 1382년 윈난이 명나라에 정복되자 명나라 군대에 체포되어 연왕(燕王) 주태(朱棣)를 섬겼다. 1399~1402년 정난(靖難)의 변 때에 연왕을 따라 무공을 세웠고, 연

---

13) 곡금량 저, *op. cit.*, p. 144.
14) 스티븐 솔로몬 저, *op. cit.*, pp. 237-238.

왕이 건문제(建文帝)의 뒤를 이어 황제 영락제(永樂帝)에 즉위한 뒤 환관의 장관인 태감(太監)에 발탁되었다. 1405년부터 1433년까지 영락제의 명을 받아 7회에 걸쳐 대선단(大船團)을 지휘하여 동남아시아에서 서남아프리카에 이르는 30여국을 원정하여 명나라의 국위를 선양하고 무역의 길을 트기도 했다. 정화가 지휘한 명나라 해양세력이 인도양에 진출한 것은 바스코 다 가마의 인도양 도착보다 80~90년이나 앞섰다.

정화는 그의 첫 번째 야심찬 해양원정의 대상지로 동남아시아, 인도, 중동 그리고 아프리카 일부를 선택했다. 그 당시 다른 유럽 국가들은 대규모의 탐험을 할 수 없었다. 영국과 프랑스는 정치적으로 취약했고, 네덜란드는 스페인의 속국이었으며, 독일은 소규모 국가들로 분열되어 있었다. 그리고 스웨덴과 다른 스칸디나비아 반도 국가들은 지리적으로 멀리 떨어져 있었고, 매우 빈곤했다.[15] 중세 시대의 대부분의 유럽 국가들은 로마제국과 교황청의 영향력 아래 있었으며, 이들이 지중해 밖의 바다에서 자신들의 영향력을 확대시키기엔 너무나 허약한 국가들이었다.[16]

그러나 15세기에 교황의 지배력이 감소함에 따라, 포르투갈과 스페인이 해양탐험을 통해 영토를 확장하기 시작했다. 결과적으로 15세기 후반은 '미지의 세계에 대한 발견의 시대'가 되었고, 이는 이미 알려진 세계 외에 새로운 루트를 찾고자 추구하는 유럽 해양국가의 등장을 알리는 서막이었다. 발견의 시대(Age of Discovery 혹은 Age of Exploration)란 15세기부터 17세기까지 유럽 국가들이 무역로를 개척하고, 인구증가에 따른 식량

15) 그 당시 영국은 왕과 의회 간에 분쟁으로 분열되었었고, 프랑스는 왕과 귀족간의 분쟁이 있었다.

16) George Lichtheim, *Imperialism*, London: Allen Lane The Penguin Press, 1971, p. 45.

을 획득할 목적으로 해상탐험대를 파견한 시기를 말한다. 그들은 금, 은, 향료의 획득에 혈안이 되었는데, 이 과정에서 아직까지 접하지 못한 사람들과 낯선 대지를 발견하게 된다.

당시 포르투갈은 정치적으로 안정되어 있었으며, 잘 건조된 배를 확보하고 있을 뿐만 아니라, 항해지도와 나침반과 같은 항해 보조기술도 보유하여 해양 탐험이 가능한 최초의 유럽 국가가 될 수 있었다. 정화의 인도양 횡단 항해가 있은 후 80년이 지난 후에야 유럽의 탐험가들이 유럽대륙 밖으로 항해를 시작했던 것이다(도표 1-1 참조).

〈도표 1-1〉 세계의 대항해(1400~1600년)

탐험가	국적	항해 수	항해 기간	함선 수	선원 수	업적
정화	중국인	7	1405~1433	41~317	27,500~30,000	세계 최초 해양 원정
바돌로뮤 디아즈	포르투갈인	3	1481~1500	4~12	기록 없음	'희망봉' 도착
크리스토퍼 콜럼버스	스페인을 위해 항해한 이탈리아인	4	1492~1504	3~17	104~1,200	아메리카 대륙 발견
바스코 다 가마	포르투갈인	3	1497~1524	4~14	기록 없음	인도 발견
페르난드 마젤란	스페인을 위해 항해한 포르투갈인	1	1519~1522	5	270	최초 세계 일주
프란시스 드레이크	영국인	9	1567~1596	2~30	166	두 번째 세계 일주

출처: Tim McGirk, "대선단의 항해", (타임 특별호, 2001년 8월 20~27일), p. 45.

포르투갈과 스페인은 새로운 육지와 해양을 탐험하는 데 있어서 선두주

〈도해 1-1〉 토르데실라스 조약에 의한 포르투갈과 스페인의 세계 식민지 분할

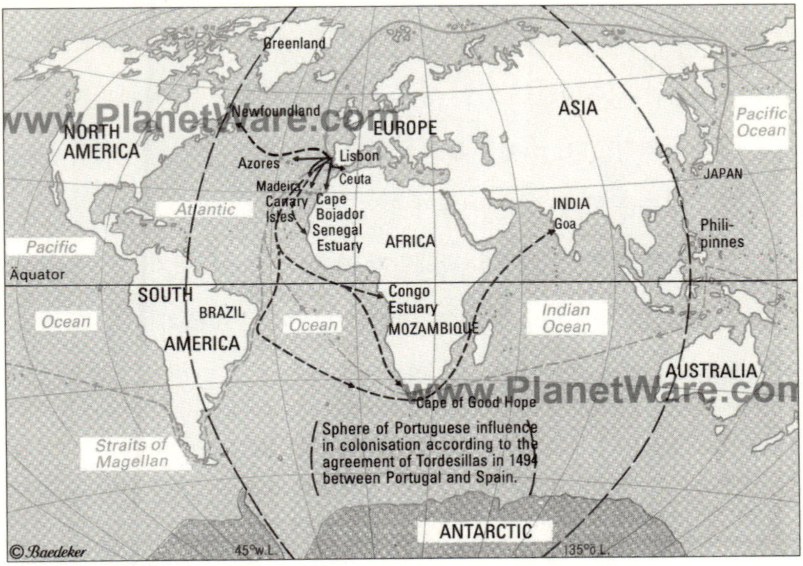

출처: http://theageofdiscovery.wikispaces.com/The+Treaty+of+Tordesillas
(인터넷 검색: 2013.12.20)

자들이었다. 도해 〈1-1〉에서 보는 바와 같이 스페인과 포르투갈은 1494년 그린랜드-브라질을 연하는 선을 경계로 우측 동반구는 포르투갈, 좌측 서반구는 스페인이 식민지 획득에 대한 독점적 지배권을 가진다는 것을 규정한 토르데실라스(Tordesillas) 조약을 체결하였다. 세계의 비기독교권을 절반으로 분할하여 두 나라가 탐험을 통해 식민지 지배권을 갖도록 허용한 이 조약은 최초의 국제해양법이 되었다[17]

그래서 스페인은 남아메리카와 지금의 캘리포니아, 텍사스, 플로리다 등을 식민지로 굳혔지만, 포르투갈은 관할구역을 직접 식민지화 하지 않

17) S. K. Wahyono, "Strategic Assessment of the Indian Ocean", in Robert H. Bruce, ed., *Indian Ocean Navies*, Perth: Curtin University of Technology, 1990, p. 126.

고 고아나 마카오처럼 항구도시를 건설하여 무역의 거점으로 삼는 방식을 채택했다. 로마 교황청에서는 1506년에 이 조약을 공식 승인했다. 이 조약이 체결된 시점에서는 아직 종교개혁이 시작되지 않아 교황의 절대적 영향력이 막강했다, 스페인과 포르투갈 두 나라를 제외한 영국과 프랑스는 해외 진출을 할 수 있는 여유가 없었고, 네덜란드는 스페인의 식민지였으므로 포르투갈과 스페인은 방해받지 않고 이렇게 식민지 독점권을 누렸다. 그러나 16세기에 접어들면서 교황의 영향력이 약해지고 영국, 프랑스, 네덜란드 등이 거세게 해상무역에 도전하면서 이 조약은 유명무실해졌다.

이 조약의 결과로 포르투갈 제국은 1511년 브라질, 아프리카 동남 해안의 모잠비크에서 인도양을 거쳐 말라카 해협, 인도네시아 군도까지 진출했다(도해 1-1 참조). 그 후 1570년까지 포르투갈의 진출은 남지나해를 거쳐 마카오까지 확대되었다. 이렇게 세력이 확장된 포르투갈은 상당 기간 그들이 지배하는 해양영역에 다른 국가의 함대가 항해하는 것을 금지시키고, 그들의 인가를 받지 않은 화물선의 통행을 제한하고 화물을 압수함으로써 바다를 지배했다.

한편 스페인의 아메리카에 대한 진출은 쿠바와 푸에르토리코 사이에 있는 히스파니올라(Hispaniola) 섬을 점령하는 것으로 시작되었다. 스페인의 진출 속도는 1509년부터 1511년까지 푸에르토리코 섬, 자메이카와 쿠바를 종속시키면서 가속화되었다. 한편 1526년 프란시스코 데 피자로가 대포 1문, 말 27필, 그리고 병력 180명으로 페루의 잉카제국을 점령함으로써 스페인은 세계 해양강국의 반열에 진입하였다. 식민지 원주민들은 스페인의 대량학살정책과 유럽인들이 전래한 천연두 같은 질병으로 대부분 사망했고, 일부 지역의 인구는 무려 90% 가량 감소했다. 이로 인한 노동력 부족 때문에 1502년 포르투갈이 아프리카 노예들을 히스파니올라에 최초로 상륙시켰다.[18] 1520년부터 1540년 사이 불과 1만 명 이하의 스페인인들이 멕시코 남부와 중부지역, 중앙아메리카 지역, 그리고 콜롬비아, 에콰도르, 페루, 볼리비아, 칠레와 같은 남아메리카 지역에 사는 수백만 명으로 이루어진 원주민 사회를 초토화했으며, 필리핀도 정복하여 식민지로 삼았다.

스페인의 뒤를 이어 16세기 말이 되어서야 네덜란드도 강력한 해양국가로 등장했다. 1595년 초, 반 호트만(Van Houtman)은 인도 해안과 극동 지역을 항해했다. 네덜란드는 1619년 바타비아(현재 자카르타)를 시작으로 인도네시아 군도에서 정착을 시작했다. 네덜란드가 그 지역에서 목표로 삼은 것은 현지무역을 주도하고 있던 포르투갈, 영국, 그리고 스페인을 축출하는 것이었다. 네덜란드는 1652년 케이프타운을 점령했고, 이곳을 자국의 함대가 항해할 때 식수나 신선한 육류 및 야채를 재공급하는 기지로 사용했다. 비록 영국이 1806년 네덜란드령 케이프타운을 탈환하여 식민지로 삼았지만, 오늘날 이곳 주민들은 네덜란드의 초기 정착민의 후손들이 대부분이고, 그들은 네덜란드어의 변형인 아프리칸스(Afrikaans)를 사용하고 있다.

한편 17세기 중반이 되어서야 프랑스 지도부는 식민지 개척의 중요성을 인식하기 시작했다. 프랑스는 1800년 세네갈과 사하라를, 그 다음해에

---

18) 아메리카 대륙에 대한 아프리카 노예는 1502년 히스파니올라 상륙을 시작으로, 쿠바(1513년), 온두라스(1526년), 미국의 제임스타운(1526년), 콜롬비아(1533년), 엘살바도르(1541년), 미국 플로리다(1581년)에 도착했다.

는 튀니지를 합병하였다. 1875년까지 프랑스 선교사들은 앙골라, 세네갈, 프랑스령 사하라, 프랑스령 아프리카 등으로 진출하여, 그 곳에서 정치적 영향력을 확대해 나가면서 자연스럽게 보호국 조치를 단행했다. 그 결과, 1884년까지 프랑스는 상당 부분의 아프리카 지역을 식민지화하는데 성공했다. 또한 프랑스는 1858년과 1893년 사이에 인도차이나(Indo-China: 이 용어는 그 지역 문화에 인도와 중국의 영향력이 혼재되어 있기 때문에 붙여진 이름임) 3국(베트남, 라오스, 캄보디아)을 자국의 식민지화 했다.

영국은 비록 포르투갈과 스페인보다 조금 늦게 식민지 획득 원정에 나섰지만, 궁극적으로는 다른 어떤 유럽 국가들보다 성공적이었다. 1570년 교황은 스페인 국왕 필립으로 하여금 엘리자베스 여왕 1세의 통치 하에서 청교도를 신봉하고 있는 영국에 대해 공격을 개시하도록 촉구했다. 스페인으로부터의 위협을 감지한 엘리자베스1세 여왕은 즉시 영국해군을 재건하기 시작했다. 그리고 해군사령관 프란시스 드레이크에게 스페인 함대를 격파하도록 지시했다. 1578년 드레이크는 스페인의 해안 마을에 대한 기습 공격을 감행했고, 50만 파운드에 달하는 금, 은, 보석을 약탈해 가지고 영국으로 귀환했다.

그 후 스페인 무적함대가 영국 해군을 격퇴하기 위해 도버해협으로 출동하였다. 당시 스페인 함선은 130척, 네덜란드 해군의 지원을 받은 영국의 함선은 200척이었는데, 이 전쟁에서 영국은 7척, 스페인은 50척의 함선을 잃었다. 비록 양국의 함대와 선원들은 숫자 면에서 대등했지만 영국 해군은 장병들이 잘 훈련되어 있었기 때문에 영국-스페인 전쟁에서 승리할 수 있었다. 이 전쟁의 결과로 영국은 북아메리카까지 자국의 식민지 영토를 확대한 반면, 스페인은 이미 취득한 식민지의 상당부분을 상실했다.

영국-스페인(AngloSpanish War: 1585~1604)전쟁이 끝난 후 1609년 네덜란드는 스페인으로부터 독립했다. 독립 후 네덜란드는 발틱 지역(Estonia, Latvia, Lithuania), 중동 지역, 그리고 아메리카 대륙에서 무역에 대한 영향력을 확대해 나갔다. 네덜란드의 팽창정책은 마침내 영국의 도전을 받았다. 1652년부터 1674년까지 세 차례의 영국-네덜란드 전쟁이 발발했다. 첫 번째 전쟁(1652~1654)과 두 번째 전쟁(1665~1667)에서 영국 해군은 승리하였다. 그렇지만, 1667년에 네덜란드 함대가 템스 강 하구에 들어가 영국 해군의 군수품 창고를 접수하고 영국 왕립해군의 지휘함을 나포했다.[19]

이 사건을 계기로 영국과 네덜란드 정부 간의 협상이 진행되었다. 협상 결과 영국은 동인도제도(Indonesia, the Philippines, Singapore, Brunei, the Malayan states of Sarawak and Sabah 등)에 대한 모든 권리를 포기한 반면, 네덜란드는 서인도제도(The Bahamas, Dominica, Grenada, Jamaica 등)를 영국의 영향권 내에 있는 지역으로 인정했다.[20] 이 과정에서 네덜란드는 허드슨 계곡과 뉴암스테르담 식민지를 영국에 양도했는데 후에 이 지역은 영국에 의해 뉴욕으로 개명되었다. 세 번째 전쟁(1672~1674)에서도 승리한 영국은 전쟁 승리 이상의 것을 얻어 결국 아메리카 대륙으로까지 무역 거점을 확대했다.

영국의 식민지 확대와 세계시장 진출은 17세기 초반부터 엄청나게 증가했다. 광대한 식민지 확대정책을 통해 영국의 해외 무역은 1700년부터 1780년 사이 거의 두 배로 증가했고, 그 후 20년 동안 세 배로 증가했다.

---

19) J.C. Revill, *World History*, London: Longmans, 1959, p. 463.
20) 동인도제도는 말레이 군도, 서인도제도는 카리비안 군도를 말함.

그러나 영국을 세계에서 가장 강대한 해양강국으로 부상시킨 것은 식민지의 확대가 아니라 트라팔가 해전(Battle of Trafalgar)이었다. 트라팔가 해전은 1805년 10월 21일 스페인 서남부 해안에 있는 트라팔가 곶에서 영국함대와 스페인-프랑스 연합함대 간에 일어난 전쟁이었다. 넬슨 제독이 이끈 27척의 영국 함대는 33척의 프랑스 연합 함대를 맞아 22척을 격파했는데, 영국함대의 손실은 한 척도 없었다.

이 전쟁에 패한 나폴레옹 I세는 바다에서 강자로서의 지위를 상실했고, 영국 본토공격도 불가능하게 되었다. 넬슨 제독은 이 전투에서 전사했지만 이 전투의 승리로 영국은 세계 제1의 해양강국으로 부상하였다. 나폴레옹의 육군은 유럽대륙에서 압도적 승리를 거두었으나, 막강한 영국해군을 당해내지는 못했다. 전쟁에서 패한 프랑스는 결국 대부분의 식민지를 영국에게 양도하지 않을 수 없었다. 또한 이것은 유럽 국가들 간의 권력투쟁이 주로 강대국들 간의 해양경쟁의 결과였음을 보여주는 좋은 사례이다.

한편 1871년 프랑스-독일 전쟁(Franco-German War: 1870년 7월 19일 ~1871년 5월 10일)이 끝난 후에 프랑스와 독일은 새로운 식민지 정책을 발전시켰다.[21] 새롭게 설립된 독일도 주변 국가들에 자극을 받아 식민지 획득 경쟁에 뛰어들게 되었다. 독일은 1880년 사모아에 진출하였고, 1884년에는 아프리카에 보호령을 창설하고, 태평양에 있는 다수의 섬을 합병함으로써 본격적으로 제국주의 정책을 펴기 시작했다. 그 후 15년 동안 약 일백만 평방마일에 달하는 지역을 식민지로 삼았다. 독일과 다른 식민지

21) J.A. Hobson, *Imperialism*, Michigan: The University of Michigan Press, 1965, p. 19

강국들 간의 경쟁은 남아프리카공화국, 발칸반도 및 모로코와 같은 지역을 식민지로 획득하는 과정에서 심화되었다. 1840년부터 1900년까지 60년 동안 많은 유럽 국가들은 아프리카와 아시아 지역, 그리고 태평양 지역 및 여타의 많은 섬들을 합병하거나 그들에 대해 정치적 영향력을 행사했다(도표 1-2 참조).[22)]

〈도표 1-2〉 제국주의 국가들의 식민지 현황(1900년 기준)

국가	식민지수	지역 (1,000 평방마일)		인구 (백만)	
		모국	식민지	모국	식민지
영국	50	121	11,605	40.6	345.0
프랑스	33	204	3,741	38.5	56.4
독일	13	209	1,027	52.3	14.7
네덜란드	3	13	782	5.1	35.1
포르투갈	9	36	801	5.0	9.1
스페인	3	198	244	17.6	0.1
이탈리아	2	111	188	31.9	0.8
오스트리아-헝가리	2	241	24	41.2	1.6
덴마크	3	15	87	2.2	0.1
러시아	3	8,660	255	129.0	15.7
터키	4	1,112	465	23.8	15.0
중국	5	1,337	2,882	386.0	16.7
미국	6	3,557	172	77.0	10.5
합계	136	15,813	22,274	850.1	521.1

출처: J.A. 홉슨, "제국주의", (미시건 대학 출판, 1965), p. 23.

19세기 후반 대영제국의 쇠퇴와 세계적 강국으로서의 미국의 부상은 두 나라의 경제적 상황에서 비롯되었다. 1880년 영국의 제조업 생산량은 세

22) *Ibid.*, p. 15.

계 전체의 22.9%를 차지했다. 그러나 1900년 영국의 비중은 18.5%로 낮아졌는데 같은 기간 동안 미국의 제조업 생산량은 14.7%에서 23.6%로 증가하였다.[23] 미국은 20세기 초반 아시아-태평양 지역에 적극적으로 개입함으로써 영국에 대항하는 경쟁국가로 부상하였다. 미국은 1940년대 중반 태평양 전쟁에서 승리함으로써 드디어 영국을 제치고 세계 제1의 해양대국으로 우뚝 서게 되었다.

3. 국가발전과 해양전략의 상관관계

국가발전과 해양전략을 논하기에 앞서 항해사 바스코 다 가마를 조명해 볼 필요가 있다. 바스코 다 가마는 1498년에 1년 간의 항해 끝에 아프리카의 희망봉을 돌아 인도의 캘리컷에 도착하였다. 그 뒤 15년이 지난 1513년 또 다른 포르투갈인이 중국에 도착했다. 바스코 다 가마 시대에는 서구와 아시아의 부, 파워는 서로 비슷했으며, 1인당 국민소득을 추정해 볼 때도 유럽과 아시아 국가 간에는 거의 차이가 없었다.[24] 조선, 항해, 소형화기를 제외한 유럽의 기술 수준은 대체로 중국에 뒤떨어져 있었다. 대략 1500년부터 1750년까지 약 250년 간 유럽은 아시아를 조금씩 따라잡

23) P. Bairoch, "International Industrialization Levels from 1750 to 1980", *Journal of European Economic History*; vol. XI (1982), pp. 269-333.

24) 애런 L. 프리드버그 저, 안세민 역, 『패권전쟁: 중국과 미국, 누가 아시아를 지배할까』(서울: 까치글방, 2012), p. 26.

기 시작했다. 포르투갈과 스페인 출신의 탐험가와 상인들의 뒤를 이어 네덜란드, 영국, 프랑스 상인들이 세력을 확장해 나갔다. 16세기의 약 100여 년 동안은 분명하게 포르투갈과 스페인의 전성기였다.

그러나 17세기부터 19세기까지는 영국의 전성기였다. 영국은 막강한 해군력을 앞세워 식민지를 확대하였고, 거기에서 모직물, 상품무역, 노예시장 등을 독점해 막대한 부를 축적할 수 있었는데, 이것이 산업혁명의 동기가 되었다는 주장도 있다.[25] 영국은 인도로부터 면직물을 다량 수입하게 되었고 면직공장에 필요한 방적기(실을 만드는 기계)와 직조기(천을 만드는 기계)를 개발하는 과정에서 증기기관을 발명하게 되었고, 이러한 증기기관은 제철공업의 발달로 이어져 결국 철도, 선박 등의 분야로까지 확대되어 산업혁명을 완성하기에 이른다. 영국에서 비롯된 산업혁명은 19세기 중엽에 미국과 독일로 전파되었고, 19세기 말에는 러시아, 이탈리아, 일본에서도 산업혁명이 일어나게 되었다. 이 시기에 아시아는 경제, 군사력 면에서 유럽에 뒤지게 된 것이다.

유럽의 군사력이 아시아에 비해 월등하게 앞선 것은 바로 증기선의 발명과 총포의 발전 때문이었다. 범선에 비해 증기선은 무기와 군대를 원하는 곳에 훨씬 신속하게 배치시킬 수 있으며, 유럽은 후미장진식 소총과 기관총, 긴 사정거리의 대포를 생산하는 등 무기혁명을 통해 다른 지역에 비해 군사적인 우위를 달성하게 되었다. 1800년에는 서구의 아시아 식민지가 필리핀과 인도네시아에 불과했으나 100년이 지난 1900년에는 일본과 태국만이 독립을 유지하고 있을 뿐이었고, 나머지 대부분 아시아 국가들

25) 박정호, "보호무역이 영국의 산업혁명에 미친 영향", 한국경제, 2013.03.04.

은 서구의 식민지배 하에 놓이게 되었다. 중국은 식민지 지배는 받지 않았지만 영토의 상당부분을 제국주의 국가들에게 빼앗기고 주권을 제대로 행사하지 못하였다.

이처럼 해양세력이 강한 서구 제국주의 국가들은 신대륙을 식민지화하고 거기에서 자원을 반강제적으로 탈취해 본국으로 가져옴으로써 국력을 획기적으로 확충하게 되었다. 기원전 220년에 한나라가 중국대륙을 통일한 이래 중국은 세계 최대의 국가, 최고 부강한 나라, 최고의 문화를 향유한 국가였다. 그러나 서구의 해양세력이 발흥하고 그들이 군함을 앞세워 위협적으로 불평등 조약을 강요할 때 중국을 비롯한 아시아 국가들은 저들 제국주의의 간섭을 물리칠 힘이 없었다. 결국 국가발전에 있어서 해양세력이 얼마나 지대한 영향을 미치는가를 여실히 보여주는 사례라고 할 수 있다.

많은 유럽 국가들이 경쟁적으로 해양탐험을 시작함에 따라 그들의 항해기술과 해군력은 식민지를 확대하고 식민지의 자원을 보호하기 위해 매우 중요한 요소가 되었다. 나폴레옹과 히틀러, 스탈린 등이 가공할 만한 지상병력으로 이웃 국가들을 공격하여 대제국을 일시적으로 건설하기는 했지만 프랑스, 독일, 그리고 구소련은 포르투갈, 스페인, 네덜란드, 영국, 미국과 같은 막강한 해군력을 보유할 수는 없었다. 해군력이야말로 이들 해양 국가들로 하여금 아프리카, 아시아 및 아메리카 대륙에 걸쳐 방대한 식민지를 획득하고, 그 지역을 지배할 수 있는 주요 수단이었다.

제2차 세계대전이 끝날 무렵 원자탄의 등장으로 많은 사람들은 해군의 종말을 예견하기도 했으며, 1957년 10월 최초의 인공위성 스푸트니크가 발사된 이후에는 새로운 미사일 시대가 해군의 중요성을 종식시킬 것이라는 애기도 있었다. 그러나 미국은 제2차 세계대전이 끝난 이래 1970년대 말까지 자국의 이익과 관련된 215개의 정치적 문제해결을 위해 177개 사건에 대해 해군을 개입시킴으로써 미 해군은 언제, 어디서든 군사력을 정치적으로 이용하는 최고의 수단이었음을 입증했다.[26] 미국은 그 후로도 세계 어디에서든 위기가 발생하면 그 지역에 해군력을 신속대응군으로 파견하고 있다. 육군과 공군력은 분쟁지역에 배치되어야 즉각적인 반응이 가능하지만 해군의 항모전단과 잠수함전단은 공해상에서 자유자재로 이동하면서 임무를 수행할 수 있기 때문이다.

과거의 해군이 제국주의적 국가이익을 창출하는 공격적인 수단이었다면, 오늘날의 해군력은 경제, 정치, 외교라는 보다 융통성 있고 포괄적인 수단으로 변모했다고 볼 수 있다. 해군력은 상선의 안전 통행보장, 해상에서의 자국의 어로활동 보호, 근해자원을 개발하고 보존하기 위한 수단으로 사용되고 있다. 또한 해군은 분쟁 도서지역 및 해저자원에 대한 국가의 주권을 보호하기 위해서 사용되고 있으며, 공해상에서의 무력시위, 타국의 항구나 해군기지에 대한 친선방문, 그리고 그들과의 연합작전을 통해 국가의 위상을 드높이기도 한다.

항공도함, 첨단 잠수함 및 잠수함발사탄도미사일을 보유하여 강력한 해군력을 가진 나라는 그 국가의 영토를 확장하고 있는 것이나 다름없다. 핵보유국의 경우, 잠수함으로 핵무기를 운반하고 발사하는 능력을 보유하고 있는데, 이는 핵무기를 육지에 저장하고, 거기서 발사하는 것보다 훨씬 더 안전하고 유연한 방책이 될 수 있다. 오늘날 해군의 역할은 점점 더 다양

26) James L. George 저, 허홍범 역, 『군함의 역사』(서울: 한국해양전략연구소, 2004), pp. 492-93.

해지고 있고, 전략적으로 중요해지고 있다. 따라서 많은 국가들이 해군력을 강화하기 위해 노력하고 있다. 일부 석학들은 20세기를 '미국의 세기'로 규정한 반면, 또 다른 석학들은 21세기는 '해군의 세기'가 될 것이라고 예측하고 있는데, 이는 해군력이 한 국가의 위상을 제고시키는데 다른 어떤 요소보다도 중요하다는 것을 대변해 주고 있는 것이다.[27]

한 국가에서 해군의 역할은 경제, 군사적인 면에서도 중요하다. 물론 육군과 공군의 도움 없이 해군만으로는 국가의 이익을 완벽하게 추구할 수 없다는 것도 사실이다. 19세기에서 20세기 초반까지 세계무대에서의 영국의 초강대국 역사의 원동력은 육군과 해군의 원만한 합동전력에서 기인하였다. 이러한 맥락에서 볼 때 국가의 전투력은 독립된 해군전력에서 비롯되는 것이 아니라 통합군시스템에서 하나의 핵심요소로써 기능한다고 봐야 한다. 막강한 해군력은 강력한 육군과 공군 전력이 뒷받침 되어야 한다는 말이다.

2차 세계대전의 말기에 연합군이 보여준 합동작전은 좋은 예이다. 연합군은 결전의 마지막 단계에서 1만4천5백 톤의 폭탄을 투하하고 15만 명의 병력을 공수 낙하하여 독일군의 전력을 상당부분 무력화시킴으로써, 바다를 이용해 대규모 육군병력과 군수물자를 상륙시킬 수 있었던 것이다. 1944년 6월 6일에서 6월 15일 간에 연합군은 50만 명의 병력과 7만7천대의 전차와 장갑차를 프랑스 해안에 성공적으로 상륙시켜 독일군을 격퇴시키고 전쟁을 승리로 종결하였다. 이 사상최대 작전의 성공은 육 · 해 · 공

27) The US Navy, "Vision...Presence...Power: A Program Guide to the US Navy", 2005 Edition. http://www.navy.mil/navydata/policy/vision/vis05/top-v05.html (인터넷 검색: 2012.11.14).

군, 해병대의 연합 및 합동작전이 그 효과를 최대로 발휘하였기 때문에 가능한 것이었다. 한국전쟁 당시 인천상륙작전에서도 미 제7함대가 북한에 대한 중국과 구소련의 해상지원을 성공적으로 차단하고, 연합군의 전쟁물자와 병력을 성공적으로 상륙시켰기 때문에 가능하였다.

해상전투와 상륙작전의 능력은 해군과 해병대의 통합된 노력으로 극대화된다. 또한 해군작전에서 효과적이고 중요한 요소는 전력의 전진배치이다. 전진배치란 국익과 관련된 공해상에서 자국 해군의 작전반경을 넓히는 것을 말한다. 예컨대, 미 해군은 세계의 바다에서 항시 운항하거나 대기하면서 전투준비태세를 갖추고 있는데, 이들은 지구상 어느 동맹국이든, 어느 시장이든, 어느 해상수송로든, 자국의 이익과 관련된 지역에서 우발사태가 발생한다면 즉각 대응할 수 있는 만반의 대비태세를 갖추고 있는 것이다. 냉전과 걸프전이 종식된 이래 해양전략은 '전쟁에서 이기기 위해 바다로부터 해군전력과 해병대의 기동전력을 얼마나 신속하게 투사하고, 얼마나 효과적으로 전진배치를 하여 전쟁을 예방할 수 있느냐'에 달려있다고 정의되고 있다.[28]

냉전이 종식된 후에도 국제적 역학관계는 힘의 논리에 의해 좌우되고 있다. 한스 J. 모겐쇼(Hans J. Morgenthau)는 각국 정부가 정상적인 국가이익을 추구함에 있어서 힘의 논리가 결정적으로 중요하다고 강조했다.[29] 비록 현대의 국제관계 분야 대부분의 사상가들은 힘을 파괴적 실체로 보

---

28) George Baer, "Alfred Thayer Mahan and the Utility of US Naval Forces Today", in Andrew Dorman. eds., *The Changing Face of Maritime Power*, New York: St. Martin's Press, 1999, p. 15.

29) James E. Dougherty and Robert L. Pfaltzgraff, Jr., *Contending Theories of International Relations*, 4th Ed., New York: Longman, 1996, p. 14.

는 것이 아니라 설득력과 강제력의 결합으로 보고 있지만, 힘은 여전히 국가전략을 실행하는 데 가장 핵심적인 요소임에 틀림없다.

현재 해양강국으로 부상하고 있는 중국이 해군의 현대화를 통해 대만의 통일과 동·남중국해에 대한 독점적 영유권 주장, 서태평양 및 인도양의 항로를 안전하게 확보하는 것을 자국의 핵심이익으로 천명하고 있음을 감안할 때, 중국도 분명히 힘의 논리를 추구하고 있다고 볼 수 있다. 이러한 중국의 해양전략과 아시아-태평양 지역에서의 절대적 힘의 우위를 지속시키고자 하는 미국의 해양 지배전략은 이 지역에서 무력충돌 가능성을 키우고 있다고 볼 수 있다.

유럽 국가들이 외부 세계로의 팽창을 구가하던 시기에 이들 국가들은 해군과 해전이 얼마나 중요한지를 경험했다. 비록 1, 2차 세계대전에서 해전이 차지한 비중이 그렇게 크지는 않았지만, 만약 앞으로 3차 세계대전이 발발한다면 해군력에 결정적 기여를 하게 될 전략핵잠수함으로 치러질 가능성이 크다는 견해도 있다.[30] 오늘날 세계 각국들은 서로 긴밀하게 연결되어 있다. 세계 경제가 점점 더 상호의존적이 되어감에 따라 한 지역에서의 군사, 정치적 위기는 다른 지역에서의 경제적 불확실성과 위기를 불러 올 수 있다. 세계 전략 환경이 빈번하게 바뀌면 바뀔수록 해군의 역할은 그만큼 더 커질 수 있는 것이다. 세계 전략 환경의 불확실성과 불안정성은 해군의 존재와 다른 군과의 합동작전의 필요성을 더욱 증가시킬 것이다.

중국은 오랫동안 대륙 위주의 정책을 고수해 왔다. 그렇지만 오늘날 중

30) James Cable, *Navies in Violent Peace*, London: Macmillan, 1989, p. 30.

국은 분명히 아시아-태평양 지역의 바다는 물론 세계 대양으로의 통제야심을 강화하고자 할 것이다. 이런 맥락에서 볼 때 중국은 강력한 해양강국으로의 꿈을 계속 추구해 갈 것이다. 이러한 중국의 정책은 자국의 강력한 해군력 보유 의지뿐만 아니라 아시아 태평양 지역 내에서 미국의 해양지배를 견제하고자 하는 의도에서 나온 것이라고도 볼 수 있다.

제2장
중국과 미국의 관계 발전

1. 중 · 미 관계의 태동

중 · 미 관계는 미합중국이 탄생한 후 양국의 무역관계로부터 시작되었다. 최초의 미국함선 '중국의 황후(the Empress of China)'를 타고 온 미국 상인들은 1784년 광저우(廣州)에 상륙하여 중국의 비단, 면, 도자기 및 차를 구입해서 이를 다시 미국과 유럽에서 판매했다.[1] 1830년대에는 피터 파커(Peter Parker)가 광저우에 안과병원을 개설했고, 그 때부터 미국의 선교사 숫자가 영국의 선교사 숫자보다 많게 되었으며, 10년이 지난 후에는 미국인 상인이 영국인 상인을 능가하게 되었다. 유럽 열강들과는 달리 미국의 대중국 외교정책은 중국의 개방(open door policy) 유지에만 중점을 두었고 분할점령에는 관심이 없었는데, 이는 중국의 정치문제에 개입하지 않으려는 미국의 외교정책과, 미국의 제한적인 해군력 때문이었다. 그러나 1844년 존 타일러(John Tyler) 미국 대통령은 칼렙 쿠싱(Caleb Cushing)을 무역특사로 중국에 파견했고, 쿠싱은 왕시아(望廈) 조약(Treaty of Wanghsia)을 체결하여 미국도 중국에서 영국과 동등한 무역권을 부여받았다.[2]

이 조약이 체결된 후 미국은 적극적으로 중국에서 경제적 이익을 추구하기 시작했다. 미국은 1848년 멕시코와의 전쟁(1846~1848)에서 캘리포니아와 오리건을 합병하고, 1867년 러시아로부터 한반도 크기의 7배인 알레

---

1) Arnold Xiangze Jiang, *The United States and China*, Chicago: University of Chicago Press, 1988, p. 1.

2) Michael Schaller, *The United States and China in the Twentieth Century*, 2nd Ed. Oxford: Oxford University Press, 1990, p. 14.

스카를 단돈 720만 달러(현재 화폐가치로는 약 1억 2,100만 달러)에 구입함으로써 대서양 국가인 동시에 태평양 국가가 되었다.[3] 미국과 중국은 1868년 벌링게임 조약(Burlingame Treaty)을 체결하고 중국인 노동인력의 미국 입국의 길을 텄다.

미국에 온 중국인들은 값싼 노동력으로 철도 건설과 농업활동에 종사하게 되었다. 중국인 노동자들은 계속 늘어나 1870년에는 캘리포니아 농업인구의 90%를 차지할 정도였다. 미국은 이미 1898~1901년 중국에 대해 문호개방 정책을 표방하였고, 서구 제국주의 세력들에게 더 이상 중국 침략을 하지 말 것을 주장한 바 있다. 또한 1922년 워싱턴에서 9개국(미국, 영국, 프랑스, 이탈리아, 벨기에, 네덜란드, 포르투갈, 일본, 중국) 회의를 주재하고 중국이 더 이상 강대국의 식민지로 전락하는 것을 방지하고자 노력했다.[4] 1941년 일본의 진주만 공격은 바로 중국을 더 이상 분할하지 말 것을 합의한 워싱턴회의의 요구를 일본이 거부함으로써 발생한 전쟁이었다.

미 해군은 태평양으로 역사적인 영토를 확장한 후 스페인의 식민지인 필리핀으로 야심에 찬 원정을 감행하였다. 필리핀을 스페인의 식민통치 폭정으로부터 구출한다는 명분 아래 1898년 미국은 스페인과 전쟁을 벌였고, 이 전쟁에서 승리한 미국은 태평양에서 필리핀과 괌을 식민지화 하였다. 1922년 영국 해군의 극동지역 우월을 인정한 영일동맹이 연장되지 못하자 미국이 중국에서 영국에 대해 우월적 지위를 서서히 추월하기 시작했다. 미국이 운영하는 수십 개의 기독교대학이 1920년대와 1930년대

3) Stanley B. Weeks and Charles A. Meconis, *The Armed Forces of the USA in the Asia-Pacific Region*, St Leonards, NSW: Allen & Unwin, 1999, p. 236.

4) 강명세, 『중국의 부상과 동북아 질서의 재정립』(서울: 세종연구소), 2012, p. 24.

에 중국에서 생겨난 것이다. 1940년대에 들어서는 중국에서 지금까지 영국이 누렸던 지위를 미국이 계승하게 되었다.[5)]

이 스페인-미국 전쟁에서 승리를 거둔 후 미국은 자신감을 가지고 서서히 중국에 접근하였다. 1899년 미 국무장관 존 해이(John Hay)는 중국이 서구제국의 간섭으로 여러 지역이 조차(租借: 조약에 의해 한 나라가 다른 나라 영토의 일부를 일정 기간 동안 빌려서 통치함)의 명목으로 분할되어 있기 때문에 미국과 중국 간의 무역이 심대한 지장을 받고 있다고 주장하면서 중국이 미국에 대해 '개방정책'을 펴야 한다고 요구했다. 당시 중국을 간섭하고 있던 대다수의 서구 제국주의 세력들은 미국의 이러한 주장에 대해 냉담했으나 미국의 '개방정책'은 중국으로 하여금 서구의 식민지로 전락하는 것을 막아주는 역할을 했다.[6)] 드디어 1899년 필리핀에 주둔하고 있던 미 해병대는 의화단(義和團) 봉기를 진압한다는 명목으로 톈진 항에 상륙함으로써 미국의 중국에 대한 군사개입은 시작되었다.

5) John King Fairbank, *China A New History*, Cambridge: Harvard University Press, 1992, p. 289.

6) R. D. Walshe, *The Student's Guide to World History 1789–1965*(West Como, N.S.W: Martindale Press Pty.Ltd., 1966, pp. 261–262.

2. 국민당 · 공산당 내전 당시의 중 · 미 관계

1911년 혁명을 이끌어 청나라를 전복한 쑨원(孫文)은 중국을 통일된 공화국으로 건설하기 위하여 국민당을 창당하였다. 1920년대 초 소련은 반제국주의 혁명을 지원한다는 명목으로 국민당과 공산당 양쪽 모두를 도와주는 정책을 폈다. 이러한 정책으로 모스크바의 코민테른은 국민당을 승인하고 강화하기 위하여 고문관을 파견해 주기도 했다. 1924년까지 국민당과 공산당은 제1차 연합전선을 형성하였고, 1926년에는 두 당이 중국의 통일을 위해 북쪽의 군벌을 타도하는 연합토벌작전을 펴기도 했다. 그 결과 6개월간의 연합작전으로 약 30명의 군벌을 물리치고 양쯔 강 이남의 땅을 평정하였다.

그러나 1927년 4월 그들이 상하이에 도달하였을 때 장제스(蔣介石)는 공산주의자들을 숙청하고 피비린내 나는 내전을 개시하였다. 1931년 9월 18일 일본군이 만주를 침공한 후에도 장제스는 국민당 내에서 그에게 국공합작으로 일본군을 무찔러야 한다는 장군들의 건의를 무시하고 일본군은 가벼운 피부병에 불과하지만 공산당은 치명적인 심장병이나 다름없다고 주장하면서 공산당 군대의 토벌에만 전념하였다.[7] 미국의 중재에도 불구하고 국민당과 공산당은 태평양전쟁이 끝날 때까지 내전을 계속하였다.

1931년 일본이 중국을 침략하자 서구제국주의 국가들은 일본을 견제하려는 정책을 폈는데, 바로 이 시기에 미국은 국민당 정부를 지원하게 되

7) Ashley Alexander, "Dual Mediation and the Marshall Mission to China", http://wws.princeton.edu/research/cases/WWSCase3-08.pdf(검색일: 2013.09.14)

었다. 그러나 일본이 1941년 12월 7일 진주만을 공격하자 장제스에 대한 미국의 지원은 줄어들게 되었고, 결국 영국도 싱가포르와 버마를 일본군에게 빼앗기고 말았다. 그러던 중 미국은 중화민국과 1943년 1월 11일 새로운 중 · 미조약을 체결했다. 이 조약이 체결된 직후 미국은 중국 내에서 군사기지를 운영하고, 보급 및 수송업무, 라디오 방송, 비행장 및 육군우체국 서비스를 시작했다. 이와 같은 중 · 미 협력으로 미국은 중국 땅에서 일본과 전쟁을 치를 수 있게 되었다.[8)]

1943년 후반부터 미국 정부는 장제스(蔣介石)에게 전쟁 물자를 제공하고 그가 중국을 개혁할 수 있도록 국민당 정부를 지원하기로 결정했다. 미국의 지원 덕분에 국민당 정부는 1943년 카이로선언에 미국, 영국과 함께 참여할 수 있었고, 이 선언을 통해 일본에게 빼앗겼던 모든 영토를 다시 되찾을 수 있었다. 1944년 6월 월라스 미국 부통령은 충칭(重慶)에 있던 장제스를 방문하고, 그에게 일본에 맞서기 위해서는 공산당과 함께 연합전선을 구축해야 한다고 설득하면서 옌안(延安)에 미 군사고문단의 체류를 요구하였다. 미국은 국민당과 공산당 간의 평화로운 통합을 중재해 왔지만 결국 이에 실패했다. 1949년 8월 5일 미 국무부는 '1944~1949년의 중 · 미 관계에 대한 특별한 고찰'이란 문서를 공개했는데, 여기에는 공산당의 승리를 막기 위해 아무런 조치도 취하지 못하고 있는 국민당 정부를 미국은 포기할 수밖에 없다는 내용이 담겨있었다.

루스벨트 대통령은 1945년 2월 얄타회담에서 스탈린이 동북아에서 짜르(Czar)의 지위를 회복하는 대가로 국민당 정부에 대한 소련의 지원을 요

---

8) John King Fairbank, *op. cit.*, p. 305.

구하였다. 이 소식에 고무된 장제스는 일본이 항복하기 하루 전인 1945년 8월 14일 소련과 중 · 소우호협력조약을 체결하게 되었다.[9] 이 때 소련군은 이미 만주를 점령한 상태였다. 이 중 · 소조약에 의하여 소련은 국민당 정부를 중국의 유일한 합법정부로 인정하고 경제 및 군사원조를 제공하면서 만주철도와 다렌(大連)항구를 중 · 소 두 나라가 공동 관리하고, 뤼순(旅順)항에 소련 해군기지를 건설하며, 친소 정부인 몽골이 독립국가라는 사실을 국민당이 인정하는 것으로 합의하였다.

그렇다면 왜 소련은 중국 공산당보다 국민당을 선택하여 국교를 정상화하였을까? 그것은 중국이 하나의 강대국으로 통일되는 것을 꺼려하는 소련의 정책 때문이었다. 실제로 그 당시 소련군은 만주의 일본군을 무장해제한 후에 회수한 총기를 공산당에 넘겨주었지만, 만주를 공산당이 접수하지 못하도록 국민당 군대가 만주에 충분하게 도착할 때까지 소련군대가 만주에 계속 주둔해달라는 국민당의 요구를 들어주었다.[10] 이처럼 소련은 국민당과 공산당에 대해 이중 정책을 편 것이다.

태평양 전쟁이 끝나자 미국은 중국문제에 적극적으로 개입하기 시작했다. 그것은 중국 땅에서 점차로 증가하는 소련의 위협을 차단하기 위함이었다. 미국 정책결정자들은 일관되게 동아시아에서 러시아의 영향력을 축출하기 위해서는 '통일되고 강력한 민주주의 국가 중국'이 필요하다고 본 것이다. 그래서 트루먼 정부는 1945년 12월 5일 이러한 미국의 국익을 추구하기 위해 두 가지 정책, 즉 첫째, 국민당과 공산당의 적대관계가 종

---

9) William R. Keylor, *The Twentieth-Century World,* San Francisco: Encounter Books, 2000, p. 350.

10) *Ibid.*, p. 350.

식되어야 하고, 둘째, 중국에서 민주적인 연합정부가 탄생할 수 있도록 강대국 지도자들이 협조해야 한다고 주장하였다.[11]

미국 정부는 1945년 중국에서 치열하게 전쟁을 치루고 있는 국민당과 공산당의 연합을 중재할 목적으로 중국에 마샬 대장을 파견하였다. 마샬 대장의 중국 파견은 소련의 극동 침략을 저지하고 그 지역에서 미국의 영향력을 확대하기 위한 목적이었다. 이러한 미국의 정책을 실행에 옮기기 위해 마샬은 첫째, 국 · 공 양측에 경제 및 군사원조를 제공하여 양해를 이끌어 내고, 둘째, 연합정부 구성을 위해 중재를 시도하려 했다. 미국은 일본이 패망하면 국공합작의 명분이 사라지기 때문에 제3자의 중재가 필요하다고 본 것이다. 그래서 미국은 국 · 공 어느 일방을 지원하기 보다는 중재를 통해 중국 내에서 연합정부를 모색했던 것이다.

그러나 국공연합을 위한 미국의 중재가 공산당보다는 국민당에게 더 우호적이었기 때문에 처음부터 연합은 이루어지기 어려웠다. 1947년 미국의 마샬 대장이 중재한 국공화해가 실패로 끝난 이후에도 소련의 국민당과 공산당에 대한 양다리외교는 계속되었다. 일본이 항복한 후에 실제로 중국에서는 1946년부터 1949년까지 치열한 국공 내전이 전개되고 있었다. 당시 국민당은 약 300만 명, 공산당은 약 100만 명의 군대를 보유하고 있었다. 미국의 국민당 지원금은 2차대전 종결 후부터 1948년 초까지 약 20억 달러에 육박했다. 그러나 공산당은 1949년 1월 베이징(北京)을 함락하였고, 5월에는 상하이(上海), 10월에는 광저우(廣州), 11월에는 충칭(重慶)을 탈환하였다.

---

11) Ashley Alexander, “Dual Mediation and the Marshall Mission to China”, http://wws.princeton.edu/research/cases/WWSCase3-08.pdf(검색일: 2013.09.14)

국민당 패배의 원인은 군사문제 뿐만 아니라 경제, 정치, 도덕적인 문제까지 복합적으로 작용했다. 1948~1949년 사이의 혼란과 무질서 때문에 도시민들도 국민당에 등을 돌렸으며, 국민당 정부는 미국의 원조도 효율적으로 사용하지 못했다. 미국은 1949년 8월 5일 장제스 정부가 부패와 비효율적인 통치로 말미암아 미국의 지원에 대한 후의(厚意)를 져버렸기 때문에 모든 경제 및 군사원조를 중단한다고 선언했다. 이러한 조치는 더 이상 국민당 정부가 공산당 정부에 맞서 싸워도 승산이 없다는 것을 미국이 인지했기 때문이었다. 나중에 트루먼 대통령은 그의 회고록에서 미국이 국민당에 보낸 돈은 장제스와 그의 부인, 그리고 그 가문의 주머니로 들어갔고, 그들은 그 돈으로 뉴욕의 부동산에 투자했다는 글을 남겼을 정도였다.[12] 결국 중국에서는 국공 내전이 심화되었고 마침내 1949년 10월 1일 마오쩌둥이 중화인민공화국을 선포함으로써 공산당이 중국 본토의 주인이 된 것이다.

3. 중화인민공화국 탄생 이후 양국관계

1949년 10월 1일 중화인민공화국이 선포되자 미국은 중국 내전에서 공산당이 승리한 것을 기정사실로 받아들일 준비를 했다. 장제스 정부와 군대가 마지막으로 본토를 떠나 타이완으로 도착한 지 1개월이 지난 1950년

12) 안정애, 『중국사 다이제스트 100』(서울: 가람기획, 2012), p. 398.

1월 미국의 트루먼 대통령은 연합국의 카이로, 포츠담선언을 재확인하고 대만은 중국의 일부분이며, 미국은 지난 해 8월에 약속한대로 더 이상 국민당 정부에 군사원조를 제공하지 않을 것이라고 선언하였다.[13] 한편 중국은 전쟁으로 피폐된 나라를 재건하기 위하여 미국의 마샬플랜(제2차 세계대전 이후 유럽의 황폐화된 동맹국을 위해 미국이 계획한 재건, 원조 계획) 같은 원조를 기대했으나 미국 내 공산주의 반대 정서 때문에 미국의 원조는 미미했다. 그래서 마오쩌둥은 1949년 말 난생 처음 해외출장으로 소련의 모스크바를 찾아갔다.

그는 거기에서 스탈린에게 집요하게 '30년 중 · 소우호협력조약'을 체결하자고 요구했으나 좀처럼 해답을 듣지 못했다. 그래서 그는 혹독하게 추운 겨울 2개월 간 모스크바 영빈관에 머물면서 와신상담을 하던 중 드디어 1950년 2월 14일 소련과 조약을 맺는데 성공하였다.[14] 나라가 창설된지 얼마 되지 않은 시점에서 국가 지도자가 2개월 간 외국에 머물면서 조약을 체결하려 했다는 것은 그만큼 절실한 문제가 있었기 때문이었다. 이 조약은 바로 그때까지 중국을 침략해 온 일본과 새로운 중국에 원조를 소홀히 한 미국을 겨냥했음이 분명했다. 스탈린은 조약의 대가로 마오쩌둥에게 소련의 보호국 몽골을 인정하고, 만주철도 관리에 소련이 계속 참가할 수 있도록 하며, 1952년 말까지 황해의 다롄과 뤼순 항에 그들의 해군기지를 유지하도록 요구하는 것을 잊지 않았다.

하여튼 마오는 국익에 관련된 것이라면 어떠한 일이 있어도 관철시키고 마는 뚝심이 있는 지도자였다. 하나의 예를 더 보자. 제2차 세계대전에

---

13) William R. Keylor, *op. cit.*, p. 351.
14) *Ibid.*, pp. 351-52.

서 일본이 무조건 항복을 한 지 불과 10여일이 지난 1945년 8월 28일, 국민당 총통 장제스(蔣介石)는 세계대전 승리에다 미국과 소련의 지지를 얻은 터라 공산당의 기를 꺾을 수 있다고 보고 중국 서북지방 옌안(延安)에서 힘을 기르고 있던 공산당 지도자 마오쩌둥(毛澤東)을 중화민국 임시수도였던 충칭(重慶)으로 초청했다. 마오쩌둥은 신변이 위험할 수 있다는 주변의 만류를 무릅쓰고 충칭을 찾아가 장제스와 회담을 하고, 43일 동안 충칭에 머물면서 외국 특파원들과의 인터뷰, 사회단체 인사들과의 간담회를 통해 '비적(匪賊: 무기를 지니고 떼를 지어 다니며 살인과 약탈을 일삼는 도둑)'이라는 이미지를 완전히 씻어내는데 성공했다.[15] 하지만 장제스는 이듬해인 1946년 6월 26일 정전협정을 일방적으로 파기하고 전군에 공산당에 대한 진격 명령을 내림으로써 다시 피비린내 나는 국공 내전이 시작되었다. 결국 3년에 걸친 내전 끝에 400만 명의 국민당 군대는 120만 명의 공산당 군대에 패배를 당하였다.

1949년 12월 장제스는 본토에서 대만해협을 건너 타이완으로 후퇴하였다. 그는 대륙에서 불과 4km 떨어진 진먼다오(金門島) 최북단의 큰 바위에 '무망재거(無忘在去: 잃어버린 본토를 잊지 말자)'라는 글귀를 남겼다.[16] 이렇게 대륙의 마오쩌둥과 타이완의 장제스가 대치하면서 양안(兩岸 · 중국과 대만)관계의 역사가 시작된 것이다. 이미 언급한대로 1949년 초 트루먼은 국민당 정부의 부패와 무능에 실망한 나머지 사실상 장제스에게 원조를 중단하고 그를 포기한 상태였다. 그런데 1950년 6월 한국전쟁이 발발하자 미국은 태평양함대를 대만해협에 파견하여 대만 수호의지를 분명히 하

15) 홍인표, "대만총통 마잉주의 승부수", 경향신문, 2014.01.16.
16) 중앙일보 중국연구소, 『공자는 귀신을 말하지 않았다』(서울: 중앙북스, 2010), p. 149.

였다. 공산주의 팽창의 도미노 현상이 대만으로까지 밀려올 수 있다는 우려 때문이었다.

1950년 6월 25일 북한의 남침으로 중국과 미국은 양국 역사상 처음으로 전장에서 적으로 만나게 되었다. 전쟁이 발발하자마자 6월 27일 서울이 함락되었고 바로 그날 유엔안전보장이사회가 열려 미국이 제안한대로 모든 회원국이 한국에서 적을 격퇴하는데 필요한 지원을 보내기로 결의하였다. 당시 소련은 1950년 1월부터 안보리회의에 불참했는데, 그 이유는 소련이 안보리 상임이사국으로 중화민국 대신 새로 건국한 중화인민공화국을 받아들여야 한다고 주장한 것에 대해 다른 이사국들이 거부했기 때문이었다. 그 후 7월 4일 이때에도 소련이 불참한 가운데 안보리상임이사국들은 맥아더 원수를 사령관으로 하는 유엔군의 창설과 한국파병을 결의하였다. 9월 중순까지 20개 국가가 유엔군에 육군을 파병하였고, 유엔군의 대부분은 주일 미군이었는데, 이들은 육군병력의 절반, 해군병력의 86%, 공군병력의 93%를 차지했다.

1950년 가을 유엔군이 북한군을 거의 한중 국경까지 추격하자 1950년 10월 2일 중국 수상 저우언라이(周恩來)는 미군이 38선을 넘으면 중국은 자국의 방어를 위해 한국전에 개입할 수 있다고 경고했다. 미국이 이 경고를 무시하자 중국은 약 20만 명의 의용군을 10월 중에 은밀히 야간을 이용하여 북한 지역에 침투시켰다. 11월 26일에는 중공군이 일제히 유엔군에 공격을 가해 연말에는 조중(朝中)연합군이 38선에 도달하였고 1951년 1월 4일에는 서울이 또 다시 함락되었다. 3월 초 트루먼 정부는 맥아더 사령관의 한반도 통일을 위한 만주 폭격 건의를 보고 받고, 만약 유엔군이 만주를 폭격하면 소련의 개입으로 세계대전으로 비화할 수 있다는 판단

아래 결국 이번 전쟁은 38선에서 종결하고 휴전을 제의하는 것으로 일단락 지었다.

한편 4월 5일 미 하원 공화당 원내총무는 한국전에서 완전한 승리를 위해서는 대만의 국민당 군대를 동원하는 것이 좋을 것이라는 3월 20일자 맥아더의 서신을 공개하여 일대 선풍을 일으켰다. 맥아더의 도전을 받은 트루먼은 화가 치밀어 4월 11일 맥아더 원수를 해임하고 리지웨이 대장을 새로운 유엔군 사령관으로 임명하였다. 마침내 트루먼은 1951년 6월 25일 소련의 휴전제의를 수락하였고, 7월 9일 유엔군과 공산군 대표 간 첫 휴전회담이 성사되었다. 그러나 이 회담은 그 후 2년 간 지속되어 1953년 7월 27일에야 비로소 막을 내렸다. 이 휴전회담의 서명자인 미국과 중국 대표(당시 유엔군 사령관 미 육군대장 마크 W. 클라크, 중국인민군 지원 사령관 펑더화이 彭德懷) 때문에 아직도 두 나라는 휴전협정에 관한 한 영향력을 행사할 수 있는 근거를 가지고 있다고 볼 수 있다.

한국전쟁이 발발한 이후 미국은 1954년 9월 동남아시아조약기구(Southeast Asia Treaty Organization: SEATO)를 포함해 아시아 동맹국들과 일련의 안보조약을 체결했다. 1953년에는 한국과 상호방위조약을, 1954년 12월에는 대만과 안보조약을 체결했다. 한편 1955년 서부 자바(Java) 반둥에서 개최된 아시아-아프리카 회의(The Asian-African Conference, or the Bandung Conference)에서는 아시아와 아프리카의 29개 독립국 대표들이 모여 참가국들 간의 경제 및 문화적 협력을 도모하고 제국주의적 식민주의를 반대한다는 취지의 성명을 발표했다. 중국은 이 회의에 참석해서 미·소를 배제하고 참가국들과의 관계를 돈독하게 할 수 있었다. 이 회의는 1961년 비동맹회의 결성의 기초가 되었고, 이 비동맹회의는 2012년 말 기준 120개국의 회원을 가지고 있다.

한편 미국은 프랑스를 대신해 인도차이나에서 공산주의 반군을 소탕하기 위해 개입했다. 1954년까지 미국은 프랑스 군사작전 비용의 78%를 충당했고, 북부 베트남과 교전 중인 남부 베트남에 3백 명 이상의 군사고문관을 파견했다. 이와 동시에 중국과 소련도 북부 베트남에 경제적, 군사적 지원을 제공했다. 미국의 케네디 대통령과 존슨 대통령 행정부는 베트남 내전에 깊이 관여했다. 이는 인도차이나 국가들이 당시 '도미노 이론(만약 역내 주요 국가가 공산주의 통제에 들어가게 된다면 다른 국가들도 쓰러지는 도미노처럼 공산주의화 될 수 있다는 개념)'처럼 공산주의화 되는 것을 방지하기 위함이었다. 비록 미국이 베트남 전쟁에 50만 명이 넘는 군대를 파견했지만 승리할 수 없음을 간파한 닉슨 대통령은 인도차이나에 대한 미국의 군사적 개입을 종식시킬 평화계획을 찾고 있었다. 결국 1969년 7월 괌에서 '닉슨 독트린'을 선포했는데, 이 독트린은 미 군대의 점진적 철수와 동시에 베트남 군대가 스스로 베트남을 지키도록 고무시키기 위해 남부 베트남군을 강화한다는 내용을 담고 있었다.

1960년대 중반까지 중 · 소는 당시 미국과 전쟁상태였던 북 베트남에 공동으로 원조를 제공하고 있었지만 닉슨 독트린 이후 두 나라는 서로 앙숙(怏宿)관계로 발전하였다. 마침내 1969년 3월 2일 아무르 강과 우수리 강의 합류지점인 논쟁의 섬 다만스키(중국명 첸파오)에서 매복 중이던 중국군이 31명의 소련군을 사살하고 수 명의 중국군도 희생된 사건이 발생하였다. 한편 이 즈음 미국의 닉슨 대통령은 중소분쟁의 와중에서 소련을 견제하기 위해 중국과 대화를 모색하게 되었고 중국도 소련을 견제하기 위해 미국과 관계정상화를 꾀하고 있었다.

중국은 1971년 4월 당시 일본에서 세계 탁구 챔피언인 중국 팀과 대전을 할 목적으로 전지훈련 중이던 미국 탁구팀을 초청하였다. 이에 화답하기 위해 미국은 그 해 6월에 21년 간 지속되어 온 중국에 대한 무역금지조치를 해제하였고, 키신저는 7월 9일 비밀리에 중국을 방문하였다. 1971년 10월에 중국이 유엔안보리 상임이사국의 지위를 획득하면서 대만은 유엔에서 축출되고 국제사회에서 하나의 국가로서의 지위를 상실했다.

드디어 1972년 2월 닉슨은 중국을 방문하고 당시 78세의 마오쩌둥과 몇 차례 회합한 후 2월 27일 상하이에서 공동선언문을 발표하였다. 이 선언에서 미국은 대만에서 군사시설을 감축하고, 중국은 대만문제를 오직 평화적인 방법으로 해결하며, 미국은 인도차이나에서 모든 병력을 철수하고 이 지역에 관한 평화협정을 체결할 것을 합의하였다.[17] 그리하여 1969년에는 미국의 대중국 수출액이 오백만 달러에 불과했는데, 1973년에는 7억 달러에 육박하였다. 무역의 획기적 증가에 맞추어 미국의 많은 언론 특파원, 학자, 관광객이 중국을 방문하게 되었다.

마오쩌둥이 1976년 사망하자 화궈펑(華國鋒)이 당 주석이 되었다. 화 주석은 경제기반이 열악한 상태에서 중공업 우선정책을 폈기 때문에 국민생활이 개선되지는 못했다. 당시 중국은 8억 명의 인구를 가지고 있었지만 그들의 80%는 영세한 농민이었기 때문에 내수를 기대할 수 있는 국내시장이 활성화 될 수 없는 형편이었다. 1978년부터 1981년 사이에 새로운 지도자 덩샤오핑이 등장하여 그를 '정통 마오주의를 배신하고 중국경제를 국제자본주의 착취무리에게 내주려했다는 죄목'으로 숙청했던 반대세력

17) William R. Keylor, *op. cit.*, pp. 378-79.

(화궈펑 주석 포함)을 서서히 숙청하기에 이른다.[18]

실권을 장악한 덩은 총리 자오쯔양(趙紫陽)과 함께 경제정책을 중공업에서 경공업으로, 수입대체 상품 생산에서 수출주도형 상품 생산으로 전환하였다. 드디어 1979년 1월 1일 미국과 중국은 수교했다. 이제 중국은 날개를 단 것과 다름없이 성장의 기치를 올리게 된 것이다. 1980년대의 중국 경제정책은 개방경제라고 할 수 있다. 이 정책을 통해 중국은 외자를 유치하고 투자와 무역, 그리고 기술과 외국 관광객을 중국 땅으로 불러들였다. 또 수많은 대학생들을 선진국에 유학 보냈다. 1980년대 중국의 무역 대상국은 일본, 홍콩, 그리고 미국 순이었다. 중 · 미 교역규모는 1977년 3억7천오백만 달러에서 4년 후인 1980년에는 13배 증가한 50억 달러에 달하였다. 당시 중국 노동자의 시급은 60센트에 불과했으나 일본과 미국 노동자의 시급은 각각 12달러와 20달러 수준이었다. 1988년까지 미국의 400여 개 기업은 중국에 총 30억 달러를 투자하였다.

냉전 시 미국은 소련의 팽창주의를 저지하기 위해 중국에 무기를 판매하고, 군사기술을 이전했다. 그러나 이러한 관계는 1989년 천안문 사태 이후 중단되었다. 1980년대 후반 천안문 광장에는 노동자, 공무원, 언론인, 개인 사업자, 가톨릭 신학교 학생 및 심지어 경찰 후보생으로 이루어진 약 일백 만 명의 데모인파가 쏟아져 나왔다. 소련의 체제붕괴 이후 중국도 소련과 동유럽 국가들이 겪었던 소요와 유사한 사회적 봉기사태에 직면하게 된 것이다. 1989년 6월 4일 저녁 중국당국은 군대를 투입해 무력으로 사태를 진압하는 과정에서 수백 명의 데모군중이 사살되었다. 유

---

18) *Ibid.*, pp. 439.

혈 진압 후 미국, 일본, 그리고 대부분의 유럽 국가들은 중국의 유혈진압을 규탄하고 즉각적으로 경제제재 조치를 단행했다. 한편 천안문사태 이후 덩샤오핑은 국가개혁의 수단으로 관료들의 부패를 우선적으로 척결하고 더 적극적으로 경제를 개방하기로 결심했다. 결국 공산당은 천안문사태가 있은 후 1년 안에 부패공무원 7만 4천명을 징계하였다.

4. 양안관계와 중 · 미의 전략

대만 문제는 1949년 12월 장제스가 대륙에서 대만해협을 건너 대만으로 후퇴하면서 줄곧 중국과 미국 간에 갈등 이슈가 되어왔다. 1950년 1월 25일 트루먼 행정부는 국민당의 부패와 무능에 실망한 나머지 대만을 포기하려는 계획을 준비했다. 일주일이 지난 후 국무부 장관 딘 애치슨(Dean Acheson)은 국가프레스클럽에서 한 연설에서 미국의 태평양방위의 범위는 일본, 필리핀 및 주변 섬을 포함한다고 말하면서 대만과 한국은 언급하지 않았다. 태평양방어 범위에 관련된 그의 발언은 즉각 서태평양에서 미국의 국익과 관련된 한국과 대만의 중요성에 대한 논쟁으로 이어졌다. 그러는 동안 한국전쟁이 발발했다. 북한의 김일성은 애치슨의 발언에 고무되어 한국에 대한 기습 공격을 감행했다는 얘기도 있다. 어쨌든 1950년 6월 북한의 한국전쟁 도발로 대만은 중국의 통합 시도를 모면할 수 있었다고 할 수 있다.

실제로 미국은 대만문제 불개입정책을 발표한 후에도 1950년 1월부터 6월까지 대만에 군사적, 경제적 지원을 계속했다. 미국과 대만은 마침내 1954년 안보 동맹을 체결했고 대만정부에 대한 미국의 군사적, 경제적 지원은 계속되었다. 한편 중국은 1978년 12월 공산당 11기 3중전회를 통해 덩샤오핑 체제를 확립하였고, 이 때 덩샤오핑은 소위 '일국양제(一國兩制)'를 통해 중국의 사회주의와 대만의 자본주의가 공존상생하자는 묘안을 제시했다.[19] 즉 대만문제 해결방식을 종래의 무력적 해결방식에서 대화를 통한 평화적 해결방식으로 전환한 것이다. 그 후 중국은 삼통사류(三通四流: 3통은 통상(通商), 통우(通郵), 통항(通航), 사류(四流)는 경제, 문화, 과학기술, 체육교류를 지칭)를 제안했지만, 대만은 계속 삼불정책[三不政策: 불접촉(不接觸), 불담판(不談判), 불타협(不妥協)]으로 맞서오다가 1987년 11월이 되어서야 외성인(外省人: 중화민국의 수도를 타이베이로 옮긴 이후에 본토에서 타이완으로 이주한 사람)의 대륙 내 친척방문이 허용되었다.[20]

1991년 이후 중국과 대만은 대화를 재개하고, 양국 간 무역 및 인적교류를 포함한 다양한 채널을 통해 관계개선을 시도했다. 대만은 1991년 백만장자이며 국민당 중앙상임위원회 위원인 쿠첸푸(辜振甫)가 이끄는 대만해협교류재단을 설립했다. 중국에서도 이 재단과 대화하기 위해 전 상하이 시장인 왕다오한(汪道涵)이 대만해협관계협회를 발족하였다. 두 조직의 대표자는 1993년 싱가포르에서 회동을 가졌으며, 대만해협관계협회의 부위원장인 탕 슈베이(唐樹備)는 1994년에 대만을 방문했다. 이러한 만남을 통해 중국은 대만을 설득하여 '삼불정책'을 포기하도록 종용했다. 반면 대

19) 중앙일보 중국연구소, *op.cit.*, p. 150.
20) 문흥호, 『13억 인의 미래』(서울: 당대, 1996), pp. 25-26.

만은 평화적인 제스처를 취하며 독립을 향한 점진적인 행동을 개시했다.

그러나 1990년대 중반 대만 총통 리덩후이(李登輝)의 방미와 '양국론(兩國論)' 주장에 대해 중국은 무력시위를 감행하였다. 1995년 7월 21일 중국이 대만해협을 향해 미사일발사훈련을 실시함으로써 양안관계는 급속히 냉각되었다. 그 후 5일 동안 중국해군의 제2포병군단의 제815미사일여단이 대만 해협으로 여섯 기의 M-9 중거리 지대지탄도미사일을 시험 발사했다. 또한 1996년 3월에는 제2포병군단에서 4기의 미사일을 추가로 발사했는데, 이로써 대만 북부 및 남부에 있는 항구들의 기능이 일시 중지되기도 했다.[21] 이 때 미국은 대만해협에 신속하게 2개의 항공모함 전투단을 파견하여 대만에서 총통선거를 평화롭게 치를 수 있도록 지원했다. 그 후 대만문제는 중국과 미국 간 가장 민감한 외교적 현안 중 하나가 되었다.

1995년 대만해협에서 중국이 미사일 발사훈련을 실시함으로써 중단되었던 중국-대만 간의 양자 회담은 1998년 10월에 재개되었고 중국과 대만 간의 기업 교류도 활발하게 이루어지고 있다. 1998년까지 대만은 중국에 3백억 달러 이상 투자함으로써 본토에서 약 3만 개의 대만 회사들이 기업 활동을 하고 있었으며 약 20만 명의 대만 기업인들도 본토에서 활동하고 있었다. 그러나 지금까지 양측의 대화의 틀에 큰 진전은 없다.

2000년 2월 1일 미 하원은 소위 '대만안보증진법(Taiwan Security Enhancement Act: TSEA)'이라는 법안을 통과시켰다. 이 때 중국 정부는 강한 분노를 표시하며, 이 법안은 매우 위험한 것일 뿐만 아니라 중국의 주

---

21) Edward Timperlake and William C. Triplett II, *Red Dragon Rising*, Washington D.C.: Regnery Publishing, Inc., 1999, p. 156.

권을 침해하고, 미국과 중국관계를 악화시키게 될 것이라고 경고했다.[22] TSEA 법안이 통과된 이후 중국은 2000년 2월 21일 '하나의 중국 원칙 및 대만 문제'라는 백서를 발간했다. 이 백서에서는 만약 대만이 독립을 선언하거나 어떠한 외국 열강이 대만을 공격하거나 점령하려 한다면, 그리고 대만이 통일문제 해결을 위한 평화적 대화를 거부한다면 중국은 지체 없이 주권과 권리를 지키기 위해 무력을 사용할 준비가 되어 있다고 하였다.

이 백서의 목적은 2000년 3월 18일로 예정된 대만의 총통 선거에서 대만이 독립을 선언하는 것을 저지하고, 미국이 대만에 전략 무기를 판매하거나 군사협력을 강화하지 못하도록 견제하기 위함이었다. 중국의 강한 항의에도 불구하고 미국은 대만의 군사적 대비태세를 강화시키기 위해 대만을 계속해서 지원해 왔다고 중국은 불만을 토로한 것이다. 중국은 미국이 대만에 방어용 무기와 장비만을 판매한다고 하지만 이것이 매우 애매모호하며 여기에는 공격용 무기도 포함되어 왔다는 입장이다.

양안문제의 또 다른 위기는 2005년 5월 중국과 차별화된 대만공화국을 지향하는 민진당의 천수이벤(陳水扁) 총통의 등장이었다. 중국은 즉각 유사시 대만에 즉각적인 무력사용을 허용하는 '반분열국가법(反分列國家法)'을 제정하기에 이르렀다. 그러나 2008년 5월 마잉주(馬英九) 국민당 정권이 탄생함으로써 양안 간에 평화공존 무드가 조성되었다. 그 후 마잉주 총통은 전세기의 양안 직항 개설 및 중국인의 대만관광을 활성화하고 양안 간의 투자와 합작을 추진하고 있다.

미국은 이미 오래 전에 대만에 대해 중국이 주장해 온 '하나의 중국'이

22) Lu Qichang and Zhang Yanyu, "Taiwan Security Enhancement Act is a Dangerous Political Bill", *CICIR*, vol, 10, no. 4, (April 2000), p. 22.

라는 정책을 지지해 오고 있다. 다만, 대만 지도자들의 '하나의 중국'에 대한 의지는 다소 차이를 보여 왔다. 장제스와 그의 아들 장징궈가 총통직에 있을 때 그들도 '하나의 중국' 원칙을 내세웠다. 장제스는 본토에 대해 무력통일 노선을 천명한데 비해, 장징궈는 평화통일 노선을 견지하였다. 그 후 리덩후이(1988~2000년 집권)는 하나의 중국에 대해 확고한 정책을 제시하지 않았는데, 민진당의 천수이벤 총통은 대만은 중국과 별개라고 독립 노선을 추구하면서 중국과 마찰을 빚었다. 한편 2008년 국민당 출신의 마잉주 총통이 집권한 이래 대만의 정책은 다시 하나의 중국으로 회귀했다고 볼 수 있다. 그러나 마잉주 총통은 '하나의 중국'을 견지하되 통일도 독립도 모두 지지하지 않는다는 모호한 입장을 취함으로써 현상을 유지하는 동시에 대만 내의 독립운동세력도 자극하지 않겠다는 정책을 견지해 오고 있다.[23]

가능한 한 빨리 대만과 통일을 이루고자 하는 중국의 야심과, 독립국가로서 고유의 정부를 유지하고자하는 대만의 정책 간에는 아직도 엄청난 괴리가 존재한다고 볼 수 있다. 이러한 차이는 주로 중국과 대만의 서로 다른 접근방식 및 관점, 그리고 통일에 대한 양측 행정부의 의지에서 기인한다. 어쨌든 중국인민들은 당분간 평화로운 현상유지를 바라겠지만 궁극적으로 하나의 중국으로 통일되는 미래를 그리고 있을 것이다. 특히 한반도가 평화통일을 이루는 시점에서 중국도 하나로 통일될 가능성이 크다는 생각이 든다. 미국의 국익이 대만 정권의 계속적인 유지에 있다고 할지라도 앞으로 중국의 위상이 커지고 중국인민들의 통일염원이 보편화된다

23) 김종성, 『동아시아 패권전쟁』(서울: 도서출판 자리, 2011), p. 194.

면 결코 양안의 통일에 미국의 선택이 절대적 변수로 작용하지는 않을 것이다.

중국과 대만은 2010년 6월 29일 관세를 줄이고, 무역장벽을 해소하기 위한 경제협력기본협정을 체결하였다. 이는 양측이 1949년 내전을 종식한 후 가장 두드러진 협정이었다. 이 협정으로 539개의 대만 상품과 267개의 중국 상품이 상대 국가에서 관세혜택을 받고 있으며, 중국은 은행, 주식, 보험, 병원, 영화 등 11개의 서비스 분야를 대만에 개방하기로 하였고, 대만은 이 중 은행과 영화 등 7개 분야에 참여하겠다고 합의하였다. 중국과 대만은 현재 연간 1,100억 달러의 교역을 더욱 확대해 나갈 전망이며, 이 협정을 통해 중국은 통일의 물꼬를 터 나갈 공산이 크다고 볼 수 있다.

1970년대 초 키신저 미 대통령 안보보좌관이 마오쩌둥을 면담했을 때 마오는, 중국은 대만문제 해결을 위해 100년은 기다릴 수 있다고 하였다. 이처럼 중국은 대만과의 통일문제를 장기적 관점으로 접근하고 있는데, 이는 대만문제에 있어서 시간이 흐르면 흐를수록 중국이 유리하다고 생각했던 것 같다. 오늘날 대만의 주요산업이 본토로 옮겨가고 있고, 양안의 경제협력은 갈수록 심화되고 있으며 양안 간 문화교류도 활발하게 이루어지고 있다. 중국은 대만문제를 특유의 '대중국(A Great China)' 방식으로 해결하려는 것으로 보이는데, 대중국 방식이란 중국 본토도, 대만도, 홍콩도, 티베트도 모두 대중국의 일부라는 논리이다.[24]

최근 중국은 미국에 대만에 대한 무기 판매 중단을 거듭 요구했다.[25]

---

24) 신성원, 『중국의 굴기와 미국의 전략』(서울: 행복에너지, 2012), pp. 122-23.
25) 류성무, "중국, 미 대만관계법 재확인에 발끈", 연합신문, 2014.03.28.

중국의 이런 요구는 미국 하원 외교위원회가 대만관계법 제정 35주년을 기념해 이 법의 중요성을 재확인하는 결의안을 2014년 3월 25일 채택한 뒤 나온 것이다. 미국은 1979년 중국과 수교하면서 대만과 맺고 있던 공동방위조약을 폐기하고 나서 이를 대체하기 위해 같은 해 4월 미국 국내법 형태로 대만관계법을 제정, 중국의 반발에도 지속적으로 대만에 무기를 팔고 있다. 대만은 2015년 말까지 해상초계기(P-3C) 12대와 최신형 아파치 공격용 헬기 30대를 미국에서 도입할 계획이다. 한편 중국도 러시아로부터 첨단 S-400 방공미사일 시스템 도입을 추진하고 있다. S-400은 사거리가 400km로 중국 남부 푸젠 일대에 배치될 경우 조어도와 타이완 전역을 공격 범위에 둘 수 있는 것으로 알려지고 있다.

러시아의 군비 전문가 카션은 우크라이나 위기를 계기로 러시아는 중국과 에너지, 무기 등의 거래에 박차를 가하게 될 것이라면서 양국 간 천연가스와 첨단 전투기 수호이-35에 대한 판매 협상이 급물살을 탈 것이라고 전망했다.[26] 중국은 지난 1990년대 러시아로부터 S-300 미사일을 대량 구매한 데 이어 이번에 S-400 시스템을 구매할 호기를 맞은 것이다. 이처럼 중국과 대만은 군비경쟁을 가속화하고 있는데, 이는 다분히 무기 판매 당사자인 미국과 러시아의 국익과 관련된 문제이기도 하다. 2012년 말 양안의 군사력을 비교해 볼 때 여전히 대만에 비해 중국이 우세하지만 시간이 지날수록 그 격차는 커질 것으로 보인다(도표 2-1 참조).

26) 정유미, "푸틴, 중국에 s-400 미사일 판매 동의", SBS 뉴스, 2014.03.29.

〈도표 2-1〉 양안의 군사력 대비

구분	부대/무기	중국		대만
		총계	대만해협 지역	총계
육군	병력	125만 명	40만 명	13만 명
	군단	18	8	3
	보병사단	15	5	0
	보병여단	16	6	8
	기계화보병사단	6	2	0
	기계화보병여단	17	7	3
	기갑사단	1	0	0
	기갑여단	16	7	3
	포병사단	2	2	0
	포병여단	17	6	5
	공수사단	3	3	0
	수륙양용사단	2	2	0
	수륙양용여단	3	3	3
	전차(대)	7,000	3,000	1,100
	포병(문)	8,000	3,000	1,600
해군	항공모함	1	0	0
	구축함	23	16	4
	프리깃	52	44	22
	전차상륙함	29	27	12
	중간 상륙함	26	24	4
	디젤잠수함	49	23	4
	핵잠수함	5	2	0
	해안방어 미사일	85	67	45
공군	전투기*	1,700	330	388
	폭격기	600	160	22
	수송기	475	40	21
	* 중국 공군/해군 전투기 합 약 2,300대. 추가로 1,450대의 전투기/폭격기 훈련, 연구개발에 활용			

출처: Office of the Secretary of Defense, "Annual Report to Congress, Military and Security Development Involving the People's Republic of China 2013" pp. 75-76.

5. 탈냉전 후 양국관계

미국은 천안문 사태 이후 5년간의 불편한 관계를 종식시키기 위해 1994년 10월 국방부 장관 윌리엄 페리를 중국에 보내 유화정책을 펴기 시작했다. 그의 방문 후 양국의 군고위급 장교들은 양국의 군사기관을 상호 방문했다. 중국의 국방장관 치하오티엔(遲浩田)은 1996년 워싱턴을 방문했고, 미국 합참의장 존 샤리카쉬빌리(John Sharikashvili)는 1997년 베이징을 방문했다. 그 해 11월 장쩌민이 워싱턴을 방문하였을 때 양국은 전략적 파트너십을 강화하기 위한 일환으로 군사적 접촉을 확대하는 데 합의했다. 1998년 중국과 미국은 해양안전을 도모하기 위해 해양군사협정을 체결하기도 했다. 미국의 이러한 유화정책 노력에도 불구하고 많은 중국의 군사전략가들은 미국을 잠재적인 적으로 간주하고 있다는 견해도 있다.[27]

미국 카터 행정부에서 대통령안보보좌관을 역임한 브르제진스키는 중국은 역사적으로 볼 때 미국을 우방으로 인식해야 한다고 주장했다. 그 이유로 러시아나 일본과 달리 미국은 중국에 대해 영토적 야심이 없었으며, 영국과 달리 중국에게 모욕감을 주지도 않았고, 중국의 경제발전 파트너이기 때문에 양국은 전략적 합의가 필요하다고 주장하면서, 미국은 중국인들이 세계에서 가장 위대한 문명 국가였기 때문에 중국을 대할 때 위협이나 훈시보다는 존중할 필요가 있다고 했다.[28] 21세기에도 중 · 미 양국

---

27) Chu Shulong, "Bilateral and Regional Strategic and Security Relationship between China and the US after the Cold War", *CICIR*, vol. 10, no. 5. (May 2000), p. 11.

28) 신성원, 『중국의 굴기와 미국의 전략』(서울: 행복에너지, 2012), pp. 28-29.

은 대결보다는 국제적 핵심 이슈에 대해 이성적인 합의를 도출하여 국제사회의 안녕과 번영에 기여할 위치에 있다고 볼 수 있다.

부시 행정부는 초기에 중국을 협력국이라기보다는 적성국, 경쟁국, 인권경시 국가로 간주하여 봉쇄(containment), 관여(engagement), 병행전략(congagement)을 고려하였다. 그러나 중국이 튼튼한 경제기반을 바탕으로 뉴욕 발 경제위기에서도 큰 동요 없이 버텨나가자 부시는 재임기간 중 중국과 협력을 모색하지 않을 수 없었다. 그러면서도 이라크와 아프가니스탄에서 반테러 전쟁을 치르면서 엄청난 자금과 병력의 손실을 입었고, 국제사회로부터도 군사력 사용의 정당성을 인정받지 못하였다. 이런 상황에서 오바마 대통령은 새로운 세계전략을 구상하게 되었다. 그는 부시행정부에서 일방주의로 손상된 미국의 대외 이미지를 회복하고 국제협력을 도모하면서 선택과 집중을 통해 국제적 현안 문제를 해결하는 방향으로 세계전략 기조를 구상하였다.[29] 특히 중국에 대해서는 G-2의 지위를 인정하고 세계 금융위기 극복을 위해 협력하고, 핵확산 방지와 동아시아의 지역 안정, 그리고 기후 및 환경문제 등에서 협력을 모색해 오고 있다.

2008년 미국 은행들의 무분별한 투자를 통해 미국의 금융위기가 국제사회로 번져나갔다. 이 때 중국은 자국이 보유한 2조 5천억 달러에 달하는 외환이 달러 가치의 하락으로 막대한 손실을 입었다고 불만을 토로하자, 미국은 중국이 위안화를 인위적으로 관리하고 있기 때문이라고 반격하면서 위안화 절상을 요구함으로써 중 · 미 양국은 대립하였다. 2010년 오바마 행정부가 대만에 패트리엇 요격미사일(PAC-3)을 포함한 67억 달

29) 홍현익, "미중러 3각관계의 변화와 한국의 대응", 세종연구소, 2011, p. 28.

러의 무기판매계획을 발표하자 중국은 미국과의 군사교류를 전면 중단한다고 발표했다. 또한 중국의 반대에도 불구하고 2월 8일 오바마 대통령은 백악관에서 달라이 라마를 만났고, 3월 26일 천안함 사건 이후 한미 양국군이 서해에서의 연합훈련 계획을 발표하자 중국은 이를 강력히 규탄하였다.

더구나 중 · 일이 댜오위다오(釣魚島: 일본명 센카쿠열도)를 두고 신경전을 벌이는 가운데 클린턴 미 국무장관이 미일안보조약이 이 문제에 적용된다고 일본입장을 두둔하고, 미 · 일과 한국 해군이 참가하는 해상연합훈련을 댜오위다오 인근해역에서 실시하자 중국은 이를 비난하였다. 미국의 이러한 조치는 중국의 급부상과 한중경제협력의 증대에 따라 한미동맹과 미일동맹이 이완되는 것을 차단하고, 미국이 이 지역에서 대중협상력을 강화하려는 의도로 보인다.[30] 또한 미국은 환태평양파트너십(Trans-Pacific Partnership: TPP)을 통해 보다 적극적으로 아시아 국가들과의 자유무역협정 체결을 추진하고 있으며, 러시아와 함께 동아시아정상회의에도 참여함으로써 중국의 지역 경제협력과 다자기구(多者機構)들을 통한 영향력 확대를 견제하기 위한 외교 전략을 펴고 있다.

TPP는 세계 최대 규모의 다자간 자유무역협정으로 2005년 창설되어 현재 미국, 뉴질랜드, 칠레, 싱가포르, 브루나이, 호주, 페루, 베트남, 말레이시아, 멕시코, 캐나다, 일본 등 12개 국가가 참여하고 있으며, 우리 대한민국 정부도 2013년 11월 29일 사실상 참여하기로 결정하였다. 우리나라는 이미 12개 국가 중 7개 국가와는 자유무역협정을 체결한 상태이

30) *Ibid.*, p. 33.

고, 일본, 호주, 뉴질랜드, 멕시코, 캐나다 등 5개 국가와는 협상을 진행하고 있다. 우리 정부는 이미 참여를 결정한 상태이므로 앞으로 제조업 분야와 농축산업 분야에 미칠 영향을 심층적으로 분석하여 대비하여야 할 것이다.

중국과 미국은 당분간 힘의 우위를 겨루는 경쟁자보다는 동아시아지역에서 힘의 균형자 내지는 협력자의 길을 추구할 것으로 보인다. 2011년 미중정상회담에서는 미국은 중국의 평화적 발전을 반대하지 않고, 중국은 미국의 아시아-태평양 지역에서의 안정자로서의 역할과 지위를 인정한다고 선언함으로써 두 강대국이 동아시아의 발전에 있어서 협력자의 길을 선택할 것으로 보인다. 장기적 관점에서 볼 때 미국은 압도적 군사적 우위에도 불구하고 중국에 대해 포용정책을 펴나갈 것이며, 중국은 미국에 군사적으로 도전하기 보다는 자국의 경제발전과 미국과의 협력을 전략적으로 유지할 가능성이 높다고 하겠다.[31]

1972년 닉슨 미 대통령은 베이징에서 마오쩌둥과 악수를 교환했다. 이 역사적 만남은 중 · 미 관계정상화에 초석을 놓았다. 그러나 중 · 미 관계정상화는 양국 간 모든 문제를 우호적으로 해결해 주지는 못했다. 베이징에서 돌아오는 비행기 안에서 닉슨 대통령은 일기에 "그들이 원하는 것은 세계적 신뢰를 쌓고, 대만을 합병하며, 미국을 아시아에서 배제하는 것이다"라고 썼다.[32] 그 이후 중국은 사실상 당시 닉슨이 생각했던 바와 같은 정책들을 밀고 나왔으며, 중국은 닉슨이 일기에 쓴 이슈를 가지고 아직까지도 논쟁을 계속하고 있다.

---

31) 최우선, "중국의 부상과 미국의 대응", 국립외교원 외교안보연구소, 2011, p. 12.
32) Terry Macathy and Jaime A. Florcruz, "Collateral Damage", *Time*, 24 May 1999, p. 35.

제3장
중국과 미국의 잠재력 비교

1. 개요

20세기 말까지 중국과 미국을 비교하는 것은 큰 관심을 끌지 못했다. 그러나 21세기가 시작되고 10년이 지나자 여기저기서 중국의 부상을 논하고 있다. 우리는 해방 후 지금까지 미국이란 나라와 영어를 알아야 사회에서 행세하기가 쉽다고 생각해 왔다. 그만큼 미국의 위력이 컸기 때문이다. 2차 세계대전을 승리로 이끈 주역이 미국이었고, 그 때문에 미국은 전후에도 강력한 힘을 발휘해 왔던 것이다. 미국은 실제로 제2차 세계대전에서 본토를 피격 받지 않은 국가였으며, 대전이 끝난 1945년 미국의 국내총생산은 세계 총생산의 50%를 차지했다. 오늘날 미국의 인구는 세계인구의 5%에 불과하지만 미국의 총생산은 세계의 25%, 특히 국방예산은 전세계 군사비 지출의 50%에 육박하고 있다.

중국은 국내 총생산이 2010년을 기점으로 일본을 앞지르고, 세계에서 제2위의 경제대국으로 자리매김하였고, 독일을 제치고 수출도 세계 제1위 국가가 되었다. 미국은 이제 본격적으로 중국을 자국과 나란히 비교하는 G-2(Group of Two: 미국과 중국을 의미) 반열에 올려놓았다(도표 3-1 참조). 과거에는 중국이 공산당 1당 체제와 사회주의 경제방식으로는 결코 서구와 맞서기가 어렵다는 것이 일반적인 견해였다. 그러나 이제 세계가 중국을 주시하고 있다. 존 나이스 바트는 그의 책 '메가트랜드 차이나'에서 민주주의는 서양 전래의 수평민주주의 말고도 동양전래의 수직민주주의도 있다고 하면서 공산당 영도방식을 긍정적으로 평가한 바 있다. 중국은 지금도 전통 유가사상에서 유래된 통치방식을 따르고 있다. 덩샤오핑 시절에는 '조용히 국가경제발전 도모(도강양회 韜光養晦)', 1990년대 후반에는 '책임 있는 대국(負責任的大國)', 후진타오에 이르러서는 '평화적 부상(和平崛起)', 그리고 최근에는 '조화로운 세계(和諧世界)'를 표방함으로써 조용한 가운데 강대국으로의 진입을 꾀하고 있다.[1)]

이인위본(以人爲本), 친민(親民), 조화사회(調和社會), 평화발전(平和發展), 조화세계(調和世界)가 그렇다. 중국은 2004년부터 서울을 필두로 하여 공자학원 문을 열었다. 여기에서는 중국문화를 홍보하고 중국어를 가르친다. 2013년 5월 현재 공자학원은 설립 10년이 채 안 됐지만 세계 112개 국가에 979개(초등학교에 설립된 공자학당 565개 포함)를 운영하고 있다. 이들 기관에 근무하는 교사는 약 2만 명, 등록된 학생 수는 약 65만 명에 달하며, 2009년 예산은 무려 2,248억 원에 달하였다. 프랑스가 120년 간 1,110개의 알리앙스 프랑세즈, 영국이 70년 간 230개의 브리티시 카운실, 독일이 50년 간 128개의 괴테 인스티튜트를 운영하는 것과 대비해 보면 공자학원의 신장 속도는 가히 놀라울 뿐이다.[2)] 우리나라의 세종학당은 2013년 현재 90개소를 운영 중인데, 당해 연도 예산은 70억 원에 불과하니 공자학원에 비하면 미미할 뿐이다.

과거 역사를 더듬어 보면 중국은 18세기까지 세계에서 가장 인구도 많고 부강한 나라였으므로 오늘날의 중국을 새로운 부상이라기보다 과거의 막강했던 위상을 다시 찾아가고 있다는 표현이 더 적절할 것이다. 이제는 미국에서도 중국을 이해하고 중국어를 배우자는 풍조가 일고 있다. 미국 초 · 중 · 고에서 중국어를 배우는 학생은 2000년에는 5,000명이었는

1) 이동률, 『중국의 미래를 말하다』(서울: 동아시아연구원, 2011), p. 173.
2) 중앙일보 중국연구소, 『공자는 귀신을 말하지 않았다』(서울: 중앙북스, 2010), P. 143.

〈도표3-1〉 중국과 미국의 일반현황 비교(군사력 제외) 2012년 말 기준

대상	중국	미국	비고
면적(만 ㎢)	960	983	
인구(명)	13억 3672만 명	3억 1100만 명	
GDP($) (1인당 GDP)	8조 2,270억 달러 9,300달러	15조 6,800억 달러 50,700달러	
GDP 성장률(퍼센트)	7.8	2.2	
국방예산(억$)	898억 달러	7,375억 달러	
GDP 산업별(퍼센트) –농업/공업/서비스	10.1/45.3/44.6	1.1/19.2/79.7	
저축률	50.4	10.1	
노동자 산업별(퍼센트) –농업/공업/서비스	34.8/29.5/35.7	0.7/20.3/79	
실업률(퍼센트)	6.5	8.1	
빈곤층 인구(퍼센트)	13.4	15.1	
인플레이션(퍼센트)	2.6	2.1	
수출	2조 570억 달러	1조 5,640억 달러	
수출파트너(퍼센트)	미국 17.2, 홍콩 15.8, 일본 7.4, 한국 4.3	캐나다 18.9, 멕시코 14, 중국 7.2, 일본 4.5	
수입	1조 7,350억 달러	2조 2,990억 달러	
수입파트너	일본 9.8, 한국 9.2 미국 7.1, 독일 5.1	중국 19, 캐나다 14.1, 멕시코 12, 일본 6.4	
외환보유고(억 달러)	3조 3,410억 달러	1,502억 달러	
자국 내 난민(명)	베트남 300,000 북한 30.000~50,000	부탄 15,070, 버마 12,167 이라크 12,163, 소말리아 4,911	

자료: CIA Factbook, 2012, The Military Balance 2012(IISS, March, 2012).

데 2009년에는 그 숫자가 50,000명으로 불어났다.[3)] 한편 2009년 중국 내 189개 국가에서 온 외국유학생 중 1위는 한국, 2위는 미국, 3위는 일본으로 나타났다. 미국의 유학생은 약 2만 명으로 일본의 1만 7천 명을 앞질

3) *Ibid*., P. 21.

렸다. 2012년 기준 중국에 유학 중인 우리나라의 학생 수는 약 6만 5천명으로 중국 내 전체 유학생 숫자의 3분의 1 수준이라고 한다. 우리나라의 학생들이 새삼 한자와 중국에 관심을 가지고 중국에 가서 공부하는 것은 매우 고무적인 일이라는 생각이 든다.

2012년 말 기준 세계에서 사용되고 있는 컴퓨터의 80%가 중국제이며, 중국은 컬러 TV, 자동차 등 210개 내구 소비재 품목 세계 1위 생산국이다. 1994년 중국과 유럽공동체(EC: European Community)는 공동으로 상하이에 '중국유럽국제공상학원'이란 경영관리학 석사(MBA: Master of Business Administration) 코스를 설립했다. 이는 현재 세계 MBA 순위 8위이며, 중국은 물론 아시아에서는 단연 1위로 평가받고 있다.[4)]

스위스에는 40년 전통의 다보스포럼이 있고, 중국에는 9년 된 보아오(博鰲: Boao) 포럼이 있다. 보아오는 하이난 성에 있는 지명이다. 해마다 1월 하순에 스위스의 다보스(Davos)에서는 '다보스포럼'이 열린다. 세계경제포럼(WEF: World Economic Forum)으로 널리 알려진 다보스포럼은 창설자이자 회장인 클라우스 슈밥(Klaus Schwab)이 유럽과 미국의 리더들이 모인 가운데 비즈니스 특강을 마련한 데서 탄생했다. 1971년 제1회 포럼의 참가자는 140명이었다. 이것이 1987년 '세계경제포럼'으로 이름이 바뀌었고, 그 후 경제, 경영뿐만 아니라 정치와 문화에 이르기까지 영역을 넓혀, 지금은 내로라하는 글로벌 리더 2,500명이 운집하는 세계에서 가장 권위 있는 포럼으로 성장한 것이다. 한편 매년 4월 중국 하이난 성의 휴양도시 보아오에서 열리는 보아오 포럼의 정식명칭은 '아시아 보아오포럼(Boao

---

4) *Ibid.*, p. 28.

Forum for Asia)'이다.

1998년 라모스 전 필리핀 대통령과 호크 전 호주 총리, 호소카와 전 일본 총리 등이 포럼 창설을 제안해 중국이 적극 호응함으로써 2002년 제1차 보아오포럼이 열렸다. 보아오포럼이 애초에 내건 기치는 '아시아의 경제 협력'이었지만, 점차 국제관계 · 정치 · 사회 · 문화 · 환경 이슈들로 주제가 확장돼 왔다. 2013년 4월 7일 시진핑 중국 국가주석은 제12차 보아오포럼의 개막연설에서 "어느 일방이 자신의 개별적 이익을 위해 지역이나 세계를 혼란에 빠뜨려서는 안 된다"고 언급하자, 세계 매스컴은 '자기만의 이익을 추구하는 국가'가 어느 나라를 지칭한 것인지를 놓고 설왕설래(說往說來)했다. 이렇듯 중국에 있어서 보아오포럼 개최는 '책임 대국'의 국가 브랜드, '아시아 선도 국가'의 이미지를 키우기 위한 소프트파워 전략의 발현인 셈이다.

2013년 '포천(Fortune)'이 선정한 글로벌 500대 기업에 미국은 132개, 중국은 86개가 선정되어 중국은 세계 2위의 자리를 차지하였다. 디자인의 경우도 상하이는 파리, 뉴욕, 밀라노를 제치고 세계 최고의 명성을 지니고 있으며, 광저우의 둥관(東菀)은 세계 IT산업의 메카로 등장하였다.[5] 2010년 기준 중국의 네티즌 수도 4억5천7백만 명으로 미국의 2억5천3백만 명을 추월하였다.[6] 미국과 유럽의 연구개발비가 2001~2006년 사이에 1~2% 증가한 반면 중국은 26% 이상 증가하였다. 또한 1996년 이후 미국에서는 컴퓨터와 사무용품 연구개발비가 30% 이상 줄어든 반면 중국

---

5) 신동준, 『팍스시니카』(서울: 이가서, 2011), p. 353.
6) 김동하, 『차이나 소프트 파워』(서울: 무한, 2011), p. 77.

에서는 47%가 증가하였다.[7] 미국의 아이폰을 보면 오늘날 미국 제조업의 단면을 볼 수 있다. 아이폰 제품의 경우, 부품은 아시아, 스크린은 일본, 플래시메모리는 한국, 조립은 중국에서 하고 있다.[8]

중국은 지역연합체와도 유대를 강화하고 있다. 중국은 2005년 동남아시아국가연합(ASEAN: Association of Southeast Asian Nations)과 함께 유럽연합(EU: European Union)에 버금가는 18억 명의 공동체를 2020년까지 설립할 것을 약속했다. 이는 중국입장에서는 동남아시아의 해상교통로를 자유롭게 이용하고 자국의 경제발전에 소요되는 자원을 원활하게 획득하기 위한 전략으로 보이며, 동남아시아 국가들도 경제대국 중국과의 협조로 그들의 경제를 발전시켜 보겠다는 포석으로 보인다.[9] 오늘날 북아메리카와 유럽을 제외한 거의 모든 나라들의 지도자들이 중국을 방문하여 중국이 어떻게 경제적 자유와 정치적 자유를 조화롭게 분리함으로써 국부를 창조하고 있는지 터득해가고 있다.[10] 자유주의 경제정책과 집권 공산당의 법원, 군대, 정보통제의 권위주의적 정책유지관계를 알아보기 위해서이다.

7) 스테판 할퍼 저, 권영근 옮김, 『베이징 컨센서스』(파주: 북이십일21세기북스, 2011), p. 57.
8) *Ibid*., p. 56-57.
9) *Ibid*., p. 42-43.
10) *Ibid*., p. 47.

2. 중 · 미 외교 잠재력

1949년 10월 1일 마오쩌둥이 톈안먼(天安門)광장에서 중화인민공화국 정부수립을 선포하였다. 1842년 남경조약으로 서방 제국주의 국가들이 중국을 침탈한 지 107년이 경과한 시점이었다. 중국인들이 굴욕의 한 세기라고 칭하던 수치스러운 역사를 마감하는 순간이었다. 1793년 영국의 외교사절 매카트니(McCartney)가 청의 건륭제(乾隆帝)를 알현하고 영국 국왕의 친서를 전하면서 수교를 요청해오자 건륭제는 "우리는 당신네 나라의 물건들을 전혀 필요로 하지 않는다"고 한 마디로 매카트니의 제의를 거절했다. 그리고 50년이 지난 후 영국은 함포 등 무력을 동원해 중국과의 무역을 강요해 왔다. 영국은 중국에 아편무역을 강요하였고, 청의 도광제(道光帝)는 임칙서(林則徐)로 하여금 아편무역을 근절하게 하였다. 이 와중에서 영국과 청나라 사이에 아편전쟁이 일어났다. 당시 아시아는 물론이고 세계 최강국이었던 청나라는 힘없이 패하고 강제로 문호를 개방하는 수모를 당했다.

1954년 12월 영국에서 독립하고 의회민주주의를 시행하고 있던 버마의 오누 총리는 베이징을 방문하여 마오쩌둥을 만나 국민당 군의 패잔병이 버마 북부 산악지대를 점거하고 있는데 중국과 버마의 관계가 걱정된다고 말했다. 이 때 마오는 "한 국가는 크든 작든 완전히 평등하다. 대국은 소국에 손해를 끼치지 말아야 하고, 경제적 착취나 정치적 압력도 행사해서는 안 된다"고 말했다.[11] 이러한 마오의 외교원칙은 주권 및 영토의 존중, 상호불가침, 상호불간섭, 평등호혜, 평화공존으로 요약되는데, 이 평화공존 5원칙은 이후 중국의 외교정책원칙으로 공식화되었다. 중국은 국제사회와의 갈등이 표출될 때마다 이 원칙을 내세워 중국의 입장을 분명하게 했다. 북한과 이란의 핵문제, 수단의 인종 분규, 리비아 사태 등과 같이 국제사회에서 중요한 이슈가 생길 때마다 이 5원칙을 들어 유엔 안보리상임이사국으로서 주권국가의 내정에 간섭하는 물리적 동원에 대해 '조건적 반대'를 해 왔던 것이다.[12]

중국은 마오쩌둥이 주창한 평화공존 5원칙은 '중국은 패권을 추구하지 않는다'는 반패권주의 정책으로 발전하여 그의 사후에도 덩샤오핑, 장쩌민, 후진타오, 시진핑으로 권력이 계승되는 과정에서도 변함없이 이어져 오고 있다고 주장하고 있다. 2012년 7월 8일 시진핑 국가주석은 북경청화대학에서 열린 제1회 세계평화포럼 축사에서 세계 각국은 어떤 시기, 어떤 상황에서도 평화공존 5원칙을 지키고, 타국의 내정에 간섭하지 말며, 자기 의지를 다른 나라에 강요하지 말고, 평등한 대화와 협력을 통해 안전을 실현해야 한다고 강조하였다. 그는 또한 중국은 시종 평화외교 방침을 지켜왔으며, 중국은 영원히 패권을 추구하지 않을 것이며, 일관되게 방어적 국방정책을 지키고, 국가주권과 인권 및 발전을 견고하게 보호함은 물론, 아태지역의 평화와 안정, 평등과 신뢰, 합작공영의 지역 환경을 조성하기 위해 노력해 나갈 것이라고 천명하였다.

건국 이래로 미국은 식량, 무역 및 국가방어를 해양에 많이 의존해온

11) 신봉수, 『중국은 제국을 꿈꾸는가』(파주: 웅진씽크빅, 2011), pp. 58-59.
12) *Ibid.*, p. 60.

해양국가이다. 그리고 미국은 그들의 시민과 자국의 이익, 그리고 우방국가가 위험에 처하면 언제, 어디든지 찾아가 영향력을 발휘했으며, 미 해군은 국가안보와 해상무역, 그리고 안전하고 안정적인 해상수송로의 보호를 위해 활동해 왔다.[13] 그리고 미국은 공해상에서 항해의 자유를 보장받는 것이 세계의 평화와 안보, 그리고 번영에 매우 중요한 것이라고 믿고 있다. 따라서 미국은 1982년 국제항해를 통해 방해 없는 통행이 보장되어야 한다는 조항을 포함한 유엔 해양법협약을 지지했다.

냉전 기간 동안 미국은 아시아-태평양 지역과 이 지역의 해상수송로에 대해 주도권을 유지해 왔고, 소련의 영향력은 상대적으로 미미했다. 그러나 21세기에 이 지역의 주요 해상수송로는 상황에 따라 위협을 받을 수도 있다. 1956년 수에즈 운하의 폐쇄로 인해 겪었던 경험을 토대로 분석해 보면 동남아시아의 해상수송로가 방해를 받아 선박의 통행이 불가능하게 된다면 화물수송비는 최대 500%까지 증가될 수도 있다는 분석도 있다.[14] 따라서 동남아시아 요충지를 따라 항해 안전성을 지키는 것은 미국의 해양 전략이 직면한 가장 중요한 임무 중 하나라고 할 수 있다.

중국의 해양 도전이 미국을 직접적으로 겨냥하지는 않겠지만 미국의 동맹국들과 우방국가에 중국의 해양세력이 위협으로 다가온다면 이는 간접적으로 미국에 대해 도전이 될 것이 뻔하다. 만약 미얀마에 중국해군이 주둔한다면 말라카 해협의 안전통행과 관련하여 미국뿐만 아니라 동아시아 국가들은 우려하지 않을 수 없을 것이다. 태국, 필리핀, 그리고 인도네시

---

13) The International Year of the Ocean, http://cdiac.ornl.gov/newsletr/fall98/yoto.htm (인터넷 검색: 2013.07.24).

14) John H. Noer, Southeast Asian Chokepoints, *Strategic Forum*, Number 98, December 1996.

아도 남지나해에서의 중국의 해양팽창 야심을 우려하고 있으며, 이들 연안 국가들은 중국을 자극하지 않기 위해 점점 조심스러운 태도를 취하고 있을 뿐만 아니라, 이 지역에서 중국의 해양세력 등장이라는 현실을 수용하지 않을 수 없을 것이다. 만약 동남아시아에서 중국해군의 영향력이 증대된다면 상대적으로 미국의 영향력은 감소될 것이고 궁극적으로 미국의 경제적, 정치적 이익은 위축될 수 있다.

동남아시아 해상수송로는 다양한 불확실성을 내포하고 있다. 이 지역 국가들 간의 섬과 근해자원의 영유권을 둘러싼 분쟁은 역내 해상수송로를 심각하게 위협할 수 있다. 또한 중국은 이 지역 국제해상에서 밀수를 방지하고, 안정성을 강화하며, 교통 혼잡을 완화한다는 구실로 국제항해를 통제할 수도 있다.[15] 만약 이러한 해협들이 중국이나 다른 강대국에 의해서 폐쇄된다면, 이 해로를 통과하려는 선박이나 함정들은 호주와 파푸아뉴기니(Papua New Guinea: PNG) 사이에 있는 비교적 수심이 얕은 토레스 해협(Torres Strait)을 통과하지 않으면 안 될 것이다. 아시아-태평양 지역은 경제적 이익뿐만 아니라 세계전략 측면에서도 미국의 유용하고도 필수적인 지역이 될 것이다. 동남아시아에서 미국 외교정책의 정당성을 확보해 주는 주도적 가치는 바로 안보, 번영, 민주화라고 할 수 있다. 이러한 미국의 정책은 이 지역에서 매우 중요한 요소가 될 것이므로, 이 지역의 해상에서 중국해군의 도전은 필연적으로 미국의 응전을 유발하게 될 것이다.

사실 패권을 추구하려면 그에 상응하는 힘이 뒷받침되어야 하는데 중국의 경우 미국과 달리 세계의 경찰 역할을 할 능력과 여건이 되어있지

---

15) A. James Gregor, "Qualified Engagement", *US Naval War College Review*, vol. L11, no 2, (Spring 1999).

않다. 미국처럼 국가목표에 세계의 민주주의 실현이나 시장경제의 달성, 그리고 인권보장 등 가시적인 대외간섭적인 정책이 있는 것도 아니고, 특히 미국처럼 세계 50여 개 국가에 자국군대를 파견한 상태도 아니며, 미국정치권에서처럼 유대인의 압력단체가 있는 것도 아니고, 종교적으로 다른 이념집단에 대해 편견이나 거부감을 가지고 있는 것도 아니기 때문에 중국이 패권을 추구할 가능성은 희박하다고 볼 수 있다.

전통적으로 강대국들은 그들의 세력을 기반으로 약소국들에게 패권을 펼치려고 시도해 온 것이 사실이다. 그러나 중국은 군사력으로 타국에 위협을 주거나 제국주의적 지배논리를 적용하려하지 않았고 경제력에 의한 협력체제 구축을 시도해 온 만큼 패권을 추구하지도 않았다. 특히 중국은 타국의 내정에 간섭하기 보다는 그 국가가 자기의 특성에 맞는 정책을 추구하도록 지원해 주면서 상생의 논리를 적용해 오고 있다. 그래서 중국의 부상을 두려워하기보다 공생의 기회로 볼 수 있는 것이다.

중국의 대외정책은 기본적으로 방어적이며 수세적인 측면이 있는데, 그럼에도 불구하고 1950년 한국전 개입이나 1979년 베트남 침공에서 보는 바와 같이 자신의 전략적 이익을 위해 필요하다고 판단될 때는 대규모 군사적 개입을 과감하게 결정하고 단호함을 보여주고 있다. 중국의 대외전략 '이이제이'(以夷制夷: 오랑캐로 오랑캐를 친다는 뜻으로, 어떤 적을 이용하여 다른 적을 제어함을 이르는 말)는 '가까이 있는 적과 싸울 때는 멀리 있는 적과 화평을 유지하라'는 책략 등 대부분 손자의 병법을 차용하고 있다.[16]

키신저는 그의 책 '중국에 관하여'에서 미국과 중국은 자국의 고유 가치

16) 신성원, 『중국의 굴기와 미국의 전략』(서울: 행복에너지, 2012), p. 19.

를 대변한다면서 '미국의 1등주의는 기독교 선교'로부터, '중국의 1등주의는 문화'로부터 나온다고 주장하였는데, 이는 미국이 1등 국가가 된 것은 기독교 정신에 기인하고, 중국이 1등 국가로 부상하는 데는 문화가 중요한 역할을 할 것이라고 본 것이다. 미국의 대아시아 정책은 대유럽 정책과 마찬가지로 아시아 지역에서 패권국가가 출현하는 것을 저지하는 것이다.

동북아 지역에서 중국은 일본, 베트남, 필리핀 등과 섬을 둘러싼 영토 분쟁 상태에 있다. 그런데 이들 국가들은 미국과 안보조약을 체결하였거나 긴밀한 협력관계에 있기 때문에 중국과 이들 국가 간에 무력 충돌이 발생할 경우 미국은 불가피하게 개입하게 될 것이다. 이럴 경우 동북아의 안정은 크게 위협 받게 된다. 따라서 이들 국가들과 중국은 군사적 충돌을 피하고 윈윈전략을 발전시켜야 할 것이다.

미국의 아시아 중시

미국은 2001년 911테러 이후 10여 년간 이라크와 아프가니스탄에서 테러와의 전쟁을 수행했다. 이러한 중동 중시정책은 공화당 부시 행정부의 대외정책 근간이었다. 그러나 오바마 행정부는 이라크 주둔 미군을 2011년 말 철수시켰으며, 아프가니스탄 주둔 미 전투부대를 2014년까지 철수하겠다고 발표하였다. 2002년 미 행정부는 '아시아 중시정책(Pivot toward Asia)'을 발표했는데, 파네타 미 국방장관은 2020년까지 6개 함대그룹을 포함한 미국해군의 60%가 아시아 태평양 지역에 배치될 것이라고 설명하였다.[17)]

---

17) *Ibid.*, p. 42.

오바마 정부는 실제로 아시아 중시정책을 서서히 가시화 하고 있다. 2010년 11월 오바마 대통령이 한 · 중 · 일 방문 시에 도쿄 산토리호텔에서 행한 연설이 미국의 아시아 중시정책 복귀를 알리는 신호탄이었다.[18] 미 행정부의 동아시아 중시정책 이면에는 중국의 부상이 있다. 중국의 부상에 대응하여 미국은 아태지역 동맹국인 일본, 한국, 호주 등과 관계를 강화하고, 인도, 베트남, 필리핀, 러시아 등 주변 국가들과의 관계를 증진하기 위해 노력하고 있으며, 미얀마와도 새로운 유대관계를 모색하고 있다.

중국, 인도 등 인구가 많고 경제적으로 부상하는 국가들은 세계은행이나 국제통화기금 등 경제기구들이 미국, 유럽 등 선진국에 집중된 투표권(예: 미국의 경우 2014년 1월 현재 국제통화기금 최대주주로 16.75%의 투표권 보유)의 조정을 요구하고 있다. 이러한 주장들은 정치적으로 새롭게 태어나고 있는 아프리카, 중동 등 개발도상국가 국민들의 민주화 요구와 함께 현 국제질서를 변화시키고 혼란을 가중시키는 동력으로 작용할 것으로 보인다. 카터 대통령 안보보좌관을 역임했던 브르제진스키는 21세기의 세계는 군사적으로 강력하고 정치적으로 영향력이 있는 미국과 같은 어느 한 나라의 지배를 허용하지 않을 것이며, 안정적인 국제질서는 미국이 자신의 능력을 새롭게 강화하고 아시아에서 새로 부상하는 나라들과 마찰을 최소화하고 균형자 및 조정자의 역할을 현명하게 수행할 때 가능할 것이라고 주장했다.[19]

중국의 외교전략은 국내발전에 전념할 수 있는 평화롭고 안정적인 국제

18) 이상현 편, 『새로 그리는 동아시아 안보지도 중국부상의 안보적 함의』(서울: 광일문화사, 2011), p. 89.
19) 신성원, *op. cit.*, p. 194.

환경 조성과 국제사회에서의 영향력 확대를 목적으로 하고 있다. 2009년 7월에 열린 미중경제전략대화(S&ED) 폐회사에서 다이빙궈 국무위원은 중국의 핵심이익을 세 가지로 언급했다. 첫째, 중국의 기본 정치체제 및 국가안보유지, 둘째, 국가주권과 영토의 보전, 셋째, 경제와 사회의 안정적 발전 등이 그것이다. 같은 해 11월 버락 오바마 대통령의 중국방문 당시 후진타오 주석과의 정상회담 후 발표한 공동선언문에서도 핵심이익이라는 표현을 썼다.[20] 그 후 중국은 대만문제 등 핵심이익을 사수하기 위해서는 군사행동을 포함한 어떠한 조치도 취할 수 있다는 단호함을 보이고 있다.

중국의 지도자들은 전통적으로 본심을 빨리 드러내지 않고 조심스럽게 접근하는 경향이 있다. 마오쩌둥은 1969년 중소국경분쟁으로 중국에 대한 소련의 핵공격이 임박했다는 미국의 언론 보도가 있을 무렵, 중국 국무원 관리가 마오쩌둥에게 식량문제를 보고할 때, 마오는 심알동(深挖洞), 광집량(廣集糧), 불칭패(不稱覇)라는 아홉 글자를 써 주었다고 한다. 그 내용은 굴을 깊이 파서 식량을 비축하되, 패권은 추구하지 말라는 것이었다. 전쟁 준비는 착실하게 하되 대외적으로 패권을 추구하는 모습을 보여줌으로써 주변 국가들을 자극하지 말라는 의미였을 것이다.[21]

덩샤오핑의 외교술

중국은 과거 30여 년 동안 미국과의 관계유지를 대외정책의 기본으로 삼았다. 이는 대외적으로 평화를 정착시킴으로써 분쟁이 없는 환경에서

20) 이상현 편, *op. cit.*, pp. 74-75.
21) 신봉수, 『중국은 제국을 꿈꾸는가』(파주: 웅진씽크빅, 2011), pp. 49-51.

경제발전에 전념해야 한다는 덩샤오핑의 전략에서 비롯된 것이다. 톈안먼 사건 이후 덩샤오핑은 "앞으로 100년 동안 흔들림 없이 기본 노선을 고수하여 진지하게 경제개발을 추진하되 어디까지나 침착하게 대처하고, 우리의 역량을 모두 다 드러내지 말고 때를 기다리자"고 역설했다. 이런 덩샤오핑의 의지가 30년간 꾸준히 유지되어 온 결과가 오늘의 중국을 있게 한 원동력이 되었다고 볼 수 있다. 구소련은 2차대전 후 서방세계가 설립한 국제통화기금(IMF), 세계은행, 관세 및 무역에 관한 일반협정(GATT)과 같은 국제기구를 멀리했지만, 중국은 15년 동안 기다리다 드디어 2001년 세계무역기구(WTO) 회원국이 되었다. 군사비 지출 면에서도 구소련과 중국은 다른 정책을 폈다. 구소련은 아프가니스탄 파병 등, 힘에 겨운 국방비 지출로 결국 연방의 붕괴를 자초했지만, 중국은 국내총생산(GDP) 대비 군사비 비중을 꾸준하게 줄여나가 1950~1980년에는 6.35%였던 것이 1980년대에는 2.3%, 1990년대에는 1.4%로 줄여나가 경제성장에 매진하게 된 것이다.[22]

중국의 시멘트 외교

중국기업은 2005년부터 2012년까지 4,600억 달러를 투자하여 세계 각지에 300여개의 댐 건설을 지원했다. 카자흐스탄과 미얀마에서는 수천 km의 석유와 천연가스 파이프라인을 부설했으며, 아르헨티나와 베네수엘라에서는 철도를 부설하였고, 아프리카에서만 2,000km의 철도, 3,000km의 도로, 160여 곳의 학교를 건축했다. 이처럼 중국이 개도국에

22) 마틴 자크 저, 안세민 옮김, 『중국이 세계를 지배하면』(서울: 부키, 2010), p. 459.

시멘트 외교를 펼치는 이유는 바로 그들 지역으로부터 천연자원을 획득하기 위함이다. 2009~2010년 중국은 해외에 1,100억 달러의 차관을 제공함으로써 세계 최대의 차관제공 국가가 되었다.

중국의 꿈

시진핑 중국 국가주석은 2013년 3월 17일 제12기 전국인민대표대회 폐막식 연설에서 "중화민족의 위대한 부흥이라는 '중국의 꿈(中國夢 중궈멍)'을 실현하겠다"고 밝혔다. 그가 강조한 중궈멍은 위대한 중국민족의 부흥과 함께 앞으로 시 주석이 10년 간 중국을 어떻게 변화시킬 것인가 하는 구상을 밝힌 것으로 보인다. 중궈멍은 중국인들이 즐겨 부르는 대중가요의 제목이기도 하다. 그 가사는 이렇다.

중국의 꿈(中國夢, 중궈멍)

너의 꿈, 나의 꿈은 황허(黃河)로부터 오는 하나의 꿈
5천 년의 무수한 갈망이 강물 속에 도도하게 흘러내려 온 꿈
우리 중국인이 꾸는 하나의 꿈은 자유, 낙천, 그리고 행복

시 주석의 중궈멍은 중화민족의 위대한 부흥을 위해 국가를 부강하게 하고 민족을 흥성하게 하며 인민을 행복하게 하는 것이라고 볼 수 있다.[23] 이번 전인대에서는 시진핑 주석-리커창 총리의 10년 체제를 공식 선포하고, 임기 5년의 주석과 국무원 총리 외에 부총리, 국무위원, 각 부 부장(장관) 등을 선출했다. 이날 시 주석은 취임 후 연설에서 '인민의 감

23) 유주열, "시진핑의 중궈멍", 중앙일보, 2013.03.20.

독'을 받아들이겠다고 밝혔고, 리커창 총리는 전인대 폐막 직후 가진 내외신 기자회견에서 '중국은 힘에 의존한 패권을 추구하지 않고 내가 싫은 것을 남에게 강요하지도 않겠다'고 강조했다.[24] 중궈멍은 중국의 경제력, 정치력, 지도력, 문화력이 결집되어야 가능할 것이다. 그리고 그 꿈은 이웃 국가들과 함께 자유와 행복을 공유할 때 진정한 꿈이 될 것이다.

중국은 시진핑 체제 출범 이후 동남아에 외교역량을 집중하고 있다. 중국 왕이(王毅) 외교부장은 2013년 3월 취임 후 7월에 인도네시아, 싱가포르, 브루나이를 방문했고, 8월에는 말레이시아, 태국, 라오스, 베트남을 방문함으로써 아세안과의 전략적파트너십 강화외교에 정진하고 있다. 한편 7월 26일 조 바이든 미국 부통령은 싱가포르를 방문해 리셴룽(李顯龍) 총리와 당시 싱가포르를 방문 중인 일본의 아베 총리와 회담하고, 동·남중국해 분쟁을 강압적으로 풀어서는 안 된다며 중국을 압박했다. 중국은 2009년 이후 아세안의 최대 무역 파트너로 부상했으며, 중국과 아세안의 교역량은 2010년에는 2,320억 달러였는데, 2011년에는 2,804억 달러로 20% 이상 증가했다. 중국의 대 아세안 투자액도 2010년 27억 달러에서 2011년에는 59억 달러로 117% 증가했다. 미국은 2011년 이라크와 아프가니스탄 전쟁을 일단락 지은 후 중국이 일본을 제치고 세계 제2위 경제대국으로 발돋움한 상황에서 아시아로의 전략적 중심축 이동을 공식 선언하기에 이르렀다.[25]

중국의 시진핑 체제에 맞춰 퓨리서치(Pew Research)는 2013년 7월 세계

24) 차상근, "시진핑, '중국의 꿈' 실현의지", 파이낸셜뉴스, 2013.03.17.
25) 최우선, "중국의 부상과 미국주도의 대중국 안보협력", 국립외교원 외교안보연구소, 2012, pp. 7-9.

39개국 3만7,653명을 대상으로 지금 미국과 중국 중 어느 나라를 더 선호하는가라고 묻는 의식조사를 실시했다. 〈도표 3-2〉에서 보는 바와 같이 아직까지는 미국을 선호하는 국가가 중국을 선호하는 국가에 비해 많지만 퓨리서치는 그 격차가 점점 좁혀질 것이라고 예측했다.

〈도표 3-2〉 중국과 미국에 대한 세계인의 인식

구분	대 미국 이미지	대 중국 이미지
60% 이상 선호 국가	80% 이상: 이스라엘, 가나, 세네갈, 케냐	80% 이상: 파키스탄, 말레이시아
	70~79%: 브라질, 대한민국, 이태리, 우간다	70~79%: 인도네시아, 세네갈, 베네수엘라, 나이지리아, 케냐
	60~69%: 캐나다, 멕시코, 일본, 호주, 프랑스, 스페인, 폴란드, 인도네시아, 칠레	60~69%: 러시아, 브라질, 칠레, 가나, 튀니시아
50% 미만 선호 국가	50% 미만: 중국, 알젠티나, 그리스, 레바논, 튀니시아	50% 미만: 캐나다, 멕시코, 영국, 프랑스, 대한민국, 스페인, 필리핀, 폴란드, 요르단
	40% 미만: 파키스탄, 터키, 요르단	40% 미만: 미국, 일본, 독일, 이태리, 터키

출처: Global Image of the U.S. and China, (검색일: 2013.08.08)
www.pewglobal.org/2013/07/18/global-image-of-the-united-states-and-China

중국의 대중동 외교

중국은 미국의 입김이 강한 중동에서 영향력을 강화하기 위해 2013년 5월 베냐민 네타냐후 이스라엘 총리와 마흐무드 압바스 팔레스타인 자치

정부 수반을 동시에 중국으로 초청했다. 네타냐후 총리는 리커창(李克强) 총리의 초청으로 상하이에, 압바스 총리는 시진핑 국가주석의 초청으로 베이징에 각각 5월 5일에 도착하여 회담에 들어갔다. 이스라엘은 홍해 항구와 지중해 항구를 잇는 350km의 철도를 건설하여 화물이 수에즈 운하로 몰리는 수송문제를 해결하는데 관심을 가지고 있는데, 문제는 예산이었다. 이스라엘은 이 철도가 완성되면 중국도 수에즈 운하를 거치지 않고 유럽으로 수출이 가능하다는 장점을 들어 중국의 투자를 이끌어 내려 하고 있었다.[26]

이스라엘은 이란의 핵개발 문제와 시리아 문제를 꺼내 중국 측과 의견을 교환하였다. 한편 압바스 수반은 중국에 군사협력을 요청하고, 이스라엘의 팔레스타인 경제봉쇄 제거 문제에 대해서도 중국의 협조를 요청하였다. 비록 두 정상은 중국에서 조우하지는 않았으나 그들은 중국이 교착상태에 빠진 중동평화 협상에 공헌해 주기를 기대하고 있는 것이 분명했다. 중국이 이처럼 중동의 두 지도자를 동시에 자국으로 초청한 것은 미국 주도의 중동 문제해결에 중국도 이제 그 지역의 조정자 역할을 할 수 있다는 것을 과시한 것으로 볼 수 있다. 이미 오래 전부터 중국은 사우디 경제개발 프로젝트에 참여하고 있으며, 중국의 최대 석유 수입국인 이란과는 석유대금을 위안화로 결제하고 있다.

26) 신동주, "중국, 대중동 영향력 강화 박차", 세계일보, 2013.05.05

미국의 아태외교 전략

미국 민주당의 외교정책은 국제협조주의 입장에서 타국과 군사적 대결을 피하고, 다자주의에 입각하여 유엔 등 국제제도를 중시하는 소프트 파워 외교를 전개하며, 공화당의 외교정책은 미국의 국익을 명확하게 규정하고 힘의 외교를 중시하며, 때로는 타국과의 군사적 대결도 불사하는 것이라고 볼 수 있다.[27] 미국의 아태전략은 한 · 일 · 호주와는 기존동맹관계를 긴밀하게 유지하고, 인도와는 동반자관계를 심화하며, 중국에 대해서는 관여를 통해 분야별로 경쟁과 협력을 병행하면서 21세기 공통과제의 해결에 중국의 책임 있는 역할을 유도하고, 새롭고 항구적인 아시아집단안보체제 창출에 주력하는 한편, 자국의 경제를 강화하고 국민들에게 더 많은 일자리 창출을 위해 자유무역협정(FTA)를 적극 추진해 나가는 것이라고 할 수 있다.[28]

시진핑의 주변국 외교

2013년 10월 시진핑 주석은 주변국외교공작좌담회에 참석하여 '주변국과 더욱 친하게 지내고, 성의를 다해 대하며, 중국발전의 혜택을 나누면서, 더욱 포용해야 한다'고 역설했다. 시진핑 주석은 취임 후 첫 순방지로 러시아를 택했고, 2013년 인도와는 54년 만에 양국 총리의 상호방문이 이루어졌고, 2014년을 '중국-인도 우호교류의 해'로 선포한 바 있다. 또한 인근 동남아 국가들과는 분쟁도서 문제로 갈등이 있지만 21세기 새로운 해상실크로드에 대한 비전을 제시하여 호응을 얻고 있으며, 한국과는 최

27) 이수형 외, 『중국의 부상과 동아시아』(서울: 백산서당, 2012), p. 110.
28) *Ibid.*, p. 111.

근 하얼빈에 안중근 의사 기념관을 건립함으로써 주변국들과의 선린우호 관계 증진에 노력을 기울이고 있다. 이는 미국이 일본, 한국, 필리핀, 태국, 호주, 인도 등과 연대해 미국 주도의 동아시아 블록을 형성하려는 시도에 대응하고, 일본과의 동중국해 분쟁 섬들에 대한 영토 문제를 중국 쪽으로 유리하게 이끌고 가려는 포석으로 보인다.

팍스시니카(Pax Sinica: 중국에 의한 세계평화)

베이징 컨센서스(Beijing Consensus)는 미국식 시장경제체제의 대외확산 전략인 워싱턴 컨센서스(Washington Consensus)에 대응하는 개념으로, 기본적인 사유재산권을 인정하되 혼합적인 소유구조를 채택하고 정부의 폭넓은 개입을 특징으로 하는 중국식 '시장 권위주의 모델'의 대외확산을 의미한다.[29] 지금까지 평가된 신 국제질서의 양대 산맥인 워싱턴 컨센서스와 베이징 컨센서스 관계는 〈도표 3-3〉과 같이 분류할 수 있다.

〈도표 3-3〉 신국제질서의 성격에 대한 미국 학계, 언론계의 평가

성격/유형	미국주도의 국제질서	다극적 국제질서	미중 양극의 국제질서	중국 주도의 국제질서
경쟁적 관계	팍스아메리카나 (Pax-Americana)	탈 탈냉전	시장주도권 경쟁	경제적 팍스시니카 (Pax-Sinica)
협력적 관계	워싱턴 컨센서스	나머지 세계의 부상	• G2 • 차이메리카(Chimerica)	베이징 컨센서스

출처: 이수형 외, 『중국의 부상과 동아시아』(서울: 백산서당, 2012), p. 106.

29) *Ibid*, p. 105.

3. 중 · 미 경제 잠재력

미국의 루이지애나 주 배런루지 시에 사는 프리랜서 작가 사라 본지오르니(Sara Bongiorni)는 2005년 『메이드 인 차이나 없이 살아보기(A Year Without 'Made in China')』라는 책을 냈다. 그녀는 2004년 12월 크리스마스에 받은 선물 39개 중 25개가 중국산이라는 사실을 알고 1년 간 중국산 없이 지내보기로 결심하고 책을 쓰기 시작한 것이다. 그녀는 책을 통해서 "1년간의 체험에서 얻은 결론은 우리의 삶이 이미 중국과 떼려야 뗄 수 없는 관계가 되었다는 사실을 인정하지 않을 수 없었다"고 술회하였다.

실제로 오늘날 우리의 삶은 중국제 없이 사는 것이 불가능하다고 해도 과언이 아니다. 중국은 200여개 제품에서 세계 생산량 1위를 기록하고 있으며, 중국에 투자한 다국적기업들도 자사의 생산품 58%를 수출함으로써 막대한 이익을 보고 있다. 실제로 중국제 덕분에 전 세계 소비자들은 품질 좋은 제품을 저렴하게 구입할 수 있으며, 미국 매체의 추산에 의하면 미국 소비자들이 과거 10년 간 중국제를 통해 절감한 소비 지출액은 자그마치 6,000억 달러에 달한다고 한다.[30] 중국의 값싼 제품 덕분에 미국의 주부들은 장바구니 물가를 매년 600억 달러나 절약해 온 셈이다.

1956년 마오쩌둥은 처음으로 미국을 '종이호랑이'라고 지칭했다. 당시 미국인들은 이 말을 듣고 그저 웃어넘기는 정도였다. 그 때 미국의 수출은 중국보다 열 배 이상 많았다. 그러나 지금은 그 말의 진의를 되새겨 보는

---

30) 가오셴민 장카이화 지음, 오수현 옮김, 『중국은 무엇으로 세계를 움직이는가』(서울: 글로연, 2011), pp. 13-15.

것이 일반적이다. 56년이 지난 2012년 중국의 수출은 2조 570억 달러로 미국의 1조 5640억 달러보다 무려 4930억 달러가 많았다. 미국이 얼마나 약해졌는지는 폴 로버트가 지적했듯이 미국의 주요 채권국가인 중국과 일본 정부의 암묵적 동의 없이는 미국이 먼저 전쟁을 일으킬 수 없게 되었다는 사실에서 명확해졌다.[31] 아직도 미국의 GDP는 세계 전체의 25%를 점하고 있다. 그러나 1945년에는 50%를 점하고 있었던 것을 감안하면 지금 절반 수준으로 줄어든 것이다. 2012년의 경우 미국의 수입은 2조 3천억 달러, 수출은 1조 6천억 달러로, 무역 역조는 약 7,000억 달러였다. 수입이 수출을 초과하니 미국은 해외에서 돈을 빌리지 않을 수 없었고, 경상수지 적자도 GDP의 4.5%에 달했다.

19세기경 세계경제의 양대 중심은 산업생산력, 농업, 수상운송, 무역 등 면에서 볼 때 중국과 인도였다. 중국은 비단, 도자기, 차를 수출하여 엄청난 은(銀)을 확보할 수 있었고, 인도는 면직물, 견직물, 농업 생산품으로 은을 거두어들인 것이다. 19세기 말 중국의 국가총생산은 세계 GDP의 30% 정도였는데, 오늘날 미국의 국가총생산이 세계 GDP의 25%인 것과 비교해 볼 때 당시의 중국경제 규모를 짐작할 수 있다.[32] 중국의 경제 규모는 2000년에는 미국, 일본, 독일, 프랑스, 이태리에 이어 6위였으나, 2006년에는 이태리와 프랑스를 추월하였고, 2010년에는 독일과 일본을 추월하여 세계 제2위로 부상하였다. 그렇다면 중국의 경제력이 미국의 경제력을 추월하는 시기는 언제쯤일까? 2003년 골드만삭스는 2041년이면

31) 에이먼 핑글턴 저, 이양호 옮김, 『중국과 미국의 헤게모니 전쟁』(서울: 에코리브르, 2010), p. 41.
32) 안드레 군더 프랑크, 이희재 옮김, 『리오리엔트』(서울: 이산, 2003), p. 290.

중국의 경제가 미국을 추월할 것이라고 예측한 바 있는데, 2008년 세계 금융 위기 이후 골드만삭스는 그 시기를 2027년으로 14년이나 앞당긴 바 있다.[33] 이렇듯 중국에 비해 미국의 경제는 어려움을 겪고 있다고 볼 수 있다.

중국경제발전 정책

중국에서는 마오쩌둥이 사망하고 2년이 지나자 덩샤오핑이 등장한다. 중국공산당은 1978년 12월 18일 공산당 11기 중앙위원회 3차 전체회의에서 지난 역사와 결별하고 신개혁시대의 개막을 선포했다. 덩샤오핑이 마오쩌둥 일파로부터 주자파(主資派)란 명목으로 두 번이나 숙청된 후 복귀하여 내세운 새로운 개혁정책은 집단농장의 해체, 노동의 대가 지불, 농업생산성 향상, 잉여 농촌인력을 도시의 계획경제 수요로 전환, 외국인 직접투자 제한 철폐 등이었다.[34] 오늘날 중국경제발전의 주요 기조는 첫째, 국가주도형 경제관리, 둘째, 소득 50% 이상의 강제저축 유도, 셋째 중상주의적 무역정책 등으로 볼 수 있다. 중국의 저축률은 1992년 36.4%에서 2007년에는 마의 벽이라는 50%를 돌파했다. 그 이후 저축률은 꾸준하게 50%를 상회하고 있으며, 2012년 말 저축률은 50.4%를 기록했다.

하여튼 중국의 경제규모가 미국을 추월하는 시기는 대략 금세기 중간 무렵인 2050년경이 되리라는 것이 일반적인 관측이다. 중국은 2021년을 공산당 창당 100주년, 2049년을 건국 100주년으로 보고 건국 100주년이

---

33) 애런 L. 프리드버그, 안세민 옮김, 『패권전쟁: 중국과 미국, 누가 아시아를 지배할까』(서울: 까치글방, 2012), pp. 50-51.

34) *Ibid*., pp. 48-50.

되는 시기에 자국의 경제규모가 미국을 추월한다는 목표를 상정한 것으로 보인다. 많은 중국 전문가들은 개방개혁 이후 30년 동안 중국경제의 성장 동력이 공업화였다면, 앞으로 30년 동안 그 성장 동력은 도시화가 될 것이라고 예측하고 있다. 2010년 기준 중국의 도시화율은 48%에 그치고 있는데 이는 미국의 도시화율이 80% 이상인 점을 감안하면 중국의 도시화율은 2020년이 되어야 60% 수준으로 올라갈 전망이다.[35] 이러한 통계는 중국의 성장 잠재력이 아직도 크다는 반증이기도 하다.

1992년 3월 88세인 덩샤오핑은 개혁개방을 독려하기 위해 성장의 주축인 남부 도시를 순회하면서 '동풍이 몰고 온 봄바람(東方風來滿眼春)'이라는 주제로 강연을 했다. 이것은 사회주의 시장경제의 확립을 세계에 알리는 계기가 되었다. 이후 베이징에서는 법인 수가 급증하여 등록증이 바닥이나 톈진시까지 가서 1만 장을 조달해 왔다고 하며, 이 해에 공산당 간부 중 최소 10만 명이 정계를 떠나 사업에 뛰어들었다고 한다. 중국은 2008년 9월 25일 자체기술로 제작한 우주선 '선저우 7호(神舟七號)'에 세 명의 우주인을 태우고 발사하는데 성공했다. 2009년 중국은 석유 굴착용 플랫폼 '세반드릴러(Sevan Driller)를 진수시켰는데, 이는 적재하중, 해상 안전성, 원유 저장량이라는 세 가지 측면에서 세계 최고의 기록을 달성했고, 이 플랫폼은 작업수심 3,000m, 시추 깊이 1만 2천m, 원유저장량 15만 배럴이라는 기록을 세웠다.[36]

35) 윤재웅, 『슈퍼차이나의 미래』(서울: 청림출판, 2012), pp. 65-66.
36) 가오셴민 장카이화 지음, 오수현 옮김, *op. cit.*, pp. 28-29.

중국 무역수지 흑자

중국의 무역수지 흑자는 대략 다음의 요인으로부터 기인한 것으로 볼 수 있다.[37] 첫째, 중앙정부는 수출 위주로 산업을 장려하였고, 둘째, 소비자는 약 50%의 저축률을 보였으며, 셋째, 낮은 임금이 유지되었기 때문이다. 2009년 3월 중국 상무부 천더밍(陳德銘) 부장은 총 200명으로 구성된 무역촉진 사절단을 이끌고 당시 금융위기로 곤경에 처한 독일, 스위스, 영국, 스페인 등지를 순회하면서 총 130억 달러의 상품 구매계약을 체결하였다. 중국이 풀어 놓은 선물 보따리에 유럽 전체가 흥분하였다. 2009년 금융위기로 전 세계 자동차 판매량이 8% 하락한 반면 중국 지역 판매량은 15%나 성장했다. 현재 중국의 사치품 규모는 전 세계 시장의 25%를 기록해 중국은 일본을 제치고 미국에 이어 세계 제 2위의 사치품 시장으로 부상했다.

2009년 12월 19일 뉴욕타임스는 한 해의 유행어를 37개 선정했는데, 그 중에는 '차이메리카(Chimerica)가 포함되었다. 이는 중국을 의미하는 China와 미국을 의미하는 America의 합성이다. 금융위기에 빠진 세계경제에 구원투수로 나선 중국이, 이제는 미국과 어깨를 나란히 할 만큼 거대한 경제주체로 국제사회에 등장했다는 말이다.[38] 1978년부터 2008년까지 30년간 중국 경제는 년 9.8%라는 경이로운 속도로 성장했으며, 2010년 기준 GDP는 5조 8,786억 달러로 일본을 제치고 미국에 이어 세계 제 2위의 경제대국이 되었다. 1인당 국민소득도 1978년 190달러이던 것이 2012년에는 6,300달러로 무려 33배로 껑충 뛰었으니 매년 소득이 1978

37) 헨델 존스 저, 홍윤주 옮김, 『차이메리카』(서울: 지식프레임, 2010), p. 145.
38) 가오셴민 장카이화 지음, 오수현 옮김, *op. cit.*, p. 70.

년을 원년으로 한 배씩 증가된 셈이다.

구매력평가(PPP: Purchasing Power Parity) 방식으로 미 · 중 · 일의 경제력을 비교해 보면, 2000년 미국경제가 세계 경제에서 차지하는 비중은 23.5%, 일본은 8%, 중국은 7.1%였으나, 10년이 지난 2010년에는 미국은 19.5%, 일본은 6%, 중국은 14%를 기록했다. 그 기간에 미국과 일본은 4% 포인트와 2% 포인트 하락한 반면, 중국은 7%가 상승하여 이제 세계 경제는 미 · 중 양강 구도로 재편되었으며, 인도가 세계 경제에서 차지하는 비율은 5.7%, 일본은 5.6%, 독일, 러시아, 브라질, 영국, 프랑스 등은 2~3% 대에 그치고 있다.[39]

중국은 1993년을 기점으로 석유 순수입 국가가 되었다. 2011년 기준 중국은 사우디, 앙골라, 이란 등으로부터 하루에 원유 500만 배럴을 수입하고 있다(도표 3-4 참조). 이제 중국은 석유자원 획득을 위해 미국에 눈을 돌리고 있다. 미국 서부의 땅을 사들이고 있는 것이다. 중국의 기업들이 본국의 공산당에 보고하고 미국의 농장을 사고 있는데, 이들 농장의 대부분은 유전지역으로 판명되었거나 석유가 매장되어 있을 가능성이 있는 지역에 위치하고 있다.[40]

그뿐만이 아니다. 중국의 정부소유 에너지회사인 중국해양석유공사(CNOOC: China National Offshore Oil Cooperation)는 2011년 1월 미국의 체서피크에너지 회사에 13억 달러를 지불하고 셰일유(Shale Oil)가 풍부한 콜로라도와 와이오밍 땅 3분의 1에 대한 시추권을 확보하고 체서피크

39) 한국국방연구원, 『미중 '소프트 패권경쟁' 시대 한국의 전략적 선택』(서울: 한국국방연구원, 2013), p. 67.
40) 브렛 M. 데커 · 윌리엄 C. 트리플렛2세 저, 조연수 옮김, 『중국패권의 위협』(서울: 갈라북스, 2012), p. 173.

(Chesapeake Energy)가 시추하고 생산하는 작업의 67%도 도맡아하기로 합의하였다. 그보다 먼저인 2010년 10월에는 CNOOC가 11억 달러를 지불하고 그 대가로 석유와 천연가스가 매장된 체서피크 소유의 텍사스 땅 약 800㎢에 대한 통제권을 넘겨받는 계약을 체결하였다. 중국의 국영기업들은 2009년과 2010년 두 해 동안 무려 423억 달러를 투자하여 세계 각처에서 석유와 천연가스 자원을 사들인 바 있다.

〈도표 3-4〉 중국에 대한 10대 원유 공급 국가(2011년도 기준)

구분	공급량(1일 1,000 바렐)	점유율(퍼센트)
사우디	1010	20
앙골라	626	12
이란	557	11
러시아	396	8
오만	365	7
이라크	277	5
수단	261	5
베네수엘라	231	5
카자흐스탄	225	4
쿠웨이트	192	4
기타 국가	956	19
총계	5096	100

출처: Office of the Secretary of Defense, "Annual Report to Congress, Military and Security Development Involving the People's Republic of China 2013" p. 20.

2009년 기준 중국에는 약 750~1,500개의 연구개발실험실이 있었다.[41] 이들은 모두 외국기업들이 후원하는 것들로 산업기술을 중국인

41) *Ibid.*, p. 177.

들에게 교육하는 곳이다. 외국 기업들이 중국 시장에 진출하는 대가로 연구소를 설립해 준 것이다. 이러한 계약으로 미국은 중국에 공장도 세우고 자국의 연구개발 실험실도 중국으로 가서 세우고 있는 실정이다. 중국은 정상적인 교육방법 이외에도 미국의 신기술을 빼내가는 교묘한 작전도 펴고 있다. 2010년 8월 어둠이 깔린 야밤에 중국의 무장경호원이 미국 소유의 펠로우즈(Fellows Inc.) 공장에서 수백만 달러짜리 기계장비를 훔쳐가는 트럭을 엄호했다. 중국에서 밤중에 공장이나 사무실로 쳐들어가 정보를 빼나가는 사례는 비일비재하다. 외국기업이 중국정부의 승인을 기다리는 동안 중국 관료들은 외국기업의 제품 도면을 중국기업에 넘겨 복사할 수 있도록 해주는 예도 있다고 한다.[42]

미국의 지적재산권은 미국에서도 중국인들에 의해서 위협받고 있다고 한다. 2011년 2월 다우케미컬에 근무하는 중국계 미국인 웬치리우는 무역기밀을 훔쳐 유죄선고를 받았고, 2006년 포드에서 일하던 중국인 노동자가 4,000여 점의 포드 내부문서와 41개의 무역기밀을 훔쳐 베이징자동차집단에 제공한 혐의로 유죄평결을 받았다. 매년 수십억 달러로 추산되는 미국의 지적재산권 피해사례는 수 천 개도 넘는다. 이러한 결과로 중국기업은 훔친 기술을 이용하여 날로 성장하고, 미국기업은 생산이 점점 위축되어 일자리가 줄어드는 등 경기가 갈수록 침체되고 있다.[43]

2011년 중국 최대석유회사인 시노펙은 스페인 석유회사인 렙솔의 브라질 유전 지분 40%를 71억 달러에 인수했고, 페트로차이나는 2011년 호주의 가스 생산업체인 애로우에너지를 33억 달러에 인수했으며, 중국투

42) *Ibid.*, p. 179.
43) *Ibid.*, p. 181-182.

자공사는 캐나다 비금속업체인 텍리소스를 15억 달러에 인수했다. 이 외에도 중국은 제조업, 금융, 미디어, 통신 분야에 대한 투자도 적극적으로 확대해 나가고 있다. 2010년 한 해 동안 중국의 해외기업 인수합병은 총 128건으로, 금액으로는 618억 3,000만 달러에 이른다.[44] 미국 콜로라도에 있는 시장조사기관(Information Handling Services: IHS)에 의하면 중국은 2010년 전 세계 제조업 생산액의 19.8%를 차지해 19.4%에 그친 미국을 앞질러 19세기 중반 산업혁명으로 부흥한 영국에 1위 자리를 뺏긴 지 160년 만에 제조업 1위의 명성을 되찾은 것이다.[45]

2013년 9월 24일 한국고등교육재단이 개최한 '시진핑정부의 중국경제' 국제학술회의에서 전 세계은행 부총재이며 현재 북경대교수인 린이푸(林毅夫)는 중국은 2020년의 GDP를 2010년의 두 배(1인당 GDP 2010년 6,100달러→2020년 12,700달러)로 계획하고 있다고 하면서 경제성장률이 연 7.2% 이상이면 가능하다고 했다. 그는 중국이 편중된 금융시스템, 정부의 서비스 독점, 시장주도형 경제정책 등의 문제에 의해 소득불균형이라는 심각한 문제가 있기는 하지만 중국경제가 외환위기 이후에도 2010년 10.4%, 2011년 9.3%, 2012년 7.8%의 성장률을 유지했기 때문에 2013년부터 2020년까지 연평균 7.3%의 경제성장률을 유지하는데 큰 문제는 없을 것이라고 전망했다.

그는 또 1980년대부터 세계의 경제학자들이 중국에 대해 4차례의 경제위기설을 예측했지만 중국은 이들 위기를 모두 극복했다고 주장했다. 2010년부터 2012년까지 대만과 인도, 그리고 싱가포르의 경제성장률을

44) 윤재웅, *op. cit.*, pp. 73-74.
45) 문보경, "세계 제조업 중심 '중국'을 가다", 전자신문, 2013.12.31.

중국의 성장률과 비교해도 중국경제는 건실하다는 견해였다(도표 3-5 참조). 같은 날 중국국민경제연구소 소장 판강(樊綱)은 중국은 경제성장을 위해 사회안정, 교육, 개방과 국제화, 그리고 제도개혁을 꾸준히 추진하고 있고, 8,000만 명의 중국공산당원으로부터 유능한 인재를 발굴하여 국가정책을 펴고 있으며, 중국의 무역이 GDP에 미치는 비중도 15%에 불과하기 때문에 세계의 불황이 중국경제 발전의 결정적 저해요인이 될 수 없다고 역설하였다.

〈도표 3-5〉 중국, 대만, 인도, 싱가포르의 경제성장률(%)

연도별 경제성장률	2010년	2011년	2012년
중국	9.4	9.3	7.8
대만	10.7	4.1	1.3
인도	10.5	6.3	2.2
싱가포르	14.8	5.0	2.3

출처: 린이푸, 한국고등교육재단주최 학술회의, 2013.09.24.

중국의 화교 파워

1644년 명나라가 멸망하고 청이 들어설 즈음 중국 남쪽 주민 상당수는 노동시장을 찾아 해외로 떠나기 시작했다. 19세기에는 서구제국주의의 식민지 개발에 필요한 노동력 수요에 따라 쿨리(苦力, coolie)무역으로 중국인의 해외 이주가 시작되었다. 그 뒤 쿨리의 일부는 소상인이 되어 식민지 계급과 피식민지 계급의 중간적 존재로 식민지 지배체제 속으로 흡수되면서 화교사회가 형성되었다. 제1차 세계대전과 러시아혁명으로 영국, 프랑스, 러시아가 부족한 국내노동력을 보충하기 위해 모집한 중국노동자들이 유럽 각지에 정착하였는데, 이들은 자연스럽게 차이나거리(唐人街), 차이나타운(中國城)을 조성하고, 화교조직을 결성하기에 이르렀다.[46]

그 후 상당수의 중국인들이 아시아, 아메리카, 유럽, 아프리카, 오세아니아주 등으로 이주하였다. 당시 동남아 노동시장에 진출한 유럽인들은 중개인으로서 중국인이 필요했고, 그 후 중국의 국내사정이 혼란에 빠지자 중국인들은 동남아로 피난이나 망명의 구실로 다수가 이주를 결심하게 되었다. 이러한 현상은 아편전쟁이 발발할 때까지 계속되었고 일본과 조선, 인도 동부해안, 인도네시아, 러시아 등지에서 화교의 수는 거의 100만 명에 육박하였다.[47] 이들 화교는 2010년 말 기준 세계 130여 국가에 약 3,957만 명(대만, 홍콩, 마카오 지역을 망라하면 화교인구는 약 7,000만 명)에 이른다. 이들의 출신 지역 분포는 중국 남부해안의 광둥 성 출신이 54%, 푸젠 성 출신이 25%, 하이난 출신이 6%를 차지한다. 2008년 기준 미국에도 화교는 약 433만 명이 거주하고 있다.

아시아 1,000대 기업 중 화교가 경영하는 기업 수는 절반이 넘는 517개에 이르며 화상기업인 4명은 세계 10대 갑부에 올라있고, 화교들은 동남아 국가들 주식시장에서 그 나라 국가의 주식 약 70%를 보유하고 있다. 한편 동남아시아 국가들의 인구 중에서 화교 점유율은 싱가포르 60%, 말레이시아 26%, 태국 11%, 인도네시아 3.1%, 필리핀 1.3%인 점을 감안하면 화교들의 경제력 비중이 얼마나 지대한지 가늠할 수 있다.

덩샤오핑이 개혁을 단행하고 경제특구를 선정할 때 중국 당국은 화교자

46) 이재선, "華商과 韓商의 대비연구", 연세대학교 대학원 중어중문학과 석사학위 논문, 2011년 12월, p. 18.

47) *Ibid.*, pp. 16-17.

본이 쉽게 유입될 수 있는 홍콩과 대만이 인접한 광둥 성, 푸젠 성 일대에 4대 경제특구, 즉 선전, 주하이, 산터우, 샤먼을 선정했다. 다분히 계산적이었다고 볼 수 있다. 중국이 개방정책을 단행한 후 1979년부터 1991년까지 화교들은 중국 본토에 179억 달러를 투자하였는데, 이는 같은 시기 중국이 유치한 외국자본의 66%였다고 하니 그들이 중국경제에 기여한 몫이 얼마나 지대한지 알 수 있다. 화교자본은 그 후에도 지속적으로 중국에 유입되어 2008년 말 기준 중국이 유치한 외국 자본 6,598억 달러 중 60%는 화교자본이었다. 현재 중국에 있는 55만개의 외자기업 70%가 화상기업이며, 화교들은 광둥성에 1,200억 불을 투자한 상태이고, 푸젠 성의 3만 개 외자기업 중 70%가 화교기업이다.[48] 중국이 오늘날 이렇게 급성장하는 데는 이들 화교들의 애국심이 크게 작용하였던 것이다.

세계 각처에서의 화교들의 활동도 눈부시다. 지구촌 가는 곳마다 차이나타운이 없는 곳이 없을 정도이다. 중국이 개방 이후 30년 간 화교들은 중국 본토의 공익사업에 한화 12조 6,000억 원을 지원하였다. 그들은 세계 52개 국가에서 4,000여 종의 출판물을 발행하고, 60여 개의 TV 방송국을 운영하고 있다. 특히 2008년 베이징 올림픽 준비기간에 올림픽 수영장(Water Cube) 건설을 위한 성금 모금에서 세계 107개국 35만 명의 화교들이 한화 1,692억을 기탁하여 이 성금만으로 수영장은 건설되었다.[49] 올림픽 준비위원회에서 인터넷으로 자원봉사자를 접수할 때 화교신청자는 27,000명에 육박하였다. 중국경제가 고속 성장하는 데는 몇 가지 요인이 있겠지만 이들 화교의 기여도도 큰 몫을 한 것이다.

---

48) 김동하, *op. cit.*, p. 51.
49) *Ibid.*, pp. 54-55.

중국의 외환 보유고

중국은 2010년 초 기준 외환보유고의 약 70%인 2,000억 달러를 미국의 유동자산인 채권과 주식에 투자하고 있다. 상황이 상황인지라 오늘날 미국은 중국의 눈치를 보지 않을 수 없다. 또한 중국은 자금 지원을 요청한 재정규모가 작은 국가에 대해 국제통화기금(International Monetary Fund: IMF)이나 세계은행(World Bank: WB)보다 훨씬 좋은 조건으로 대출해 줌으로써 이들의 환심을 사고 있다. 잘 알려진 바와 같이 IMF나 WB는 대출조건도 까다롭고 채무국의 자존심을 자극하는 조건을 다는 경우가 많기 때문에 중국의 이러한 대출 정책은 매력적이라고 할 수 있다.[50]

실제로 중국은 1820년대 세계 GDP의 32.9%를 점하여 가히 세계 최고 생산대국이었다. 그러나 아편전쟁 이후 국력이 급속하게 쇠락하여 중화인민공화국 창설 직후에는 5.2% 수준에 머물렀고 1978년 덩샤오핑 등장 이후 서서히 성장세가 가파르게 치솟아 2003년에는 15.1% 까지 상승하였다(도표 3-6 참조).

미국은 아직도 경제력 면에서 중국에 비해 월등하게 우위에 있는 것이 사실이다. 오늘날 미국은 주식시장 자본화 비율에서 중국을 4배 이상 앞서 있고, 포천(Fortune) 선정 세계 500대 기업에 미국 기업의 숫자가 중국 기업보다 2배 이상이며, 미국의 국방비는 중국의 5배를 초과하고 있는 실정이다.[51] 중국이 세계 1등 국가가 되기 위해서는 민주적 다원주의, 인권, 법치주의, 시장경제 등 다양한 분야에서 제도적, 시민 사회적 기능과 역할을 강화해 나가야 하는 과제도 안고 있다.

---

50) 스테판 할퍼 저, 권영근 옮김, *op. cit.* p. 45.
51) 신성원, *op. cit.*, p. 41.

〈도표 3-6〉 주요 국가의 GDP 비교〈1700~2003년〉

단위: 십억 달러(1990년 기준)/GDP 비율

연도	중국	일본	유럽	미국	소련	인도	세계
1700	82.8 22.3%	15.4 4.1%	92.6 24.9%	0.5 0.1%	16.2 4.4%	90.8 24.4%	371.4
1820	228.6 32.9%	20.7 3.0%	184.8 26.6%	12.5 1.8%	37.4 5.4%	11.4 16.0%	694.5
1952	305.9 5.2%	202.2 3.4%	1730.7 29.3%	1625.2 27.5%	545.8 9.2%	234.1 4.0%	5,912.8
1978	935.1 4.9%	1446.2 7.6%	5268.2 27.8%	4089.5 21.6%	1715.2 9.0%	625.7 3.3%	18,969.0
2003	6188.0 15.1%	2699.3 6.6%	8643.8 21.1%	8430.8 20.6%	1552.2 3.8%	2267.1 5.5%	40,913.4

자료: Maddison (2001 and 3003) updated, www.ggdc.net/Maddison 참조 Angus Maddison, "Chinese Economic Performance in the Long Run, Second Edition, Revised and Updated 960-2030 AD", (OECD Development Centre, 2007), p. 44.

미국의 쇠퇴

오늘날 미국에서는 선진 부품과 소재가 일본, 독일, 이태리, 한국, 영국 등으로부터 아웃소싱(outsourcing: 기업의 내부 프로젝트나 제품의 생산, 유통, 용역 등을 외부의 제3자에게 위탁, 처리하는 것을 말함)되고 있다. 그 결과는 미국 노동자들의 대량해고로 나타났다. 항공산업의 경우 1990년과 2004년 사이에 총 노동력이 112만 명에서 59만 3,000명으로 급락했다. 예컨대 1994년 당시 보잉 777의 부품은 약 70%가 미국에서 제조되었는데, 지금은 30%만이 미국에서 만들어지고 있다.[52] 미국과 중국의 대표적 경제정책 차이점은 중국은 소비를 체계적으로 억제하여 저축을 획기적으로 늘리

5 2) 에이먼 핑글턴 저, 이양호 옮김, *op. cit.*, p. 412.

고 있다는 점이다. 중국은 연간 저축률이 50%를 상회하는데, 미국은 고작 10%에 불과하다. 중국의 이 막대한 저축잉여는 자국의 주요산업의 생산성을 높이는데 사용되고 있다.

2008년 미국이 대불황에 빠졌던 이유는 차입금을 이용해 과도한 레버리지 투자(낮은 이자의 부채로 고수익 투자를 하는 것)를 벌인 금융기관과 빚을 내서 주택구매에 나선 소비자 때문이었다.[53] 오늘날 미국 수입품의 20% 이상이 중국산이다. 중국의 저가 제품 덕에 미국 주부들은 적은 생활비로 그런대로 풍성한 가정을 꾸릴 수 있게 됐다. 그러나 그 이면을 들여다보면 인위적으로 낮게 책정된 중국 제품 때문에 미국 제품은 경쟁력을 잃고 제조업의 기반이 무너지는 사태가 발생하고 있다.

오늘날 미국에서는 신발, 의류, 장난감, 운동기구, 유리제품, 속옷, 컴퓨터, 가전 등의 제품을 더 이상 만들지 않고 있다. 중국은 이제 고급제품도 만들어 수출하고 있다. 그러한 제품 중에는 복합의료기기와 국방 작전통제시스템에 사용되는 전자회로판 등이 여기에 해당된다. 10년 전만해도 미국은 세계 전자회로판의 3분의 1을 생산했으나 오늘날에는 겨우 10%만을 생산하고 있고, 대신 중국은 세계 회로판의 80%를 생산하고 있다. 값비싼 플라스마(Plasma) 화면 TV에서부터 수 억 톤 무게의 산업장비에 이르기까지 중국은 발전을 거듭해가고 있으며, 요즘에는 녹색사업에도 투자를 확대하고 있다.

중국은 생산원가 이하로 제품을 팔아 시장 점유율을 높이는데 이 때 정부는 기업에게 보조금을 주는 방식으로 손해를 보전해 주며, 또한 기업 대

53) 헨델 존스 저, 홍윤주 옮김, *op. cit.*, p. 45.

출금리를 낮게 책정하고 적자는 정부 소유의 금융기관이 떠안는 식이다. 결국 미국은 2000년 이후 10년 동안 약 500만개의 제조업 일자리를 잃었으며, 모든 업종을 합하면 미국이 잃은 일자리는 1,050만개에 달한다. 2011년 초 실직상태인 미국인은 1,400만 명이었다.

2011년 8월 국제신용평가사인 스탠더드 앤 푸어스(S&P: Standard Poor's)는 미국정부가 발행하는 채권의 신용등급을 최고등급인 트리플A(AAA)에서 더블에이플러스(AA+)로 한 등급 하향조정했다. 2000년대 들어서면서 세계의 공장으로 탈바꿈한 중국은 일본을 제치고 대미 상품수지의 최대 흑자국으로 부상했다. 한편 미국경제는 2001년 이래 2004년까지 3.5% 성장률로 경제성장의 정점(頂點)을 기록한 이후 2011년에 이르기까지 두 차례 마이너스 성장과 2% 전후의 성장세에 그쳐, 2010년 말 미국의 부채는 13조 9,000억 달러, 제정적자는 1조 3,000억 달러에 달하였다. 미국의 재정적자 규모는 2010년 GDP 대비 8.9%로, 이는 최근 국가재정의 위기를 맞고 있는 그리스의 8.3%, 포르투갈의 7.3%보다 더 높은 수준이다.[54]

2008년의 경우 미국의 대중국 상품수지 적자는 −2,680억 달러를 기록했는데, 이는 −741억 달러를 기록한 대일 상품수지적자액의 3.6배에 달하는 규모였다. 2000년 이후 미국의 경상수지 적자는 꾸준히 늘어 2005년에는 GDP의 6%인 −7,457억 달러, 2010년에는 GDP의 3.2%인 −4,708억 달러 규모였다.[55]

미국은 재정난이 심각해 더 이상 독자적으로 우주 프로그램을 감당할

---

54) 한국국방연구원, 『미중 '소프트 패권경쟁' 시대 한국의 전략적 선택』(서울: 한국국방연구원, 2013), p. 66.

55) 윤재웅, *op. cit.*, p. 172.

수 없게 되었다. 미국은 2011년 7월 우주선 발사계획이 무산된 후부터 남의 나라 우주선에 히치하이킹(hitchhiking: 지나가는 차에 편승하면서 하는 도보여행) 시키지 않고는 비행사를 우주에 내보낼 수 없게 되었다.[56] 이와 관련하여 미국 행정부는 2030년이면 세계 경제대국으로 부상할 것으로 보이는 중국과 합동으로 화성탐사 계획을 협의하고 있다. 이제 미국은 돈을 빌리는 일에서부터 비행사를 우주에 보내는 일까지 중국과 협의해야 할 처지에 이르렀다.

4. 중 · 미 군사 잠재력

군사력은 일반적으로 국방비 규모, 병력 수, 무기장비체계, 작전지휘능력, 기술력, 각종 지원보장 능력의 종합적 총량으로 측정한다. 국제전략문제연구소의 '2012년 세계군사력 연례보고서(The Military Balance 2012)에 따르면 2011년 현재 미국의 국방비는 7,682억불, 중국의 국방비는 898억불로, 중국은 미국의 12%에 불과했다. 그러나 2013년의 경우 미국의 경우 5,824억 달러, 중국은 1,392억 달러로 중국의 국방비는 미국 국방비의 24%였다. 한편 중국의 국방비는 2015년에는 1,596억 달러로 늘어나 영국, 프랑스, 독일의 국방예산을 합친 1,490억 달러를 초과할 전망이라고 한다.[57] 이와 같은 추세에도 불구하고 미국의 군사력은 중국에 비해 여전

---

56) 브렛 M. 데커 · 윌리엄 C. 트리플렛2세 저, 조연수 옮김, *op. cit.*, p. 24.
57) 문영규, "세계 군비경쟁 5년 만에 재현,… 중국 군사력, 미국 위협", 헤럴드경제,

히 압도적으로 우세할 전망이다. 중국의 경우 군사지출의 열세는 국방기술 연구개발에 대한 투자의 제한으로 첨단무기와 군사기술의 수입의존을 불가피하게 만들 수도 있다.

중국은 1955년 반둥회의에서 '평화 5원칙'을 발표하였다. 그러나 중국은 1949년 국가창설 이후 몇 차례의 전쟁에 개입하였다. 나라 창설 1년이 채 못 되어 일어난 한국전쟁에 78만 여명의 인민해방군을 참전시켜 14만 여명이 전사하였다. 그들은 김일성이 일으킨 한국전쟁에 미군이 참전하였으므로 미국에 대항하고, 같은 공산국가인 북한을 도운 전쟁이라고 이 전쟁을 항미원조전쟁(抗美援助戰爭)이라고 호칭하고 있다. 그 후 1962년에는 인도와의 국경분쟁에서 중국군 722명, 인도군 3,128명이 전사하기도 했다. 1969년 3월에는 우수리강 유역의 전바오섬(珍寶島: 러시아명 다만스키섬) 소유권을 놓고 전투를 벌였는데 이 섬은 1991년 중국령으로 확정되었다.

또한 월남전 기간 중 월맹에 약 15만 명의 대군을 파병하였고, 1974년 서사군도의 중국령 섬을 베트남이 침공해 오자 이를 격퇴하였으며, 1979년에는 친중 국가인 캄보디아를 침공한 베트남을 응징하려고 베트남 북부에 60만 명의 대군과 기갑부대를 동원하여 겨우 15km 진격하는데 2만 5천명의 전사자를 내는 수모를 당하기도 했다. 물론 미국의 중재로 베트남에서 빼앗은 땅을 돌려주고 철군했으나 중국은 그 전쟁을 승리한 전쟁으로 기록하고 있다.[58]

중국은 1979년의 베트남과의 전투에서 인민전쟁의 한계를 직감하고 1980년대에 '제한국지전쟁전략'을 채택하였고, 1990년대에는 '첨단기술조

2014.02.04.

58) 중앙일보 중국연구소, *op. cit.*, p. 155.

건하 제한국지전쟁전략'을 수립하였다. 1991년 걸프전에서 미국의 첨단무기의 위력을 실감하고부터는 2000년대에 들어서 '정보화조건하 제한국지 전쟁전략'을 발전시키기에 이르렀다.[59] 중국은 1998년 최초로 국방백서를 발간하기 시작하여 매 2년마다 재발행하고 있는데, 2000년 국방백서에서는 '경제건설과 국방강화는 중국현대화 건설의 양대 전략임무'라고 명시하였는데 이는 '국방건설과 경제건설의 협력발전'을 강조한 것으로 지금도 변함이 없다. 또한 2008년 중국의 국방백서에 따르면 2010년까지의 첫째 단계에서는 선진 군사강국과의 군사적 격차를 해소하고, 2020년까지의 2단계에서는 해군력과 공군력 증강에 주력하고, 3단계가 마무리되는 2050년까지 중국은 세계적 군사강국의 위상을 갖추겠다는 것이다.

중국은 2002년에서 2012년 7월 사이에 28개 국가와 50여 차례의 육해공 연합군사훈련을 실시했다. 중국과 연합훈련을 실시한 국가로는 러시아, 인도, 상하이협력기구 회원국, 인도네시아, 태국, 파키스탄, 나토 회원국인 터키 등이다. 미국은 재정문제로 국방비를 증액하기는 어렵다고 보고 대신 동맹국 및 우방국과 군사협력을 통해 지역 안보보장을 꾀하겠다는 전략을 수립하였다. 미국이 구상하는 이 안보구조는 네 개의 대열로 네트워크화 하는 전략으로, 제1대열은 미국, 제2대열은 한미, 미일 동맹, 제3대열은 미국과 호주, 필리핀, 태국과의 동맹, 제4대열은 미국과 인도네시아, 베트남, 인도와의 관계이다.[60] 이러한 전략을 발전시키기 위해 특히 미국과 일본은 미군과 자위대의 연계강화를 통해 방위협력을 추구하고 있다. 2012년 4월 미국과 일본은 오키나와와 난세이(南西)제도를 중심으로 양국

59) *Ibid.*, pp. 267-277.
60) 한국국방연구원, *op. cit.*, pp. 140-141.

군의 기동성과 억지력을 향상시키기 위해 현재 오키나와에 주둔하고 있는 미 해병대 1만9천 명 중 4,000명을 괌에, 2,600명을 하와이에, 1,200명을 호주에, 800명을 본토로 분산배치하기로 하였다(도해 3-1 참조). 이는 미 해병대의 대중국 거점을 '그물'처럼 엮음으로써 아태지역에서 미국의 활동범위를 넓힐 수 있을 것이라는 판단에서 기인한 것으로 보인다.[61]

〈도해 3-1〉 주 오키나와 미 해병대 재배치

출처: 서승욱, "미일, 중국군 거점 그물망 포위전략"(중앙일보, 2012.04.30.)

중국의 안보관은 근대 이전에는 중국문화가 주변국에 침투된 정도에 따라 서열을 매겨 지배하는 '화이질서'(華夷秩序: 중국이 자국을 세계의 중심으로 삼는 중화사상을 바탕으로 주변 국가들을 자국의 질서 속에 편입시켜 국제 관계를 주도하려는 사상)였다면, 아편전쟁 이후에는 서구열강의 반식민지로 전락하는 굴욕의 시대였으며, 현재는 공산당이 국민당과의 내전승리로 수립

61) 서승욱, "미 일, 중국군 거점 그물망 포위 전략", 중앙일보, 2012.04.30.

한 혁명정권이라고 할 수 있다.[62] 현재 중국이 적용하고 있는 안보전략은 첫째는 국내의 분열방지이고, 둘째는 힘에 근거한 안보관이며, 셋째는 영토 보전에는 무력도 불사하겠다는 것으로 요약할 수 있다.[63] 이를 위해 중국은 2001년부터 2005년까지 러시아로부터 133억불에 달하는 무기를 수입함으로써 세계 1위의 무기 구매국가가 되었다. 해군의 경우 2012년 9월 25일 67,000톤급 항공모함 랴오닝(遼寧)호를 취역하였고, 2025년까지 90,000톤급 항모를 추가로 취역할 계획이며, 잠수함발사탄도미사일(SLBM) 발사능력을 갖춘 핵추진 잠수함 10척을 확보할 것으로 예상된다.[64] 중국은 이제 미국의 팍스아메리카나(Pax Americana: 미국에 의한 세계평화) 국제질서에 도전하는 팍스시니카(Pax Sinica: 중국에 의한 세계평화)를 꿈꾸고 있다(도표 3-7 참조).

〈도표 3-7〉 신국제질서의 성격에 대한 미국학계의 평가

구분	미국 주도의 국제질서	다극적 국제질서	미중 양극적 국제질서	중국 주도의 국제질서
경쟁적 측면	팍스아메리카나	탈냉전	–	'경제적' 팍스시니카
협력적 측면	워싱턴 컨센서스	나머지의 부상 (rise of the rest)*	G2 (차이메리카)	베이징 컨센서스

출처: 이수형 외, 『중국의 부상과 동아시아』(서울: 백산서당, 2012), 106.
* Zakaria는 21세기 국제질서는 중국, 인도, 러시아 등이 미국의 패권에 도전할 수 있는 세력으로 부상할 수 있다는 견해를 피력하였다.

중국의 해양력 부상과 관련해 미국 군사력이 당면한 핵심적 도전 두 가

62) 이수형 외, *op. cit.*, p. 65.
63) *Ibid.*, pp. 65-66.
64) *Ibid.*, p. 75.

〈도표 3-8〉 A2 능력과 AD 능력

구분	A2(Anti-Access)	AD(Area Denial)
개념	공중과 해상에서 접근하는 미군과 이를 지원하는 사이버, 우주역량 차단	작전지역 내 미군의 자유로운 활동을 제약하기 위한 행위와 능력
능력	1) 중국 본토로부터 1,000해리 이상 떨어진 미군의 전방기지나 전개 중인 미군 등을 대상으로 한 육해공군의 탄도 및 순항미사일 2) 장거리 정찰감시체계 3) 대 위성 무기 4) 잠수함에 의한 미군 및 우방군의 해상 운송 저지 5) 미 군의 지휘통제시스템과 핵심 인프라에 대한 사이버공격 능력 6) 미 본토를 포함한 미군 및 우방군 기지를 대상으로 한 테러활동	1) 목표지역 및 부근의 제공권을 둘러싼 방공능력 2) 미 해군을 위협하는 대함 미사일이나 잠수함의 어뢰 3) 지상목표물을 겨냥한 정밀 유도 무기(로켓, 포, 미사일, 박격포) 4) 특정지역 사용을 거부하는 화생방 무기 5) 작전지역 내 미군의 지휘통제시스템에 대한 컴퓨터 및 전자전 공격 6) 기뢰와 어뢰
비고		

출처: 한국국방연구원, 『미중 '소프트 패권경쟁' 시대 한국의 전략적 선택』(서울: 한국국방연구원, 2013), pp. 191~192.

지는 서태평양(중국의 위협)과 페르시아 만(이란의 위협) 등 미국의 국익과 관련된 지역에 대한 접근성을 확보하는 것이다. 그런데 최근 들어 중국은 접근차단 및 지역거부(anti-access/area-denial, A2/AD)를 군사전략의 핵심으로 선정했다. 이 전략은 미국을 포함한 적대세력의 서태평양으로의 전투력 투사 비용을 감당하기 어려울 정도로 높여, 결과적으로 이 지역에 적대세력이 진입하지 못하도록 차단하고 거부하겠다는 것이다(도표 3-8 참조).[65] 이는 서태평양 국가들과 미국이 맺은 안보조약에 따라 미군이 접

65) 이상현 편, *op. cit.*, pp. 83-84.

근할 경우 이것이 중국의 국익에 심대한 위협(대만, 동중국해, 남중국해, 동남아 해상수송로 등의 현안문제)이 된다고 판단되면 차단 및 거부작전을 펴겠다는 것이다. 이러한 사태가 발생하면 중 · 미 무력충돌은 불가피하게 되고 동아시아의 안정도 위협받게 될 것이다.

중국은 A2/AD 작전 수행을 위해 해군과 제2포병으로 하여금 대함미사일과 중거리 지대지미사일을 개발하여 미군의 항공모함이나 아시아-태평양 지역의 미군 기지를 공격할 채비를 갖추고 있다. A2/AD 능력은 미군의 투사능력준비를 지연시키고, 미국의 투사능력을 중국 영토로부터 효과적인 범위 밖에 묶어둘 수 있는 능력을 말하는데, 구체적으로는 카네다와 괌에 있는 미 공군기지와 항공모함과 같은 이동 목표를 제2열도선 밖에 묶어 두는 능력을 가리킨다.

중국군은 광둥 성 북부 샤오관(韶關)에 새로운 전략 미사일 기지를 건설하고, 2010년 중반 전략 미사일부대인 제2포병부대를 배치하여 사거리 1,600km에 이르는 '항공모함 킬러'인 동펑(東風) DF-21C와 새로 개발한 DF-21D 미사일을 배치해 두고 있다.[66] 이외에도 중국군은 DF-16과 DF-25를 개발했는데 이들 중거리 탄도미사일은 사정거리가 각각 1,000km와 3,200km로 추정된다. 특히 DF-25는 세계 최초의 중거리 다탄두 미사일로 미군 기지인 괌을 사정권에 두고 있다. 이러한 중국의 능력은 미군이 대만이나 한반도에 전투력을 투사하는데 방해가 될 것이라는 분석이다.[67]

66) 한국국방연구원, 『미중 '소프트 패권경쟁' 시대 한국의 전략적 선택』(서울: 한국국방연구원, 2013), p. 194.
67) *Ibid.*, p. 195.

중국은 미국의 항공모함전단을 공격하기 위해 사정거리 1,000~1,700km 정도의 대함탄도미사일 개발을 적극 추진하고 있다. 미 항모에 탑재된 FA-18 전투기의 전투반경은 500km, 공중급유를 받으면 1,000km 정도인 점을 감안해서 중국은 미 항모가 중국 인근 1,500km 이내로 접근하지 못하도록 하겠다는 전략이다.[68] 만약 중국의 이러한 무기체계가 현실화되면 미국의 서태평양으로의 군사력 투사도 제한을 받지 않을 수 없을 것이다. 따라서 미국도 중국의 접근거부 및 지역차단에 대비하여 공해전(空海戰: AirSea Battle) 개념을 정립하였다.

이 전투개념은 전진 배치된 미군 공군기지, 항모강습단, 동맹국에 주둔 중인 미군 지상기지의 항공기와 잠수함, 수상함 발사 미사일과의 협조 하에 수행되는 미 공군전투기와 폭격기, 그리고 미사일 작전을 포함하는 작전이다. 이를 위해 미군은 2011년 4월 15일 SM-3을 이용하여 중거리탄도미사일(Intermediate Range Ballistic Missile: IRBM) 요격시험을 성공적으로 수행했다고 발표했다. 지금까지 SM-3 미사일은 사거리 1,000km의 안팎의 단거리 미사일이나, 5,500km의 대륙간탄도미사일(Inter-Continental Ballistic Missile: ICBM)이 목표물이었으나 이번에는 3,000~5,500km의 중거리미사일 요격에 성공한 것이다. 한편 중국은 미국의 공해전(空海戰) 개념에 대해 이는 미국과 중국에 모두 이익이 되지 않으며, 미국이 그러한 구상을 발전시킨다면 중국도 그에 상응한 대응전략을 발전시킬 수밖에 없다고 주장하고 있다.

이러한 군비경쟁이 자칫 동아시아의 군비확장과 심각한 군사적 불안요

68) 이상현 편, *op. cit.*, pp. 84-85.

인으로 작용할 우려가 있기 때문에 이 지역이 한동안 군비경쟁의 각축장이 될 우려마저 배제할 수 없는 상황이다. 미국은 인도, 베트남, 싱가포르와는 공식적으로 동맹관계를 맺지는 않았지만, 중국에 대한 견제를 목적으로 인도와는 대규모 합동훈련을, 베트남과는 2008년부터 전략대화로 안보협력을 강화하고 있으며, 싱가포르와는 자국의 항공모함을 포함한 함정들이 창이(Changi) 군항을 이용할 수 있도록 합의 각서를 교환한 바 있다.[69]

중국도 미군을 앞지르기 위해 신무기를 도입하고 개발하는데 심혈을 기울이고 있다. 중국이 소유한 최첨단 무기는 전자기장펄스(electromagnetic-pulse, 중국에서는 샤쇼우지엔 殺手鐧)이다. 이는 강력한 파장을 내보내 일정한 반경 내의 전자장비를 손상시킬 수 있는 장치로 컴퓨터에서부터 항공모함까지를 멈추게 할 수 있다고 한다.[70] 기술적으로 열등한 중국이 미군을 이길 수 있는 비대칭무기라고 볼 수 있다.

중국의 무기수출

재래식 무기수출 시장에서 2008년부터 2012년까지 무기 수출 비율은 미국(30%), 러시아(26%), 독일(7%), 프랑스(6%), 중국(5%) 순이었다. 중국은 곧 독일과 프랑스를 추월하여 세계 시장의 10%를 차지함으로써 세계 3위로 부상할 것이라는 관측도 있다.[71] 중국의 무기 수출은 2008년부터 2012년까지 아시아-오세아니아에 74%, 아프리카에 13% 집중되었는데, 국가

69) *Ibid.*, pp. 8-12
70) 브렛 M. 데커 · 윌리엄 C. 트리플렛2세 저, 조연수 옮김, *op. cit.*, p. 91.
71) 홍순도, "중국 무기수출 대국으로 부상", 아시아투데이, 2013.07.28.

별 무기수출 비율을 보면, 파키스탄 55%, 미얀마와 방글라데시가 각각 8%, 7%를 차지하고 있으며 캄보디아도 중국제 헬기 도입을 결정함으로써 새로운 시장으로 떠오르고 있다. 중국은 지금까지 잠수함, 탱크, 수송기 등을 수출해 왔는데, 최근 최신예 스텔스 전투기인 젠(殲)-31을 수출용으로 개발 중이다.

중국의 핵무기 연구 및 생산기관인 중국공정물리연구원에 근무하는 인력은 8,600여명, 행정지원 인력을 포함하면 전체 연구원 인력은 23,000여명인 것으로 알려지고 있다.[72] 파키스탄은 중국으로부터 8척의 잠수함을 구입하였고, 2013년 초, 추가로 7척의 039형 잠수함을 수주한 상태이다. 한편 2008년부터 2012년까지 무기수입 국가 순위를 보면 인도, 중국, 파키스탄, 한국, 싱가포르 순이며, 미국 무기수입 국가 순위는 한국, 호주, UAE 순이며, 인도는 수입의 79%를 러시아로부터, 중국도 무기 수입의 69%를 러시아로부터 사들였다.

중국은 러시아로부터 수호이 35S 전투기 24대 등 대규모 무기 구매 협상을 진행하고 있는데, 수호이 35S 도입 금액만 15억 달러에 달한다고 한다.[73] 수호이 35S는 최대 400km 범위의 목표물 탐지가 가능하고 동시에 15개의 표적을 추적하면서 6개의 표적에 미사일을 발사할 수 있는 능력을 가지고 있다. 중국은 수호이 전투기 외에도 아무르급 잠수함 4척, S-400 방공미사일시스템, 일류신-76 수송기 등의 도입도 추진하고 있다. 아무르급 잠수함은 디젤 잠수함으로 세계에서 가장 소음이 작은 조

72) 차대운, "중국 핵무기 연구인력 8천 600명 근무", 연합뉴스, 2013.05.20.

73) 서유진, "중국, 러시아로부터 수호이 전투기 24대 등 무기구매 협상", 매일경제, 2013.02.07.

용한 잠수함이라고 러시아는 선전하고 있다. 2012년 기준 러시아의 무기 수입 국가별 순위를 보면, 인도(71억불), 이라크(42억불), 중국(21억불) 순이었다.

제4장
중국의 해양전략

1. 세계 최강의 해양제국 명나라

중국에서 범선(帆船)이 출현한 시기는 대략 BC 16세기경 은(殷) · 상(商) 시기였으나. 한(漢), 당(唐), 송(宋) 시대에 괄목할 만한 발전을 거듭하였다. 중국의 범선은 바람을 받는 돛이 정면 돛과 측면 돛으로 나뉘어 항해시에 각 방향의 바람을 효과적으로 이용할 수 있도록 설계되어 있었다. 11세기경 송대에는 이런 돛이 걸려있는 돛대가 4~6개 있었고, 많게는 12개까지 있었는데, 이와 비교하면 아라비아의 배는 13세기가 되어서야 1~2개의 돛을 장착했을 뿐이다.[1] 북송시기(960~1127)에는 중국 역사상 최초로 상비 해군을 편성하였으며, 송나라는 서사군도(西沙群島)와 남사군도(南沙群島) 일대 해역을 관할하였다. 한편 1405년 명나라의 정화(鄭和)는 동남해안과 인도양 일대의 항해 통상사절로 임명되어 일곱 차례의 항해를 통해 동남아시아와 인도, 페르시아 만, 아라비아 반도, 아프리카 동해안과 홍해에 연한 30여개 국가를 순항하며 중국의 문물을 소개하고 무역의 길을 텄다. 당시에 명나라는 세계 최강의 해양제국이었다.

명나라 초기 정화 함대에는 대형 보선(寶船: Treasure Ship)이 62척 있었는데, 그중 제일 큰 보선은 9개의 돛대와 12개의 돛을 가지고 있었고 적재량은 1,500~2,500톤으로 엄청난 규모였다. 이 보선은 방문 국가에 보내는 명 황제의 하사물품이나, 방문지에서 황제에게 올리는 예물 같은 보물을 나르는 선박이라는 의미에서 붙여진 이름이다. 정화함대는 크고 작

1) 곡금량 저, 김태만 외 옮김 『바다가 어떻게 문화가 되는가』(부산: 산지니, 2008), pp. 136-137.

은 200여 척의 대양 항해용 선박이 편대를 이루어 항해했는데, 모든 함선은 3층 갑판으로, 매 층에는 24명의 관병이 항해 방향을 관찰했다. 1492년 스페인의 콜럼버스 함대가 항해를 할 때 세 척의 배 중에서 가장 큰 배인 산타마리아호의 적재량은 250톤 정도로 정화 보선의 10분의 1에 불과했다(도해 4-1 참조).[2)]

콜럼버스는 1492년부터 1502년까지 네 번의 항해를 단행했다. 그는 대서양을 건너 아메리카 대륙을 발견하였고, 중남미 해안을 따라 안드레스군도, 바하마군도의 여러 섬을 발견하였는데, 그의 항해는 후대의 항해가들이 지구를 일주하고 신대륙에 식민지를 개척하는데 크게 기여하였다. 명나라가 원거리 항해를 중단시킨 직후에 바스코 다 가마는 인도항해를 성공함에 따라 한때 해양강국이었던 중국은 쇠퇴하고 포르투갈을 비롯한 서구의 해양세력이 동아시아로 진출하게 되었다. 1553년 포르투갈인이 마카오에 들어왔고, 1624년에는 네덜란드인이 대만을 침범했다. 이때마다 중국은 이들 외세에 대항하여 투쟁을 해 왔다. 명의 척계광(戚繼光)은 1555~1556년 사이에 서구 외세를 몰아냈고, 청의 정성공(鄭成功)은 1661~1662년 바다를 건너 대만을 점령한 네덜란드 군대를 몰아냈다.[3)]

중국 명나라 정화 제독의 해양원정은 처음에는 제3대 황제 영락제(永樂帝: 1360~1424)에 의해 왕위계승에서 축출된 조카(제2대 황제 건문제)가 해양을 통해 반기를 들 수 있다는 우려에서 시작되었으나, 이후 6차례의 원정은 주로 중국의 우수한 문물의 대외과시와 중국과 방문국가들과의 상업적 교류를 증진시키기 위한 목적으로 전개되었다. 영락제는 난징의 황실 환

2) *Ibid.*, pp. 137-138.
3) *Ibid.*, pp. 531-532.

〈도해 4-1〉 정화와 콜럼버스의 함선 길이 비교

정화와 콜럼버스의 함선 길이: 400ft(121m) 대 85ft(26m)

출처: http://china-africa-reporting.co.za/wp-content/uploads/2013/07/ZhengHeShip.jpg(인터넷 검색: 2013.11.22)

관들과 내통하여 쿠데타로 제2대 황제 건문제(建文帝)를 폐위하고 황제의 자리에 올랐다. 이 때 폐위된 건문제가 남쪽으로 도망갔기 때문에 영락제는 그가 언젠가 바다를 통해 반기를 들지 않을까 내심 걱정하고 있었던 것이다.

은나라(殷: BC 1600~BC 1046) 이래, 중국에서는 거세(去勢)당한 환관(宦官)들이 황제에 대한 시종과 황실경비를 담당하는 지위를 이용해 많은 권력을 가지게 되었다. 홍무제(洪武帝)가 1368년 명나라를 설립했을 때 그는 환관의 수를 대폭 줄였다. 또한 그는 환관들의 국정간섭을 금지시켰는데, 그 이유는 과거에 환관들이 황실 정치에 깊이 관여했던 사례가 있었기 때문이었다. 그러나 환관들의 도움으로 쿠데타를 성공시켜 황제에 오른 영락제는 환관들에게 주로 유교적 관리들과 전문적인 학자들의 직위인 군지휘관, 외교관, 탐험가 및 행정가와 같은 다양한 직위를 하사했다. 왕위

〈도표 4-1〉 정화의 원정 함대

함대 이름	돛 수	길이	넓이	함선 수
보물선	9	444 ft.	180 ft.	36
말 수송선	8	370 ft.	150 ft.	700
식량 수송선	7	280 ft.	120 ft.	240
숙식선	6	240 ft.	94 ft.	300
전투함	5	180 ft.	68 ft.	180

출처: Shin-shan Henry Tsai, *The Eunuch in the Ming Dynasty*, (Albany, N.Y.: State University of New York Press, 1996), p. 161.

찬탈과정에서 환관인 정화(鄭和: Zheng He)는 영락제 즉위를 위해 중요한 역할을 했고, 따라서 그는 영락제의 정부관리 중 가장 신뢰받는 관리 중 한 명이 되었다. 그 당시 환관들은 중국의 세력이 외부 세계로까지 확장되어야 한다고 주장하면서 해군의 증강을 건의했다. 영락제 통치 동안 약 1만 명의 환관들이 명 왕조에 보직되어 있었는데, 그들은 군대 문제에 깊이 관여했고 해군의 발전에도 결정적인 역할을 했다.

1403년 막강한 환관들을 등에 업고 영락제는 푸지엔(福建), 수저우(蘇州), 후난(湖南) 및 광저우(廣州) 지방에 337척의 선박을 건조할 것을 명령했다. 그 결과 1404년부터 1407년까지 1,681척의 배가 건조되거나 보수되었다. 명나라는 배가 완성되자 정화(鄭和)를 총사령관으로 하여, 1405년과 1433년 사이에 일곱 번의 원양해양원정을 실시했다. 정화는 과거에 회교도였으며, 아랍어에 능통하였기 때문에 그가 방문한 아랍과 아프리카 국가의 회교도 지도자들과 협상하기에 적임자로 여겨져 원정을 진두지휘하게 되었다. 이러한 해양 원정의 목적은 방문한 국가들에게 중국의 선진 문화와 정치 시스템을 소개하고 국제무역을 도모하고자 함이었다. 정화의 함대는 당시 세계 최대 규모였다. 가장 큰 함선은 길이 444피트, 선폭

〈도표 4-2〉 정화의 아시아/아프리카 항해와 서구의 해양활동 비교

구분	연도	항해 활동
1	1402	명나라 영락제 22년간의 통치 시작
2	1405	정화, 첫 항해를 위해 난징 출발
3	1406	유럽인들은 프톨레미의 천동설을 라틴어로 번역, 지구에 대해 새롭게 인식
4	1406~07	정화 함대, 자바-수마트라-말라카-세일론- 캘리컷-코친 도착
5	1407~09	정화, 캘리컷, 코친(Cochin), 세일론에 기념비 세우고, 이 세 왕국을 명 황제의 조공국가로 선포
6	1415	정화함대, 수마트라 쿠데타 주동자 명에 압송, 후에 주동자는 사형 당함
7	1415	정화 함대, 호르무즈 해협 도착, 중동지역 탐험
8	1415	스페인함대 함장 헨리, 북아프리카 무어족 격퇴
9	1417	정화, 칼리커트(Calicut)와 투쟁 중인 코친(Cochin) 지원
10	1418	정화함대, 아프리카 첫 기항지 모가디슈에서 무력 공격 받고, 이들을 격퇴
11	1421~22	정화의 함대는 수마트라로 향했고 또 다른 함대는 동아프리카와 페르시아 만으로 향함 (1433년 항해 중, 정화, 62세로 사망)
12	1436	명나라, 대양 항해용 선박 전면 건조 금지 조치

출처: http://www.time.com/time/asia/features/journey2001/mideast.html(인터넷 검색: 2012.12.15)

180피트였으며, 1,000명 이상의 선원이 승선했다(도표 4-1 참조).[4)]

정화의 일곱 번의 항해 중 처음 세 번의 항해는 모두 인도로 향했고, 그 과정에서 많은 항구를 방문하였다. 네 번째 항해는 인도를 넘어 호르무즈(Hormuz) 해협까지 확대되었고, 마지막 세 번의 항해는 아프리카 동부 해안지역 항구와 멀게는 말린디(Malindi: 현재 케냐의 동부 해안지역)까지 이르렀다. 그 곳에서 송나라 당대의 도자기와 구리동전이 발견됨으로써 이 항

4) Gwendda Milston, *A Short History of China*, Melbourne: Cassell Australia, 1978, pp. 204-208.

〈도해 4-2〉 정화의 원정항해도

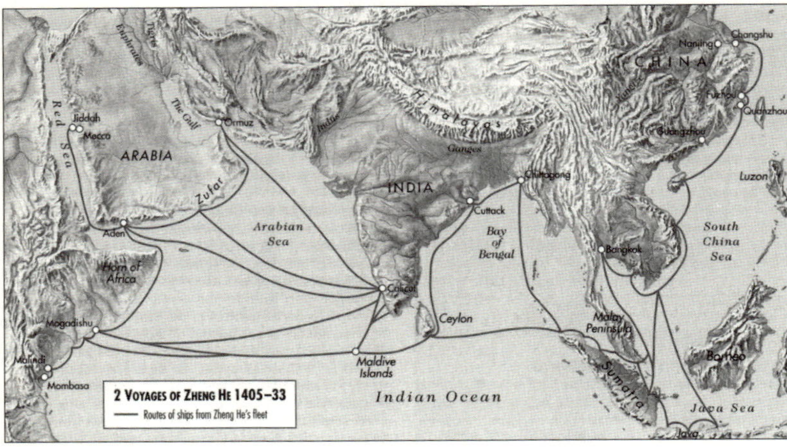

출처: http://diversitytomorrow.com/thread/265/0/(인터넷 검색: 2013.11.21)

해가 역사적 사실로 입증되고 있다.[5] 정화가 지휘한 해양탐험 과정과 루트는 〈도표 4-2〉와 같다.

정화의 항해는 포르투갈과 다른 유럽 국가들처럼 탐험지의 약소국가들을 정복하고 식민지를 획득할 목적으로 시행된 것은 아니었지만 중국의 영향력을 확대하고자 시도했던 것은 사실이다. 정화는 그가 방문했던 나라를 굴복시킬 수도 있었지만 단지 현지 주민들에게 발달된 중국문명을 전하고 무역의 길을 트려고 시도했을 뿐이었다. 정화는 방문국가들과 조공관계를 맺고, 도자기, 서적 및 비단과 같은 귀중품을 증여함으로써 중국의 대국적 위용을 과시하려고 했다.[6]

정화의 마지막 항해에는 2만7천5백 명의 선원과 300척의 선박으로 이

5) John King Fairbank, *China: A New History*, Cambridge: Harvard University Press, 1992, p. 138.
6) Denny Roy, "The China Threat Issue: Major Arguments", *The Asian Survey*, vol. 36. no. 8. (August 1996), p. 763.

루어졌다. 그의 마지막 항해는 베트남의 남부 도시인 퀴논(Qui Nhon)을 거쳐, 자바 북부 해안의 수라바야(Surabaya), 수마트라의 팔렘방, 말레이 반도의 말라카, 그리고 실론에 도착했다(도해 4-2 참조). 정화는 마침내 1432년 12월 10일 인도 서부 해안의 캘리컷에 도착했는데, 이듬해 정화는 항해 중 사망했다.

명나라의 원양항해 금지 조치

1433년 정화의 마지막 원정 후에 명 왕조는 1436년부터는 원거리 항해용 선박 건조를 금지시켰고 해양원정도 중지시켰다. 명나라가 갑자기 고립정책을 택한 이유는 분명하지 않지만, 명의 정치적 입장이 변했다는 사실을 들 수 있다. 명은 1421년 북쪽 오랑캐의 위협에 대처하기 위해 수도를 난징에서 베이징으로 옮긴 이후에 해양에 소홀하게 된 듯하며, 항해에 소요되는 엄청난 비용, 환관들의 권력남용과 해외무역의 영향력에 반대했던 유교 관리들과의 갈등, 그리고 중국 내 대운하의 복구 등이 해양원정을 포기하게 만든 원인으로 꼽힌다.[7] 1411년부터 대운하가 보수되었고, 1415년 이후 대부분의 무역과 남부에서 북부에 이르는 곡물 수송로는 이 대운하를 거쳤다. 중국의 대운하는 수나라의 양제가 베이징-항저우를 잇는 1,794km를 605년부터 6년 간 건설한 것으로 세계에서 제일 긴 운하이다.

대운하를 개통함으로써 일본 해적의 위협을 피할 수 있었기 때문에 중국은 해군력 육성에 소홀하게 되었다. 게다가, 관료들은 비용이 많이 소

7) 마틴 자크 저, 안세민 옮김, 『중국이 세계를 지배하면』(서울: 부키, 2010), pp. 110-111.

요되는 해양원정을 비판하기 시작했다. 이러한 정세변화로 결국 유학자 관리들이 환관들로부터 국가경영권을 다시 획득하였고, 정화 사망 후 해양 원정탐험활동은 전면 중단되었다. 북동부 지역에 대한 몽골족의 빈번한 공격도 관료들로 하여금 바다 보다는 내륙안정에 관심을 갖도록 만들었다. 따라서 해양 원정활동은 더 이상 관심을 받지 못했고, 조선사업도 축소되었으며, 해양탐험이라는 개척자 정신도 중국인의 뇌리에서 점차 시들어져 갔다.

1433년 9월 14일 수마트라, 실론, 캘리컷, 코친, 호르무즈, 아덴 및 기타 아랍 국가들의 대사들은 명 황실에 말, 코끼리, 기린 등을 조공으로 바쳤다. 1437년 조공 후 류큐(琉球: 오키나와) 열도의 왕은 명 황제에게 새로운 왕실 의상을 요구했지만 거절당했다. 류큐 왕국이 명에 조공으로 바쳤던 진상품은 칠기와 채색 직물, 갑옷과 투구, 그림, 서적 등이었다. 특히 발톱 다섯 개가 달린 용(오조룡 · 五瓜龍)이 장식된 나전칠기는 세계적인 희귀품으로 '보물 중의 보물'로 알려져 있다. 모두 36개 섬으로 이뤄진 류큐는 독립 왕국이었으며 1372년 명나라 주원장(朱元璋) 때부터 중국에 조공했다. 그러나 1871년 일본제국에 합병되면서 오키나와 현으로 바뀌었고 500년 가까이 이어져 온 중국에 대한 조공도 1875년부터 중단됐다.

정통제(正統帝: 1436~1449)와 이후의 황제들도 외국 특사들과 선물을 교환하는 것에 별 관심이 없었다. 마침내 명나라는 1525년 몽골의 위협에 대처하고자 지상군을 강화하기 위해 모든 외항선을 폐기하고, 허가 없이 바다를 항해하는 상인들을 체포하라는 칙령을 해안지방 행정당국에 내렸다. 이렇게 정치적 변혁을 거치는 과정에서 중국의 해양 탐험활동은 결국 전면적으로 중단되고 말았다. 그런데 이때부터 유럽의 강국들은 조선

산업 및 해양탐험활동에 있어서 중국을 능가하게 되었다. 만약 중국인들이 원대한 해양 탐험활동을 지속적으로 추진했다면, 그들은 유럽과 일본 제국주의의 침략으로부터 수모를 당하지 않았을지도 모른다.

1430년대 중반 이후 해양 탐험활동이 중단된 후 명나라는 외부 세계로부터의 도전에 방어일변도적 자세를 취하기 시작했다. 14세기 초부터 시작된 일본의 해적활동은 명나라의 해양활동 전성기 동안 약탈활동이 크게 감소되었으나, 명의 해양원정이 중단된 이후 중국의 해안 마을에 대해 다시 활기를 띠기 시작했다. 한때 아시아 지역의 바다를 통제했던 명나라는 그들의 해안지역을 침범하는 약탈자들과 도적들의 처분만을 바라는 초라한 처지로 전락하게 된 것이다.

2. 굴욕의 한 세기를 당한 중국

중국은 기원전 221년 진시황(秦始皇)이 전국시대(BC 475~BC 221)를 마감하고 통일을 이룬 이후 19세기 중반까지 세계에서 가장 인구가 많은 대국으로 그 위용을 과시하였다. 진나라는 중국의 정치와 도덕적 근간을 이루는 공자의 가르침에 바탕을 둔 중앙집권체제와, 도량형의 표준화, 어버이에 대한 효도, 기호와 상징을 이용한 문자, 조상을 숭배하는 신앙 등 문화도 발전시킨 국가였다. 그 후 1천여 년이 지난 북송시대(960~1126)에는 과거제도의 도입, 화약의 발명, 목판인쇄술의 발달, 수학 · 자연과학 · 천문

지리학의 발전, 방적기의 발명 등으로 이 시대를 가히 중국의 르네상스시대라 할 만했다. 유럽의 르네상스 운동은 북송 이후 2세기가 지나서야 시작되었으며, 중세 유럽은 중국으로부터 종이, 나침반, 외바퀴 손수레, 물레, 목판인쇄술 등을 받아들였다.[8)]

그렇게 융성하던 송나라도 몽골의 침입으로 멸망하고 원나라가 중국을 통일하였다. 송나라는 일본, 동아시아, 중앙아시아, 인도, 아프리카 동부 지역과도 교류를 활발하게 했으나 원나라의 뒤를 이은 명나라(1368~1644)에서는 교류가 점점 사라지고, 일본 왜구의 해적이 중국 선박을 공격한다는 이유로 1371년에는 해안지역 주민의 원거리 항해도 금지시켰다. 또한 중국 북부와 양쯔강 곡창지대를 잇는 대운하가 개통되자 해운의 수요가 줄어들어 해군에 대한 관심도 서서히 멀어지게 되었다. 하여튼 송대를 거쳐 명대 정화의 대원정(1405~1433)이 있기까지 약 450년 동안 중국은 세계 최강의 해상국가였다.[9)]

그러나 정화의 대양원정이 막을 내리고부터 중국의 대외전략은 대륙지향적으로 변모했다. 내륙의 적을 대비하다보니 국가의 위세가 위축되었고 상대적으로 바다로의 진취성은 시들어져 갔다. '바다를 지배하는 자가 곧 세계를 지배한다'는 명제가 중국에서는 서서히 사라져갔지만, 그럼에도 불구하고 중국은 18세기까지 대국의 위상을 견지했고, 인도가 그 뒤를 이었으며, 유럽 국가들의 경제 규모는 중국에 비해 크게 작았다. 런던이 베이징을 앞지르고 세계에서 가장 큰 도시로 변한 것도 1850년이 되어서였다. 바로 아편전쟁의 결과로 중국은 서구 제국주의 국가들과 강제로 불

8) *Ibid.*, pp. 104-109.
9) *Ibid.*, p. 110.

평등조약을 채결하지 않을 수 없게 되었고, 그 여파로 청 왕조는 붕괴되는 비운을 맞게 되었다.

자료에 의하면 1820년 중국의 1인당 GDP는 600달러였고, 1850년에도 600달러, 1870년에는 530달러, 1950년에는 439달러로 줄어들었다.[10] 이 자료는 외세의 개입과 간섭으로 중국 경제가 얼마나 침체되었는지를 여실히 보여준다. 세계 제1의 경제대국 중국이 서서히 몰락해 가는 1850년부터 1950년까지를 '굴욕의 한 세기'라고 부른다. 영국에서 산업혁명(1760년대)이 일어났고, 일본에서 메이지유신(明治維新: 1868년)이 일어났지만 중국은 바깥세상이 변하고 있는 것을 감지하지도 못하고 대국이란 자만심에 빠져 결국 굴욕의 한 세기를 맞게 된 것이다.

중국에 대한 서구와 일본의 해양도전

영락제 통치 이후 황제들의 나약함과, 관료들과 환관들의 갈등 때문에 명나라의 몰락은 가속화되었다. 그런 와중에 새로운 정복자 만주족이 부상했으며, 잇따른 가뭄과 기근은 나라 전체를 반란의 소용돌이로 휘몰았다. 만주족은 12세기에 중국 북부를 점령하고 여진왕조(1115~1234)를 설립한 여진족(女眞族)의 후손들이었다. 이들의 모국은 원래 랴오허(遼河) 동부였지만 17세기 초에 새로 등장한 야심찬 지도자 누루하치(努爾哈赤: 1559~1623)는 한나라(BC 206~AD 220) 이래 중국의 영향력 아래 있었던 농업지대인 랴오허 분지의 한족 거주 지역을 정복했다. 1636년 만주 국가는 국호를 타칭(大靑)으로 명명하였다.

10) *Ibid.*, p. 135.

유럽 열강들이 극동지역으로 해상루트를 찾아 식민지 획득에 혈안이 되어있을 때 중국은 불행하게도 해양 원정활동을 전면 중단했다. 1440년대부터 포르투갈은 아프리카 서남부 해안을 경유하여 중국에 도달하는 루트를 찾고 있었다. 마침내 포르투갈 상인들은 1513년 중국의 남부에 도착했고, 뒤이어 유럽 상인들과 예수회 선교사들도 중국으로 들어왔다.[11] 이들 예수회 선교사들은 루터에 의한 종교개혁으로 로마교황청의 권위가 쇠퇴해지자 이를 만회하기 위해 유능한 선교사들을 선발하여 아시아 지역으로 파견된 사도들이었다.[12] 이들은 중국에 기독교와 함께 유럽의 최신 학문과 기술도 전파하면서 교역의 길을 모색하였다. 그러던 중 포르투갈은 1517년부터 중국과 무역을 요구했지만 중국은 그런 제의를 무시했다. 그러다가 1549년 중국과 포르투갈 양국은 마카오 남부에 있는 쌍춘(Shangchun) 섬에서 무역의 길을 열었다. 이 섬은 1557년부터 중국에서 최초로 조약에 의해 유럽 국가들에게 개방되었다.

7세기 말 경 아랍인과 터키인들이 중국에 양귀비(罌粟: 앵속)를 처음으로 소개했다. 중국은 처음에 양귀비를 고통을 완화하고 긴장을 해소시켜 주는 약품으로 사용했다. 그러나 1660년대가 되자 중국인들은 아편이 쾌락을 위해 사용될 수 있다는 것을 알게 되었다. 18세기 초반에야 청나라는 국민들 사이에 아편사용이 만연하여 심각한 사회문제를 야기하고, 아편수입이 급증함에 따라 은(銀) 비축에 문제가 생기고 있다는 사실을 깨달았다. 그리하여 결국 청나라는 1729년 아편의 사용과 판매를 전면 금지했

11) Timothy Brook, *The Confusion of Pleasure*, Berkeley: University of California Press, 1998, p. 124.
12) 이근명 편역, 『중국역사』(서울: 신서원, 2003), pp. 280-81.

고, 1776년에는 아편 수입도 금지시켜 버렸다. 1767년 한 해에 중국은 63톤의 양귀비를 수입했는데, 1836년의 수입은 1,890톤으로 증가했다.

드디어 청 조정은 1837년 광저우 주변지역의 밀수업자 및 판매상을 상대로 엄격하게 아편판매를 통제하였지만 아편무역을 근본적으로 근절시키지는 못했다. 1838년 흠차대신(欽差大臣: 어떤 특정한 국가 사안에 대하여 황제가 파견하는 전권대신) 린저쉬(林則徐)는 광저우에서 대대적으로 아편무역을 단속하라는 황제의 칙명을 받고, 영국의 빅토리아 여왕에게 항의 편지를 보내 영국에서 아편 제조를 막는데 최선을 다해 줄 것을 촉구했다. 그는 또한 외국 상인들에게 아편무역을 포기하도록 명령했으며, 이를 위반 시에는 사형에 처할 것임을 확고하게 천명했다. 그리고 린은 2만1천상자의 아편을 압수했고 이를 모두 폐기해 버렸다.[13] 단속 작전을 펼치는 동안 많은 외국인들이 아오먼(澳門: 마카오)을 떠났다. 아편 단속 후 바로 영국 정부는 청나라와의 전쟁을 결심했고, 이것은 최초의 영국-중국 간의 전쟁으로 비화되었는데 이것이 소위 말하는 '아편전쟁(1839-42: 제1차 중영전쟁)'이다.[14]

아편전쟁의 직접적인 원인은 아편무역이었으나, 이 전쟁은 우세한 서양의 해군력을 방어할 수 없는 중국의 무능력을 드러내는 결과를 가져왔다. 영국은 단약 아편 단속과 관련된 상황에서 우위를 점하지 못하면, 향후 중국과의 구역과 아시아 국가들에 대한 영국의 무역 특혜가 위협받을 것이라고 생각했다. 1839년 영국 해군은 광저우에 대한 모든 접근로를 봉쇄하

13) 한 상자에는 약 140 파운드의 아편이 들어 있었다.

14) East Asia Analytical Unit, *Asia's Global Powers: China-Japan Relations in the 21st Century, Canberra: The Australian Department of Foreign Affairs and Trade, 1996*, pp. 117-18.

고, 북쪽으로 이동하여 텐진(天津)과 베이징(北京)을 위협했다. 아편전쟁에서 청나라 군대는 영국군에게 항복을 하느니 차라리 죽겠다는 각오로 용감히 싸웠으나 결국 중국군은 영국군에 의해 무참히 패배했는데, 패배의 원인은 중국의 해군력 약세, 구식 전함과 열악한 무기체계, 훈련이 부족한 해군이 주된 요인이었다.

1842년 봄, 아편전쟁은 영국의 승리로 끝났고, 중국은 유럽 열강의 하나인 영국에 의해 최초의 굴욕적인 패배를 인정해야 했다. 1842년 8월 영국과 청나라는 난징(南京) 조약을 체결했는데, 데니 로이(Denny Roy)가 지적했듯이 이 조약은 중국이 맺은 최초의 불평등조약이었으며, 이 조약으로 중국은 서구열강들에게 시장을 개방해야 했다(도표 4-3 참조).[15] 또한 중국은 영국에게 2천1만 달러의 전쟁보상금을 지불해야 했고, 홍콩을 영국에 할양해야 했으며, 광저우, 시멘, 푸조우, 닝보 및 상하이를 포함해 중국의 주요 항구를 영국 상인들에게 개방해야 했다.

아편전쟁 이후에 서구와 미국의 해양세력들은 아시아에서 주도권을 잡기 위해서 경쟁적으로 세력 확장에 혈안이 되었다. 당시 동아시아는 커다란 소용돌이에 휘말리게 되었다. 1853년 미국의 함포외교에 의한 일본 강제 개항 요구, 1866년과 1871년 프랑스와 미국 함포위협으로 조선 강제 개항 요구, 1873년 프랑스 함대가 해적 소탕 핑계로 베트남 점령시도, 1874년 러시아의 블라디보스토크 해군기지 건설 등이 잇달았다.[16]

---

15) Denny Roy, *op. cit.*, p. 9.

16) 윤석준, 『해양전략과 국가발전』(서울: 한국해양전략연구소, 2010), pp. 196-197.

〈도표 4-3〉 중국이 체결한 주요 불평등 조약

조약	연도	체결 상대 국가	주요 조약 내용
난징조약(南京條約)	1842	영국	홍콩 할양, 광저우(廣州) · 푸저우(福州) · 샤먼(厦門) · 닝보(寧波) · 상하이의 5개 항구를 통상항(通商港)으로 개항, 영국에 은화 2,100만 원(元)의 배상금 지불
후먼조약(虎門條約)	1843	영국	영국 상인 내륙 진출 허용, 영국인이 죄를 범하면, 영국 관헌이 조사, 체포, 재판권 인정
왕샤조약(望厦條約)	1844	미국	미국 시민의 치외법권 인정, 땅을 사서 교회와 병원을 설립할 수 있는 권리를 보장
황푸조약(黃埔條約)	1844	프랑스	다섯 개의 항구, 프랑스 상인에 개방, 프랑스의 치외법권 인정
아이훈조약(愛琿條約)	1858	러시아	헤이룽 강(黑龍江, 아무르 강)의 좌안은 러시아, 우안 중 우수리 강 서쪽은 청나라 영토로 하고, 우수리 강 동쪽은 두 나라 공동관리, 강 좌안의 만주인 촌락은 청나라가 관할
베이징조약(北京條約)	1860	영국, 프랑스, 러시아	톈진을 개항하여 상업부두로 하고, 프랑스의 중국인 노동자 모집을 허용, 전몰수한 가톨릭교 재산 반환
시모노세키조약(下關條約)	1895	일본	조선에 대한 지배권의 확립, 랴오둥 반도(遼東半島), 타이완, 펑후 제도 등 영토의 분할, 배상금 3억엔

출처: 마틴 자크 저, 안세민 옮김, 『중국이 세계를 지배하면』 (서울: 부키, 2010), P. 123.

한편 청나라는 서양 제국주의 열강들의 간섭에 번번이 실패하여 점차 혼돈에 빠지기 시작했으며, 태평천국의 난 이후 각 지역의 군벌(軍閥, military clique)들에 대한 통제권을 확보하는데도 실패했다. 군벌은 청나라에서 태평천국(太平天國)의 난(亂)을 토벌하기 위하여 쩡구오팽(曾國藩), 리홍장(李鴻章) 등이 조직한 의용군에서 비롯되었으며, 신해혁명(辛亥革命)이후 위안스카이(袁世凱)의 북양군벌과 장제스(蔣介石)의 국민당 정권도 군벌적인 색채를 띠고 있었다. 각 지방 군벌들은 그 지방에 있는 제국주의 국가들로부터 차관이나 무기를 지원받아 세력을 키워나가면서 내전에 돌입했다.

1860년대 청 황실의 고위 관료들은 신지앙(新疆)에서 반군을 진압하는 것이 해군증강보다 급선무라고 주장했다. 결국 유럽 해양강국들에게 치욕스런 패배를 겪은 후 청나라는 뒤늦게 해군력을 증강하고자 한 것이다. 한때 그의 후아이(芈槐) 육군에 수천 명의 신병을 모집하여 수저우(蘇州)에 있는 태평천국 반군의 거점을 무력화시킨 바 있던 리훙장(李鴻章)은 신지앙 진압계획을 철회하고 거기에 소요되는 자금을 해군의 현대화를 위해 투자해야 한다고 조정에 촉구했다. 정부 관리들 간의 광범위한 토론 후에 청나라는 마침내 신지앙 진압계획도 계획대로 실시하고, 해군발전계획도 동시에 추진하기로 결정했다. 드디어 1885년 10월 13일 청나라는 중앙정부가 통제하는 해군부 설립을 승인하였고, 천(Chun) 왕자가 해군부의 수장으로 임명되었고, 칭(Ching) 왕자와 리훙장이 부수장직을 맡았다.[17]

그러나 청나라는 중앙집권적인 해군을 설립하는 데는 실패했다. 그 이유는 새롭게 조직된 해군부의 천 왕자와 칭 왕자가 해군작전을 수행하는 데 필요한 전문적 지식이 부족했으며, 조정에서는 통일된 해군을 조직하고자 했던 리훙장의 건의를 무시하였고, 뿐만 아니라 해군 발전에 필요한 기금도 부족했던 것이다. 그 당시 황태후였던 서태후(西太后: Xi Taihou)가 해군예산의 상당 부분을 여름궁전(頤和園: 이화원)에 자신의 유흥을 목적으로 사용하기 위한 호화유람선을 건조하는 데 유용했기 때문이었다.

17) Stanley Spector, *Li Hungchang and the Huai Army*, Seattle: University of Washington Press, 1964, p. 187.

청나라 만주정권의 나약함은 1890년대에 다시 심화되었다. 1894년 9월 중순 철통같은 요새 도시 펜양(汾陽)이 일본군의 수중에 떨어졌고, 리훙장의 군대는 압록강을 건너 후퇴했다. 10월 말 일본은 랴오둥(遼東) 반도에 상륙했고 뤼쑨(旅順)항을 점령했다. 산둥 반도 지역의 웨이하이웨이(威海)가 1895년 2월 일본군에 함락되었을 때 청나라 함대의 잔류 해군장병들은 일본군의 포로가 되었으며, 청국 군대는 랴오허 서부로 후퇴했다.

결국 청나라와 일본 사이에 시모노세키조약(下關條約)이 1895년 4월 17일에 체결되었다. 이 조약으로 인해 청나라는 타이완과 랴오둥 반도를 일본에 양도했고 1895년 일본 GNP의 약 15%에 달하는 엄청난 전쟁배상금을 물어야 했다.[18] 이 배상금으로 일본은 야와타(八幡) 철강회사를 설립했고, 이는 전후 세계 최대의 철강회사인 니폰철강회사(Nippon Steel)가 되었다. 이 회사는 태평양전쟁 당시 방위산업체에 철강을 제공함으로써 일본의 전함 및 항공기 제작에 크게 기여했다.

청나라가 패배한 원인은 첫째, 현대적 해군을 보유하지 못했고, 둘째, 전통적으로 지방군벌을 인정해 왔으며, 마지막으로 중앙 군대의 간부들과 관료들이 부패했기 때문이었다. 청 황실은 19세기 말 지방에서 일어난 백련교난(白蓮教亂) 등을 진압하기 위해 약 30만 명의 지방영주들의 군대를 동원하지 않을 수 없었다.[19] 결국 청나라는 지방영주들에 의해 통제되는 군벌군대의 존재를 인정해야 하는 처지가 되어버렸다. 정부 관료들도 국민들의 복지에는 거의 관심을 보이지 않았고, 심지어 부유한 이들에게 관

18) John Hunter Boyle, *Modern Japan*, Orlando, Florida: Harccurt Brace & Company Publishers, 1993, p. 132.

19) John K. Fairbank, Edwin O. Reischauer and Albert M. Craig, *East Asia*, London: George Allen & Unwin Ltd., 1969, pp. 116-118.

직을 매관매직하기도 했다. 그 결과 중국은 매우 잘 조직된 육군과 해군을 갖춘 일본으로부터 뼈저린 수모를 당했다. 처음에 서구열강으로부터 굴욕을 당했던 중국은 이제 이웃 국가이자 오랫동안 문화적으로 미개인으로 여겨왔던 일본인들로부터도 치욕을 당한 것이다.

시모노세키 조약을 체결한 지 6일 만에 러시아는 동아시아에서 일본의 팽창을 저지하기 위해 러시아-프랑스-독일 연합으로 '3국 개입(Triple Intervention)'이라는 이름 아래 일본이 랴오둥을 청나라에 반환해야 한다는 간섭운동을 주동했다. 3국 개입은 1895년에 러시아, 독일, 프랑스 세 나라가 일본으로 하여금 요동 반도를 청(淸)나라에 돌려주게 한 사건(事件)이다. 그런데 3국 간섭은 유럽 열강에 청국을 분할하는 빌미를 제공하였다. 1898년 3월에는 독일군이 자오저우(膠州灣)에 상륙하였고, 프랑스와 영국 등도 앞을 다투어 군대를 파견하여 조차지(租借地)를 요구하였으며, 러시아는 만주에 철도 부설권을 획득하고, 랴오둥 반도를 조차하였다. 일본은 결국 서양 3국의 연합작전을 우려하여 랴오둥을 청나라에 반환했던 것이다.

그 후 일본은 1898년 러시아가 청나라를 설득하여 랴오둥 반도와 뤼쑨(旅順)항을 대여 받고, 시베리아 대륙횡단철도와 연결되는 만주철도 부설권도 얻어냈음을 알게 되었다. 자존심이 극도로 상한 일본은 '3국 개입' 후에 해군력을 강화하기 시작했고, 만주에 대한 경제적 침투를 시작한 러시아와 전쟁을 치르기로 결심했다.

드디어 1904년 일본은 청나라 땅에 있는 러시아 군대를 공격하여 러일전쟁을 도발했다. 일본 해군은 신속히 기동하여 뤼순항에 주둔한 러시아 함대를 격파했고, 동시에 일본 육군이 만주에 주둔한 러시아 군대를 격퇴시켰다.[20] 일본 함대와 결전을 치르기 위해 32척의 러시아의 발틱함대는 9개월간의 멀고 긴 항해 후 한국과 일본 사이에 위치한 지금의 대한해협에 당도했지만, 일본 함대의 적수가 되지 못하고 거기에서 괴멸 당했다. 러·일전쟁에서의 일방적인 승리로 일본은 뤼순항과 랴오둥 반도를 러시아로부터 모두 얻게 되었고, 만주와 한국에 대한 배타적(排他的) 통제권도 차지하게 되었다.

1911년 청나라는 자국 영토 내에서의 계속되는 전쟁과 반란 때문에 유럽 제국주의 국가들과 일본의 끈질긴 해양공세에 대처할 수 없었고, 결국 위안스카이(袁世凱), 쑨원(孫文), 그리고 후앙싱(黃興)과 같은 혁명세력에 굴복하여 국가의 운명을 마감했다. 이렇듯 중국은 유구한 역사를 가지고 있지만 많은 왕조들이 혁명과 반란세력에 의해 정권이 교체되기도 했다.[21] 중국인들은 황제가 국정을 바르게 통치하지 못하면 지진과 같은 자연재해, 기근 및 반란세력이 등장하게 되는데, 이것을 하늘의 당연한 뜻이라고 여겼고, 황제는 자리에서 물러나야 한다고 생각했다. 이러한 하늘과 인간의 상호작용의 개념은 자사(子思: 공자의 손자)와 맹자(孟子)의 사상에서 비롯되었다.[22] 이들의 이론에 따르면 통치자가 올바르게 권력을 행사하지 않으면 하늘이 그에게 일차로 재앙과 불길한 징조로 경고를 가하고, 그래도 그 통치자가 여전히 잘못을 바로잡지 않으면 하늘은 그가 권력을 사용하지 못하게 하고, 결국 왕조를 종식시킬 반란을 자초하게 된다는 것이다.

청나라 말기 중국인들은 만주 왕조가 하늘로부터의 통치권을 상실했다

20) William R. Keylor, *op. cit*. p. 16.

21) H. R. Cowie, *Asia and Australia in World Affairs*, South Melbourne: Nelson, 1991, p. 83.

22) Kung-chuan Hsiao, *A History of Chinese Political Thought*, Translated by F. W. Mote, Princeton: Princeton University Press, 1979, p. 484.

고 생각했다. 1905년 쑨원은 중국혁명동맹회를 결성하여 청나라를 타도하고 중국인들의 필요를 더욱 잘 충족시킬 수 있는 새로운 서구식 입헌공화국을 설립하고자 했다.[23] 1911년 말까지 14개 중국 성들은 만주족의 통치에서 벗어났으며, 중국의 오랜 전통인 왕조 시스템은 마침내 종말을 고했다. 중국이 현대 국제사회에서의 해군력의 중요성을 인식했을 때에는, 이미 주요 해양강국들로부터 뼈아픈 수모를 당하고 난 뒤였다. 중국은 스스로 대국이라는 자만심(自慢心)에 빠져 결국 외부의 해양도전으로부터 나라를 지킬 수 없는 상황에 이른 것이다.

3. 중공 수립 후 해군

중국의 영토와 영해

중국은 2만 2,000km에 달하는 육지국경을 14개 국가와 공유하고 있으며, 1만 8,000km의 해안을 6개 국가와 접하고 있다. 또한 중국 국민은 한족 외에 55개 소수민족으로 구성되어 있는데, 소수민족의 수는 약 1억 명이며, 이들은 대부분 내륙 국경지역에 거주하고 있다. 중국은 1949년 중화인민공화국을 선포한 이후 영토분쟁에서 상대국가에 대해 무력을 사용한 경우는 인도, 소련(러시아), 베트남이 있고, 버마, 네팔, 파키스탄, 북한

23) Steven W. Mosher, *China's Plan to Dominate Asia and the World*, San Francisco: Encounter Books, 2000, p. 152.

등과는 군사력을 사용하지 않았다. 그런 의미에서 중국은 19세기 영국이나 냉전시 소련처럼 팽창주의를 추구하지 않고, 앞으로의 영토문제 해결에 있어서도 무력사용을 자제하고 다자기구를 통한 협상 방식을 채택할 가능성이 크다고 볼 수 있다.[24)]

중국은 국공 내전 말기인 1949년 9월 인민해방군을 재조직하고 현대화하기 위해 소련에 장애핑(張愛萍) 해군 제독을 단장으로 하여 대표단을 파견하였다. 그들은 모스크바에서 소련 원조 하에 해군력을 건설하는데 합의하였고, 이듬해 7월 소련은 해군 무기, 장비, 및 수리부속을 지원하기 시작했으며, 1953년에는 1930년대 말에 건조된 M급 잠수함을 중국에 인도하였다. 그 후 1954~1957년 사이에 소련은 중국에 잠수함 15척, 구축함 4척, 어뢰정을 포함하여 모두 107척의 함정을 지원해 주었다. 이러한 소련의 원조 덕분에 중국은 1959년부터 그동안 축적된 기술을 바탕으로 매년 4~6척의 해군 함정을 건조할 수 있었다.[25)]

중국의 국가방어전략

중화인민공화국은 1949년 10월 1일 설립되었다. 그 당시 마오쩌둥은 '인간의 무기화'와 소작농 기반의 '인민전쟁'이라는 독트린에 기초하여 집권했다. 마오쩌둥의 이러한 개념은 일본과의 전쟁과 국민당을 패배시킨 중국공산당의 승리에서 잘 입증되었다. 그는 전쟁의 승패란 결국 인간에 의해 결정되는 것임을 계속해서 강조했다.[26)] 그의 무력투쟁 방식은 1940

24) *Ibid.*, pp. 112-113.

25) 김종두, 『중국해양전략론』(서울: 문영사, 2002), pp. 32-33.

26) Ellis Joffe, *The Chinese Army after Mao*, London: Weidenfeld and Nicolson, 1987, p. 73.

년 8월 중국 북부에서 일본군에 맞서 싸울 때와, 중국공산당이 본거지를 건설하고자 했던 짱쑤(江蘇) 북부지역에서 국민당 군에 대항할 때 처음으로 드러났다. 중국 영토 내에서의 그러한 전투는 육지를 기반으로 한 투쟁이었고, 주로 게릴라전 방식이었다.

중국공산당 중앙위원회는 1931년 도시지역인 상하이에서 농촌지역인 장시(江西) 소비에트로 이전하였는데, 이때 마오쩌둥은 농촌지역의 농민들을 기반으로 한 혁명기지 건설을 강조하였다. 그러나 1930~1934년에 장제스는 중국 동남부 장시성(江西省)에 있던 중국공산당 근거지를 소탕하기 위하여 포위섬멸작전을 전개했다. 마침내 공산당은 국민당의 공세로 1934년 10월부터 1년간 18개의 산맥을 넘고, 24개의 강을 건너 9,700km의 장정(長征: Long March)을 실시했다.

그러나 이 장정을 통해 마오쩌둥은 당 총서기로 선출되어 당권을 장악하였고, 토지 재분배를 통해 가난한 중국인들의 민심을 얻었으며, 많은 청년들이 역사적인 장정의 투혼에 자극을 받아 1930년대 말과 1940년대 초에 걸쳐 공산당에 가담하는 등의 성과를 거두었다. 그 후 중국공산당은 옌안(延安)에서 새로운 게릴라 기지를 건설하고 국민당 군에 대한 유격전을 전개하게 되었다.[27] 마오의 인민전쟁 독트린은 소작농(소작농은 1920년대 중국 전체 인구의 80%를 차지했음) 교육과, 그가 창설을 주도했던 적군(赤軍 Red Army: 1927~1946 사이의 중국공산당 군대 명칭) 시절의 전투경험, 그들이 게릴라전을 펼칠 수밖에 없었던 전술적 상황에서 나온 것이다. 마오쩌둥의 '인민전쟁(人民戰爭)' 독트린은 한국전쟁, 대만과의 분쟁, 1979년 베트남

27) 제임스 왕 지음, 금희연 옮김, 『현대중국정치론』(서울: 그린, 2000), pp. 37-38.

과의 전쟁을 포함한 거의 모든 전쟁에서 기본 전략사상이 되었다.

중국은 1949년 국가 선포 이후부터 마오쩌둥의 리더십 영향으로 저력을 발휘했다. 1949년부터 1978년까지 30년 간 중국의 경제는 매년 4.4%의 성장률을 기록했고, 국민총생산은 4배, 1인당 국민소득은 2배 이상으로 올랐다. 비록 마오쩌둥이 대약진운동과 문화혁명을 주도하여 되살아나던 중국경제가 크게 후퇴되긴 했지만 마오가 신흥국가 중국을 도약의 발판 위에 올려놓은 것은 사실이다.

2013년 12월 26일 마오의 탄생 120주년을 맞이하여 시진핑(習近平) 국가주석과 리커창(李克强) 국무총리 등 중국 지도부가 26일 베이징 마오주석기념당을 찾아 참배했다. 한편 환구시보가 이날 공개한 조사결과에 따르면 응답자의 78.3%는 마오의 평가와 관련된 설문조사에서 '공이 과보다 크다'고 했고, 마오를 비판한 응답자는 6.9%에 불과했다. 마오의 최대 업적으로는 '혁명 승리를 통한 자주 국가 건설'(89.7%), '사회에 평등사상 고취'(56.3%), '중국의 국제적 위상 제고'(54.6%) 등을 꼽았으며, 주요 과오로는 '문화대혁명 발동'(77.2%), '경제규율을 무시한 채 대약진운동 전개'(60.2%), '계급투쟁 방식을 통한 사회문제 해결'(46.8%) 등을 들었다.[28] 결국 이 30년은 중국이 '굴욕의 한 세기'라는 불명예를 훌훌 털어버리는 시기였다고 평가할 수 있다.

28) 한승호, 이준삼, "마오쩌둥 탄생 120주년 맞아 '공과 논쟁' 후끈", 연합뉴스, 2013.12.25.

마오쩌둥(1893~1976)의 리더십

* 김명호, 『중국인 이야기』(파주:한길사. 2012)에서 일부 발췌

1. 장하오(張浩)의 장례 일화

장하오는 코민테른 주재 중공대표, 마오의 고향 후난성 장사의 방직공장에서 마오와 인연, 장이 일본군 폭격으로 다쳐 마오가 소련에 도움을 청하자 스탈린이 비행기를 보냈으나 장은 모스크바행을 거절, 대신 다른 부상자와 희생당한 열사 자녀를 그 비행기 편으로 소련에 보낸 인물. 장이 죽자 마오는 주더(朱德) · 런비스(任弼時) · 천윈(陳雲) · 예젠잉(葉劍英) 등과 돌아가며 시신을 지켰고 다음날 직접 관을 메고 장지로 출발. 시신을 손수 안장했고 비문도 직접 작성. 장례식이 끝난 후 공산당에 입당하겠다는 사람들이 늘어났음.

2. Stalin과 중소우호조약 체결 비화

마오, 스탈린 생일에 맞춰 모스크바행. 당시 스탈린, 중공 선포 두 달이 되었지만 대만과의 우호조약 유지, 중국을 유일한 합법정부 표현 안함. 마오, 1949년 12월 21일 스탈린 70회 생일에 맞춰 소련 방문. 12월 24일 밤 5시간 반 동안 스탈린-마오 회담에서도 중소우호조약체결 허사.

<u>마오의 뚝심</u>: 12월 26일 마오 생일에 그로미코가 영빈관으로 축하차 왔으나 문을 안 열어줌. 마오, 침대가 맘에 안 든다고 침상을 밖으로 옮기고 중국대사관에서 판자를 가져오게 하여 판자에서 취침. 양변기는 냄새가 사색을 방해한다고 대사관에 야외화장실 설치 지시. 스탈린의 레닌그라드, 모스크바 지하철, 집단농장 방문 제의도 모두 거절. 소련에서는 생일 축하하러 온 사람이 끝났으면 가야지… 왜 저러냐고 푸념. 마오, 소련 영빈관에서 2개월 간 무언의 농성. 스탈린, 1950년 2월 14일 오후 6시 마오의 집념에 못 이겨 대만과의 조약 대체, 중소우호조약 체결 승인.

3. 마오 아들 마오안닝(毛岸榮)

<u>마오의 한국전 지원</u> 결심: 마오, 참모들의 한국전 지원 거부 조언에도 불구하

고 김일성의 한국전 지원 결정… 1947년 마오와 장제스 만주 내전시 김일성 52,000톤의 전쟁물자 마오에게 지원, 한국전 지원 결정시, 마오의 변 순망치치한(脣亡則齒寒: 이가 없으면 이가 시리고), 호파칙당위(戶破則堂危: 바깥 문이 망가지면 안채가 위태롭다) 설파.

마오안닝: 마오의 혁명 동지인 두 번째 부인 양카이후이와의 사이에 태어난 마오의 장남, 1937년 소련 유학, 1947년 옌안으로 복귀. 마오, 귀국한 안닝에게 병사들과 똑같은 식사를 하도록 하고, 곧바로 시골로 내려가 황무지를 개간하고 가을에 수학한 후에 옌안으로 돌아와 옌안대학에 입학하도록 지시. 1년 후 안닝이 예안으로 복귀하자 마오, 안닝을 보고, "시골 노동대학 가더니 흰 뚱보가 검은 뚱보가 되어 돌아 왔네."하고 미소 지음.

안닝의 한국전 참전/전사: 안닝 본인이 한국전 참전 자원, 마오는 중공지원군사령관 펑더후아이에게 안닝을 직접 전투에 참가시키라고 지시했으나, 펑은 안닝이 러시아어와 영어에 능통하므로 자신의 통역관으로 근무하도록 조치. 1950년 11월 24일 미군 폭격으로 안닝 28세에 사망. 안닝의 사후 펑, 안닝 시신을 중국으로 후송 건의, 마오, "혁명전쟁은 언젠가 댓가를 지불하게 되어있다. 안닝의 시신을 중국의 보통 병사와 함께 공동묘지에 매장하라"고 지시, 현재도 북한 중국지원군 묘소에 안닝은 잠들어 있음.

〈* 한국전쟁 기간 중 미군 장성의 아들 142명이 참전하여, 35명이 한국 땅에서 전사하거나 부상당했음: 본받아야 할 미군의 노블레스 오블리주〉

중국은 한국전쟁에 개입함으로써 군대를 현대화할 수 있는 계기를 마련했다. 1951년 초 중국은 구소련으로부터 다양한 무기와 장비를 증여받았다. 중국은 군의 현대화 실태를 시험이라도 하듯 1954년과 1958년에는 대만과, 1962년에는 인도와, 1969년에는 우수리 강에서 구소련과, 그리고 1979년에는 베트남과 일련의 전쟁을 도발했다. 또한 중국은 1960년대에는 동남아시아 국가들에 대해, 1980년대에는 캄보디아에 대해, 그들 지역의 반란 주도세력을 지원했는데, 이러한 개입은 중국의 뿌리 깊은 중화사상(中華思想)에서 비롯된 것이라고 볼 수 있다.[29]

미국이 수행한 1991년 걸프전은 최첨단기술 전쟁이었다. 중국지도자들은 이 전쟁을 목격하고 현대전에 대응하기 위해 어떠한 전략을 발전시켜야 할 것인가를 심각하게 고심하게 되었다. 1997년 덩샤오핑 사망 후 중국은 소위 '첨단방어전략'이라는 새로운 전략을 채택하였다. 중국은 이러한 전략개념을 구현하기 위해 고도의 경제성장을 바탕으로 국방예산을 획기적으로 증액하여, 육군의 신속대응능력, 해군의 대양작전 능력, 공군의 장거리작전 능력, 그리고 핵작전 능력을 향상하는데 주력하고 있다.

중국은 1997년 11월 제15기 공산당대회에서 삼보주(三步走: 발전 3단계) 전략을 국가발전목표로 설정했다. 이 전략은 2010년까지 2000년 기준 GDP를 배가시켜 사회주의 시장경제체제를 정착시키고, 공산당 창건 100주년이 되는 2020년까지 2010년의 GDP를 배가시키며, 건국 100주년이 되는 2050년까지 2020년의 GDP를 배가시켜 선진 사회주의 국가를 건설한다는 것이다.[30] 인민해방군은 현대전쟁에서는 첨단무기 시스템뿐만 아니라 군사기술혁신(Revolution in Military Affairs: RMA)도 절실히 요구된다는 사실을 깨닫고 연구개발 투자도 확충해 오고 있다. 따라서 중국군은 경제건설을 적극 지원하고, 발전된 경제력을 바탕으로 군사력을 건설한다는 논리를 설정해 놓고 있다.

---

29) Allen S. Whiting, *China Crosses The Yalu*, New York: The Macmillan Company, 1960, p. 2.

30) 김순수, 『중국의 대북한 군사협력』(서울: 황금알, 2006), p. 51.

마오 통치기간의 중국해군

마오쩌둥의 전쟁 독트린은 주로 인민의 동원이 핵심인 지상군에 기반을 둔 방어전략이었다. 마오는 국민당 및 일본과 전쟁을 치르는 동안 주로 게릴라식 전술을 사용했기 때문에 해전에 대한 경험은 거의 없었다. 1949년 10월 3일 인민해방군 제61사단 5대대는 국민당이 지배하고 있던 떵부(登步) 섬에 공격을 개시했다. 이 전투에서 인민해방군은 초반에 승리를 거두었음에도 불구하고 적이 바다를 통해 군수품을 증강하는 것을 막을 수 없어서 1,490명의 사상자를 내고 결국 퇴각했다. 같은 달 인민해방군 제10육군이 진먼섬(金門島)을 공격할 때 그들은 국민당 군대와의 수적 열세를 극복하기 위해 기습공격을 감행했다. 그러나 인민해방군은 이번에도 9,000명 이상의 사상자를 낸 후 대만 해군의 공격을 받고 후퇴했다.

그러나 인민해방군은 1950년 3월과 4월에 국민당으로부터 하이난(海南) 섬을 약 500명의 사상자만을 내고 빼앗을 수 있었다. 이 경우 인민해방군의 승리는 주로 지리적 요소 덕분이라고 할 수 있는데, 하이난섬이 중국 본토에서는 약 15해리, 대만에서는 거의 100해리 정도 떨어진 곳에 위치하고 있기 때문이다. 세 번의 수륙양면전쟁은 모두 '인민전쟁'이라는 전통적인 독트린을 사용하였고, 그 결과 인민해방군은 하이난 섬을 점령하긴 했지만 이 전쟁에서 약 1만1천명의 사상자를 냈다.

1950년대 초반 마오쩌둥은 베이징에 해군사령부를 설립하고, 모든 지역 해군들이 마오쩌둥의 죽마고우이자 인민해방군 육군 장교인 시아오찡광(蕭勁光) 해군사령관의 통제를 받도록 명했다. 당시 인민해방군 해군의 장비는 2차 세계대전 중에 건조된 30척의 상륙함정뿐이었고 대만의 해군보다 모든 면에서 열세였다. 마침내 1950년 인민해방군은 4,000대의 동력

선과 20만 명의 병력을 동원하여 대만을 침공할 계획을 세웠다.[31] 그러나 이 계획은 미국의 대만정책에 의해 좌절되었다. 트루먼 대통령은 한국전쟁이 발발하자 그 해 6월 27일 미국의 대만정책을 불간섭주의에서 적극적 보호정책으로 전환하였다. 당시 트루먼 대통령은 다음과 같이 언급했다.

> 공산군에 의한 대만 점령은 아시아-태평양지역과 이 지역에서 합법적이고 필요한 기능을 수행하는 미군의 안보에 직접적인 위협이 될 것이다. 따라서 본인은 제 7함대에 대만에 대한 어떤 공격도 막아 낼 것을 명한다. 동시에 본인은 대만정부도 중국 본토에 대한 모든 공중, 해상 작전을 중단할 것을 촉구한다.[32]

한국전쟁의 발발로 공산당 위협의 심각성을 깨달은 트루먼 행정부는 대만을 방어하기로 결정한 것이다. 그의 확고한 선언과 제7함대의 강력한 무력시위로 중국의 대만 침공 시도는 좌절되었다. 중국은 미국의 개입으로 자존심이 손상되었고, 대만을 편입하여 완전한 통일국가를 이루려는 의지도 수포로 돌아갔다. 미국에 비해 상대적으로 허약한 군사력, 특히 취약한 해군력으로 인해 중국은 좌절감을 맛보아야 했다. 그러나 미 제7함대의 지원을 등에 업은 대만으로부터의 끊임없는 해양도전은 중국해군이 발전하는 계기가 된 것도 사실이다.

중국 지도자들은 또한 한국전쟁 중 인천상륙작전으로 전세가 유엔군 측으로 유리하게 급선회하는 과정을 지켜보면서 해군의 중요성을 깨달았다.

---

31) Greg Austin, *China's Ocean Frontier*, St. Leonards, NSW: Allen & Unwin, 1998, p. 61.
32) Harry S. Truman, "Statement by the President on the Situation in Korea," in Public Papers of the President of the United States: Harry S. Truman, 1950, Washington D.C.: US Government Printing Office, 1965, p. 492.

그리하여 1950년대 중국은 소련으로부터 해군 고문관, 장비, 기술자를 제공받고 중·소우호동맹을 체결하였다. 중국 내 소련 해군고문관의 수가 1950년 500명에서 1953년에는 2,000명으로 증가했고, 그들은 거의 모든 중국해군 기지와 조선소에 배치되었다. 게다가 수많은 중국 해군장교들이 훈련을 받기 위해 소련 해군교육기관에 파견되었다.

당시 중국해군의 성장을 지원하는 소련의 의도는 매우 분명했다. 소련의 의도는 일면으로는 자국의 해군이 중국의 항구에서 군사활동의 자유를 획득하는 것이었고, 다른 한편으로는 중국해군에 대한 영향력을 행사하기 위함이었다. 사실 소련해군이 제공한 지원의 대가로 마오쩌둥은 뤼순(旅順)항을 1952년까지 소련군으로 하여금 그들의 해군전초기지로 사용해도 좋다는데 동의했다. 하여튼 중국은 1950년대 소련의 지원에 힘입어 해군 장비나 독트린 면에서 이름뿐이던 중국해군을 실질적인 해군으로 발전시킬 수 있었다.

중국-소련 해군 협조

1957년 중국해군의 초대사령관인 시아오찡광이 중국과 소련 간의 해군 협력을 위한 협상을 위해 모스크바를 방문했다. 그 방문의 결과로 1959년 2월 중국-소련 해군신기술협정이 체결되었고, 이 협정을 통해 소련은 중국 해군에게 디젤 미사일잠수함, 중형 어뢰정, 대형 및 소형 미사일함과 수중익선(水中翼船: 선체 밑에 날개가 설치되어, 선체를 수면에서 띄우도록 만들어진 배) 등 다섯 종류의 함정을 판매했다.

그러나 1960년 봄, 소련과의 국경분쟁이 있은 후에 중국 중앙군사위원회는 기존의 소련 장비와 부품을 사용하여 자체적으로 골프급(디젤추진 미사일탑재잠수함)과 로메오급(디젤추진 잠수함) 잠수함을 조립생산하기로 하고 따리엔(大連)과 후앙푸(黃浦) 조선소를 확대 개편했다. 뿐만 아니라 첫 번째 로메오급 잠수함을 1964년 10월 지앙난(江南) 조선소에서 건조하였다. 중국해군은 같은 해 첫 하이난(海南)급 잠수함 추적함을 후앙푸에서 진수하였다. 195피트의 이 하이난급 잠수함은 그 후 20년 동안 중국의 대잠수함 작전의 주력함이 되었다.

당시 중국이 해군을 증강한 주요 동기는 소련의 잠재적 해상위협과, 타국과 분쟁 중에 있는 섬에 대한 영유권을 보호하고, 무역항로를 안전하게 지키기 위함이었다. 또한 중국 근해에서의 석유 및 천연가스 탐사활동도 중국으로 하여금 강력한 해군을 갖도록 만들었다. 그러나 해군의 중요성이 완전히 인식된 시기는 1960년대 중반부터 린뱌오(林彪)가 국방부장으로 재직하면서 12척의 구축함, 50척의 잠수함, 200척의 어뢰정 및 525척의 경비정을 포함해 800척 이상의 함정을 보유함으로써 비롯되었다.

1971년 린뱌오의 사망으로 해군 예산은 현저하게 감소되었고, 설상가상으로 마오쩌둥의 측근들은 해군개발계획에 제동을 걸었다. 1972년 4인방의 한 사람인 장춘치아오(張春橋)는 중국은 대륙의 강국이며 어떠한 목표물도 적중시킬 수 있는 첨단유도미사일을 보유하고 있기 때문에 해군을 증강하는 것은 예산의 낭비이자 마오쩌둥의 오랜 신조인 육군주도의 군 구조에도 상반된다고 주장했다.

해군력의 중요성에 반하는 이러한 주장은 1974년 서사군도(西沙群島: Paracel) 섬에 대해 남부 베트남 해군과 중국의 남해함대가 교전을 치른 후 근시안적인 발상임이 드러났다. 중국해군은 베트남 프리깃함을 침몰시켰고 49명을 포로로 사로잡았으며 서사군도도 점령했다. 서사군도 점령 이후 중국은 바로 이 전쟁을 '해상에서의 마오쩌둥의 인민전쟁의 승리'라고 선전했다. 왜냐하면 중국해군은 소총과 수류탄 공격으로 베트남 군대를 격파할 수 있었기 때문이었다. 1976년 9월 마오쩌둥이 사망했고, 그의 사망 직후 4인방은 숙청되었으며, 해군 현대화프로그램의 길이 열리는 듯했으나 마오쩌둥의 '인민전쟁' 독트린은 1980년대 초반까지 마오쩌둥의 이론을 전폭적으로 지지했던 대부분의 군사 지도자들의 정신에 깊이 각인되어 있었다.

덩샤오핑 이후의 해양전략

1970년대에 중국해군은 육지에 기지를 둔 레이더 범위 내에서(해안선에서 약 50해리) 해안선을 수호하는 임무를 수행했다. 그러나 1970년대 후반부터 덩샤오핑은 소련해군의 베트남 캄란만(Cam Ranh Bay) 주둔, 소련 항공모함 민스크(Minsk) 및 잠수함 등의 중국지역 감시활동에 대해 깊이 우려했다. 중국은 또한 베트남 해군에 대한 소련의 각종 함정지원도 예의 주시하였다. 이러한 해양도전들이 중국의 지도자들로 하여금 해군을 강화하도록 자극했다.

리우후아칭(劉華淸) 제독이 1982년 해군 총사령관으로 부임했을 때 중국해군은 새로운 전기를 마련하게 되었다. 취임 직후 리우 제독은 중국의 경제적 현대화를 지원하기 위해서는 자국의 해군이 태평양지역에서 주요 해상강국으로 성장해야만 하며, 그렇지 않을 경우 중국해군은 다시 역사의 뒤안길로 사라지는 운명에 놓일 것이라고 경고했다.[33] 리우 제독은 1982

33) Jun Zhan, "China Goes to the Blue Waters", *Strategic Studies*, vol. 17, no. 3, (September 1994), p. 190.

년 새로운 해군 독트린인 '해양방어전략'을 발표했다. 그는 가까운 장래에 중국 근해에 대한 외국의 대규모 해상공격이 일어날 가능성이 희박함으로, 중국해군은 중국의 근해를 훨씬 넘어서는 장거리 전투력 투사능력을 확보해야 한다고 주장했다.

1980년대 초반이 되어서야 중국해군은 핵잠수함을 도입하게 되었는데, 이를 계기로 그들은 아시아-태평양지역에서 해양 강대국 중 하나로 부상하기 시작했다. 1983년 중국해군은 최초로 핵추진잠수함을 선보임으로써 동아시아 해역에서 강력한 해군력을 보유한 국가로 자리매김했다. 1950년대 소련의 보로실로프(Voroshilov) 해군사관학교에서 교육받은 바 있는 리우 제독은 1982년부터 1988년까지 중국해군 총사령관에 재직하면서 다음과 같이 중국의 대양해군전략을 정립했다.

> 첫째, 북으로는 블라디보스토크, 남으로는 말라카해협, 동으로는 서태평양의 여러 군도를 연하는 선까지 해군함대의 장거리 작전수행능력을 갖춘다. 둘째, 중국해군의 전투력투사 능력을 관련 국가들과 분쟁의 소지가 있는 남사군도(Spratly Islands)까지 확대한다. 이 지역에서 해군은 필요시 분쟁도서를 점령하고, 해상수송로를 보호하거나 봉쇄하는 임무를 수행한다. 셋째, 중국해군은 세계열강 국가들의 해상도전에 대해 억지력 확보를 목표로 한다.[34]

리우 제독은 또한 두 개의 해군연구소를 설립했고 연구자들이 다양한 연구프로젝트를 수행하도록 독려했다. 그는 연구자들의 제안에 따라 21세

34) You Ji, "The PLA's Military Modernization in the 1990s", in Stuart Harris and Gary Klintworth, eds., *China as a Great Power*, New York: St. Martin's Press, 1995. p. 247.

기형 해군을 위한 3단계 발전계획을 수립했다. 그 발전계획에 따르면, "현재부터 2019년까지 중국해군은 대규모 해상전투함 및 핵공격 잠수함을 갖추어 중국 영해를 보호하기 위한 핵심전력이 되도록 하며, 2019년에서 2039년까지 중국은 두세 척의 경항공모함을 진수시켜 서태평양에서 해군 강국이 되어야 하고, 2040년부터 계속해서 중국해군은 미 해군처럼 막강한 해양세력으로 성장해야 한다"고 강조했다.[35] 이러한 리우 제독의 장기 발전계획은 중국해군 발전의 중추가 되었다.

덩샤오핑과 그의 동료들은 과거 굴욕의 세기가 주로 허약한 군사력, 특히 취약한 해군력에 기인했다는 사실을 너무나 잘 알고 있었다. 따라서 이들은 인민해방육군을 최첨단 무기와 장비를 갖춘 세계적 수준의 육군으로 성장시키는 한편, 중국해군을 소련과 미국의 해군에 대항할 수 있는 전력을 갖춘 대양해군으로 발전시켜야 한다고 생각했다. 중국은 1980년대 해군사령관 리우후아칭(劉華淸)이 '적극적 방어전략'을 해군에 적용하여 '근해방어전략'으로 명명하고, 미래 중국의 영토와 국가이익을 사수하기 위해 〈도해 4-3〉에서와 같이 제1도련선(島連線: Island Chain)과 제2도련선을 설정하였다.

제1도련선은 쿠릴 열도, 오키나와 제도, 대만, 필리핀, 인도네시아 열도까지 연결한 선으로 동아시아의 주변국들과 마찰 요소를 모두 포함하고 있는 해상방어선이며, 제2도련선은 오키나와 동쪽섬인 보닌 제도, 사이판, 괌, 캐롤라인 제도를 연결하는 선으로 미 해군이 중시하는 서태평양 작전지역과 중첩되는 지역이다. 1980년대와 1990년대 기간에 중국은 구

35) ShiJie Ribao Staff Reporter, "Asian Neighbours are Nervous about Beijing's Sea Expansion", ShiJie Ribao, 5 August 1992.

〈도해 4-3〉 리우후아칭 해군사령관의 제1 및 제2도련선

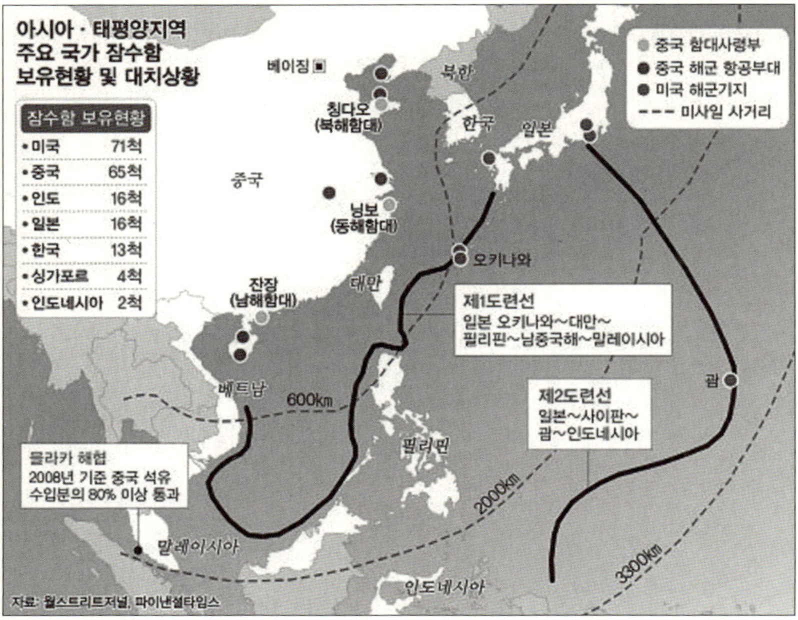

출처: 주춘렬, "中 대대적 잠수함 증강", (세계일보, 2011.11.30)

소련의 붕괴와 미국의 초강대국 부상에 따라 자국의 경제성장을 뒷받침하기 위한 해상무역로의 안전한 방호를 위해 본격적으로 해군력 증강에 박차를 가하게 된 것이다.[36]

36) 차도회, 『동아시아 미중 해양패권 쟁탈전』(경기 성남: 북코리아, 2012), pp. 109-110.

4. 탈냉전 후 중국해군

21세기 중국해군의 전략

중국해군이 1949년 4월 23일 공식적으로 창군될 때 해군의 장비는 183척의 소형 선박이 전부였다. 당시 해군의 전략도 지상군을 보조하는 연안방어 수준이었다. 또한 1949년 창설 이후 30년간 육군 장군이 해군사령관 직책을 수행해왔다. 그러다가 1980년대 중반에 리우후아칭 해군사령관이 '근해방어(Cffshore Defense)' 개념을 도입한 이래 종래의 '연안방어위주'의 해군작전개념으로부터 '근해방어전략'을 채택하게 되었다. 한편 1991년 걸프전을 계기로 중국해군은 전면전보다는 제한전쟁과 첨단 군사기술의 중요성을 인식하고 '적극적 근해방어전략'을 발전시켜 왔다. 이 독트린은 육군보다는 해 · 공군의 전력증강에 비중을 둔 것으로, 이 과정에서 해군의 예산을 확충하였다.[37]

1993년 장쩌민이 '새로운 시대를 위한 군사전략지침'을 발표하면서 해군은 중국군의 전략군으로서의 위상이 증대되었다. 당시 중국은 동남해안을 연하는 지역에서 분쟁이 일어날 것으로 판단했다. 이러한 판단은 주변의 안보 현안, 즉 대만의 국내정치 동향, 소련의 붕괴, 해양영유권 분쟁 증가, 해양 무역 의존성 증가 때문이라고 할 수 있다. 장쩌민의 군사전략지침 발표 이후 중국 해군의 핵심전략이 '대륙방어'에서 '해양경제 권익 수호'라는 역할로 조정되었다.[38] 한편 미군의 코소보 사태(1999년)와 아프

---

37) 반길주 *op. cit.*, p. 348.

38) 한국해양전략연구소, 『중국 해군의 증강과 한 · 미 해군 협력』(서울: 한국해양전략연구소, 2009), pp. 23-24.

가니스탄 사태(2001~2002) 이후인 2002년에는 중국의 군사전략이 기존의 '첨단기술 조건하의 국지전쟁'에서 '정보화 조건 하의 국지전쟁'으로 조정되었다.

중국은 1990년대에 들어서면서 적극적으로 동아시아 지역패권 정책을 추구하며 외교적으로 주변국 다자주의 정책을 추구하기 시작했다. 1994년에는 아시안지역포럼(ARF: ASEAN Regional Forum), 1996년에는 상하이 협력기구(SCO: Shanghai Cooperation Organization)의 모태가 된 러시아-카자흐스탄-타지키스탄-키르기스스탄과의 '상하이 5국 협력기구'를 주도적으로 조직했다. 또한 중국은 1994년 유엔해양법협약 발효에 대비하여 1992년 자체적으로 영해 및 접속수역에 관한 해양법을 선포하고, 1998년에는 배타적경제수역 및 대륙붕에 관한 법률을 제정하여 동 · 남중국해 해역 대부분이 자신들의 통제권에 속한다는 법률을 제정한 바 있다.

한편 1991년부터 2000년도까지 중국의 해양전략은 그들의 경제발전과 필요한 자원 확보, 국격에 맞는 해양력을 견지하기 위해 다소 공격적인 해양전략을 다진 것으로 평가할 수 있다. 2002년 12월 장쩌민은 중앙군사위원회 확대회의에서 중국군이 지향해야 할 군 현대화 역점을 다음의 네 가지로 제시하였다.[39] 그 내용은 첫째, 정보화된 무기체계 및 장비 확보, 둘째, 비접촉 및 비선형 전투능력 배양, 셋째, 작전 플랫폼(operational platforms), 무기체계, 정보, 정찰, 통제, 병참지원체계의 구축, 넷째, 우주의 전략장소화로의 이용 등이었다.

2004년 12월에 동남아시아에 쓰나미 재난이 발생했을 때 미국, 일본,

39) 한국해양전략연구소, *op. cit.*, pp. 25-26.

싱가포르, 호주 및 뉴질랜드가 해군부대를 파견하여 구조 활동을 펼쳤으나, 중국은 군사적 수단을 동원한 구조활동에 소극적이었다. 이때 중국 지도부에서는 미 해군의 인도적 지원 작전은 이라크 전쟁으로 인한 부정적 이미지를 다소나마 해소하는데 도움을 주었다고 판단하고 중국 해군도 이러한 소프트파워 전략을 배워야 한다는 자성의 목소리가 나왔다.[40] 이때부터 중국 정치지도자들은 공공외교 활동을 확대하여 명나라의 정화 제독과 같은 항해 개척자를 평화적인 원정가로 미화시킴으로써 중국의 해양진출을 우려하는 주변 국가들에게 우호적인 이미지를 고양해야 한다고 생각하게 된 것이다.

2004년 판 '중국국방백서'에서는 육군중심주의에서 탈피하여 해공군을 늘리고 핵무기와 장거리미사일의 전력을 강화하는데 주안을 두었다. 이 백서에서는 '해양권익 수호'라는 표현을 써서 중국해군은 근해를 넘어 주변해역까지 해양력 투사를 기하겠다는 의지를 분명히 했다. 후진타오의 지침에 따라 2007년 중국 해군사령관 우성리(吳勝利)와 정치위원 후얀린(胡彦林)은 해군의 구체적인 임무로 네 가지를 제시하였다.[41] 첫째로 정상적인 조업활동, 해양자원 개발, 해양측량과 과학조사를 위한 안전보장, 둘째로 해상교통로의 안전보장, 셋째로 인접해역, 대륙붕, 배타적경제수역에 대한 관할권 수호, 넷째로 해양권익에 대한 효과적인 보호 제공을 임무로 규정하였다.

중국 국방부장 량광례(梁光烈)는 2011년 6월 제10차 아시아연례안보회

40) 윤석준, *op. cit.*, p. 236.
41) 한국해양전략연구소, *op. cit.*, p. 35.

의에서 21세기 중국 국방정책의 기조를 다음과 같이 발표했다.[42] 첫째, 아시아-태평양 각국은 아시아 정신을 통해 상호 핵심이익과 주요 관심사에 대해 참여하고, 둘째, 각국은 상호이해와 전략적 의도를 이해해 나가야 하며, 셋째, 각국은 제3국과의 대립을 조장하는 동맹을 금지해야 한다고 주장했다. 이는 동아시아와 서태평양에서 미국을 중심으로 한 미국의 동맹체제와 미국의 우방국 관계를 견제하고 앞으로 제3국과 대립하기 위해 새로운 동맹체제의 구축도 있어서는 안 된다는 것으로 해석할 수 있다.

중국 국방백서에 나타난 해양전략

경제력의 증대와 함께 중국은 이미 G2의 반열에 올라섰으며, 아태지역에서 미국과의 해양통제권 경쟁에 뛰어들었다. 중국의 궁극적인 해양전략의 목표는 남중국해를 넘어 서태평양과 인도양까지 진출함으로써 자국의 해양영향권을 확대하려고 하고 있다. 중국은 댜오위다오(일본 이름 센카쿠) 제도를 놓고 일본과 첨예하게 대립하고 있다. 2012년 9월 초에 도쿄 지사가 센카쿠 5개 섬 중 3개를 일본의 개인 소유주로부터 매입하자 중국은 이에 항의하고, 그 해 9월 25일 발행한 국방백서에 '댜오위다오는 중국 고유의 영토'라고 명시하였다. 그 해 12월 중국은 동중국해에서 분쟁 중에 있는 섬들을 자기의 대륙붕에 포함하는 문서를 유엔대륙붕한계위원회에 제출했다.[43] 또한 중국은 천안함 폭침사건으로 인하여 미항모가 한미 연합훈련 목적으로 서해안에 진입하려고 하자 서해에 대한 중국의 독자적

4 2) 차도회, *op. cit.*, p. 122.
4 3) Office of the Secretary of Defense, "Annual Report to Congress", *op. cit.*, p. 4.

해상통제권을 주장한 바도 있다.[44]

중국의 최초 항공모함 랴오닝호 진수

항공모함을 보유하고자 하는 중국지도자의 열망은 대단했다. 전 세계를 대상으로 작전을 펼 수 있는 항공모함이야말로 모든 국가의 해군이 보유하기를 염원하는 전략무기이기 때문이다. 중국은 1985년 호주로부터 퇴역한 항공모함 멜버른(Melbourne)을 구입하여 항공모함 설계상의 특징을 연구했고, 1998년 3월에는 마카오에 있는 한 회사가 우크라이나로부터 미완성된 항공모함 바랴크(Varyag)를 구입했다. 그 뒤 2000년 8월에는 티엔진(天津)에 있는 티엔마선박해체(Tianma Shipbreaking)회사는 러시아 해군에 840만 달러를 지불하고 퇴역 항공모함 키예프(Kiev)를 구입했으며, 2000년 9월 중국은 한국이 1995년 해상호텔로 개조하려고 러시아로부터 구입한 민스크 항공모함을 5백만 달러를 지불하고 구입했다. 이렇듯 중국은 해군을 현대화하여 남지나해와 세계의 관심지역에 군사력을 투사하기 위해 오랫동안 항공모함을 보유하기 위한 노력을 경주해왔다.

중국은 우크라이나로부터 구입한 바랴크(Varyag) 항공모함을 2002년부터 2011년까지 다롄항에서 개조작업을 끝내고 2012년 9월 25일 중국해군 1호 항공모함 랴오닝호를 진수한 후 2013년 2월 칭따오에 있는 북해함대에 편입하였다(도해 4-4 참조).[45] 이 항모는 배수톤 6만 톤이며, 각종 항공기 30여대를 적재할 수 있다. 미국의 니미츠급 항모가 9만7천 톤에

44) 정철호, 『미국과 중국의 동아시아 해양전략과 한국의 해양안보』(경기 성남: 세종연구소, 2012), p. 64.

45) Office of the Secretary of Defense, "Annual Report to Congress", *op. cit.*, pp. 65-66.

60~80여 대의 항공기를 탑재하고 있는 것과 비교하면 전력 면에서 미국 항공모함의 절반 수준이라고 볼 수 있다.

〈도해 4-4〉 중국 항공모함 랴오닝호

출처: http://malaysiaflyingherald.files.wordpress.com/2013/04/china-cv-16-liaoning-aircraft-carrier-pla-navy-j-15-flying-shark-takeoff-2.jpg (인터넷 검색: 2013.12.02)

중국은 상하이 조선소에서 자체의 기술로 제2의 항공모함을 건조하고 있는데, 이는 랴오닝보다 크고 함재기도 더 많이 탑재할 것으로 보이며, 대략 2020년 전후에 진수될 전망이다.[46] 중국은 항공모함에 탑재하기 위해 러시아로부터 50대의 Su-33 구매 협상을 진행했지만 여의치 않자 자체 기술로 Su-33과 유사한 J-15를 개발하였으며, 머지않아 미국의 F-35와 유사한 스텔스 항공기 J-31을 자체 개발할 것이라고 한다.[47] 대

46) Ronald O'Rourke, "China Naval Modernization: Implications for U.S. Navy Capabilities-Background and Issues for Congress"(Congress Research Service, July 5, 2013), pp. 20-21.

47) "J-31 May become China's Next Generation Carrier-Borne Fighter Jet," (*Global Times*, March 6, 2013).

〈도표 4-4〉 중국해군의 주요 함대 및 해군 항공기

종류	급	배수(톤)	재고 (2004/2010/2012)
항공모함	랴오닝	45,000	0/1/1
구축함 항조우 구축함 051-052형	소브레메니 (Sovremenny)* 뤼하이(Luhai)	8,840 6,600	3/4/4 1/5/7
프리깃함 054형 053형	지앙카이(Jiangkai) I&II 지앙웨이(Jiangwei) I&II	3,000 2,250	0/3/4 2/6/10
잠수함 093형 킬로 039형	Shang-class SSN Kilo-class Song-class	6,500 2,325 2,250	0/4/5 11/12/12 2/5/16
해군 항공기	공격		25/100/194

출처: 1. Federation of American Scientists, People's Liberation Army Navy http:www.oni.navy.mil (인터넷검색: 2011.05.01),
2. 대한민국 국방부, 2006 국방백서, 2006.12.29, p. 13.
3. The Military Balance 2012, IISS, March 2012.

만은 중국 본토 기지의 전투기에서 충분히 공격이 가능한 거리에 있기 때문에 굳이 대만 병합을 위해 중국이 항모를 개발하지는 않았을 것이다. 중국은 이 항모가 현 단계에서 미국 항모와 대등한 전투를 벌일 수준이 되지 못하다는 것을 잘 알고 있기 때문에 미국과의 전투를 상정하기 보다는 당분간 인도적 지원이나, 구제활동, 대해적활동 등에 활용함으로써 군사대국으로서의 위용을 과시하기 위한 것으로 보인다.

중국은 2020년까지 700척의 해군 함정을 확보할 것으로 보이며, 여기에는 2011년 진수된 항공모함 랴오닝을 비롯하여 핵잠수함, 신형 전함, 052D 루양 3-class 구축함 등이 포함될 것이다.[48] 2012년 초 중국해군의 주요 무기 및 해군 항공기 제원은 〈도표 4-4〉와 같다.

48) Lt. Cmdr. Jeff W. Benson, USN, "China's 700 ship navy", US Naval Institute, November 14, 2012.

중국군 전력 구조

인민해방군은 전략미사일군, 육군, 해군, 해병대, 공군 및 준군사부대(중국 공안경찰: 130만 명)로 이루어져 있다. 중국의 해군은 25만 5천명의 병력에 71척의 잠수함, 13척의 구축함, 65척의 프리깃, 211척의 해안초계함, 73척의 소해함, 87척의 상륙함, 205척의 지원함, 2개 해병여단(해안지역의 3개 육군 사단도 필요시 수륙양면작전 수행 가능), 그리고 311대의 전투기와 126대의 헬기를 갖춘 해군 항공대로 이루어져 있다.[49]

중국은 잠수함 전력에 우선권을 두고 Jin-class 핵추진잠수함(SSBN)의 건조에 박차를 가하고 있다. 현재 3척의 Jin-class SSBN(Type 094)을 운영하고 있는데 추가로 두 척을 더 장비할 것으로 보이며, 2020년대에는 차세대 SSBN(Type 096)을 장비할 예정이다. 이 Jin-class SSBN은 JL-2 잠수함발사탄도탄을 장비하고 있는데, 그 사거리는 약 7,400km이다. 이는 중국 해군의 해저 핵무기발사 잠수함이기도 하다. 또한 중국은 핵추진공격형잠수함(SSN) 전력도 강화하고 있다. 현재 두 척의 Shang-class SSN(Type-093)을 장비하고 있으며 추가로 4척을 건조 중에 있다. 중국 해군은 2020년대에는 유도미사일공격잠수함(SSGN, Type-095)을 장비할 것으로 보이는데, 이 잠수함은 어뢰와 대함 크루즈미사일을 탑재하여 적의 함정을 공격하는 임무를 수행하게 될 것이다. 그 외에도 중국해군은 K-class 잠수함 12척, Ming-class 잠수함 20척, Song-class 잠수함 16척, Yuan-class 잠수함 4척 등을 보유하고 있다.

---

49) IISS, "The Military Balance 2012", *IISS*, March 2012, pp. 235-237.

〈도해 4-5〉 중국해군 북 · 동 · 남해함대 사령부

출처: 부승찬 번역, "대만과 분쟁 없어도 중국 해군력 증강은 이어진다", 주간동아, 2012.04.09.

중국해군 편성

중국의 해군은 북해함대, 동해함대 및 남해함대로 이루어져 있다(도해 4-5 참조). 북해함대는 칭다오(青島)에 위치하여 황해와 보하이해(渤海)의 방어 및 안보를 책임지고 있으며, 이 함대는 중국이 가장 중요한 해양지역으로 여기고 있는 곳에 위치하고 있다. 왜냐하면 황해와 보하이해는 수도 베이징을 지키는 관문에 위치하고 있기 때문이다. 청나라 말기에 이 지역은 중국, 일본 그리고 러시아 간 주요해전이 있었던 곳이다. 또한 최대 규모의 지상 전투부대와 핵잠수함의 본거지인 북해함대는 러시아와 일본의 잠재적 도전과 한반도의 불안정한 상황 등을 상정해 중국해군에서 가

장 중요한 함대로 알려져 있다.

동해함대는 닝보(寧波)에 있으며 책임영역은 난징 군사지역, 황해 남부 해안지역, 동중국해, 그리고 대만 해협까지를 포함한다.[50] 중국의 궁극적인 국가목표가 대만과의 재통합이라는 점을 감안해 볼 때 동해함대는 전략적으로 매우 중요한 의미를 지니고 있다. 중국과 대만 간에 해양 분쟁이 있었던 때에 이 지역은 주요 해전이 치러진 지역이었다. 만약 중국이 대만을 무력으로 점령한다면 동해함대는 그 작전에서 대단히 중요한 역할을 담당하게 될 것이다.

남해함대는 잔지앙(湛江)에 있으며 남지나해 지역을 담당하고 있다. 이 함대는 중국 해병대의 본거지이며, 영유권 논란이 되고 있는 섬들을 통제하고 있기 때문에 그 중요성은 점점 증대되고 있다. 이 지역의 전략적 중요성이 큰 이유는 미국과 동아시아 국가들이 전투력 투사 및 국제무역 항로로 이 지역을 매우 중요하게 인식하고 있기 때문이다. 이들 세 함대의 군 구조와 배치에 대한 중국의 전략 여하에 따라 아시아 태평양지역의 안보환경도 크게 영향을 받게 될 것이다. 세 함대 간의 지리적 근접성을 고려해 볼 때 각 함대의 전력구조는 상황변화에 따라 융통성 있게 조정할 수 있을 것이다. 또한 남해함대에는 중국의 차세대 이지스함인 052D형 미사일 구축함 4척이 배치될 예정인데, 이 구축함은 64발의 대함, 대공, 대잠 미사일을 장착할 수 있다고 한다.

2009년 중국해군 창설 60주년 기념 국제관함식에 참가한 29개국 해군 수뇌부 앞에서 해군사령관 우성리 제독은 정화 제독의 정신이 현재 중국

50) Bernard D. Cole, *The Great Wall at Sea*, Annapolis: Naval Institute Press, 2001, p. 83.

해군의 인도양 파견에 그대로 전수되고 있다고 강조하면서, 그 예로 정화 제독은 그가 방문한 30여 개 국가와 평등조약을 채결하고 한 치의 땅도 약탈하지 않았으며, 1명의 노예도 데려오지 않았다는 점을 들었다. 정화 제독의 항해단은 중국의 차, 비단, 도자기, 선진 기술을 전수하고 인근 해적을 소탕함으로써 방문한 국가들로부터 신뢰를 샀으며 서로가 평등한 교역을 할 수 있었다고 역설하였다.[51]

중국 해군은 향후 10년 이내에 현재 네 척의 094형 미사일잠수함 선단에서 2척의 094형과 8척의 096형 잠수함을 편제할 것으로 보이며, 이들 잠수함은 각각 JL-3 다탄두 미사일 24발씩을 적재하게 될 것이라고 한다.[52] 이는 미국과 일본 및 한국이 발전시키고 있는 전구미사일방어체계(TMD: Theater Missile Defense)에 대비한 포석으로 보인다. 미국도 괌에 2015년까지 핵잠수함 네 척을 전개할 것이라고 미 국방차관 애쉬튼 카터는 2013년 4월 천명한 바 있다.

중국의 군사력 강화는 시진핑(習近平) 주석이 취임한 후 더욱 가속화되고 있다. 그는 취임 후 1년 동안 군부대를 무려 11차례나 방문하여, '언제든 싸울 수 있고 싸우면 이기는 군대'가 될 것을 주문했다. 시 주석은 2014년 1월 10일 핵무기 개발에 탁월한 공로를 세운 원로 핵물리학자 청카이자(程開甲)에게 '2013년 국가최고과학기술상'을 직접 수여한 바 있다. 중국 매체들은 1월 14일 중국이 둥펑(東風)-21D로 추정되는 극초음속 미사일 시험 발사를 했다고 보도했다. '항공모함 킬러'란 별명의 이 미사일 사거리는 3,100㎞로 알려졌다. 이는 중국이 남중국해로 진입하는 외국 어

51) 윤석준, *op. cit.*, pp. 252-253.
52) *Ibid.*

선들에 대해 사전에 허가를 받을 것을 요구하는 새 조례가 지난 1월 1일 발효된 뒤 국제 사회의 반발이 커지고 있는 데에 따른 강경 대응조치로 풀이된다.

중국의 해군 현대화와 해양전략의 지향 목표는 유사시 무력으로 대만을 병합하고, 분쟁 중인 동 · 남중국해의 영토를 수호하며, 서태평양에서의 미 해군의 위협을 제거하고, 미국에 버금가는 군사 강국의 지위를 확보하는 것이라고 볼 수 있다. 이를 위해 중국은 연간 7% 이상의 성장률을 유지하기 위한 경제정책을 발전시키고, 국방비의 지속적 증액으로 첨단 무기 및 장비의 개발을 가속화하며, 아시아-태평양은 물론, 중동과 아프리카, 그리고 중남미 국가들과의 유대를 강화하여 그들의 해군기지를 전 지구적으로 확대해 나가려 할 것이다.

제5장
미국의 해양전략

1. 개요

오늘날 미 해군이 세계 최강의 해군으로 발전하는 데는 시어도어 루스벨트(Theodore Roosevelt)와 알프레드 마한(Alfred Mahan)의 해양전략 사상이 크게 기여했다고 볼 수 있다. 근대 해양전략의 근간은 서양의 대표적인 해양전략 이론가 알프레드 마한 제독과 줄리안 코르벳(Julian S. Corbett) 등에 의하여 형성되었다. 마한 제독은 1890년 그의 저서『해양력이 1600~1783년 간 역사에 미치는 영향(The Influence of Sea Power Upon History, 1600~1783)』을 통해 해양장악을 위한 제해권을 강조하며 대양해군을 주창한 반면, 코르벳은 1911년 그의 저서『해양전략의 원칙(Some Principles of Maritime Strategy)』에서 연안해군 전략론을 주창하였다.

마한은 전통적인 해운통상을 파괴하는 것보다 적의 항구 봉쇄와 파괴를 통해 적의 전쟁수행능력을 결정적으로 파괴할 수 있으므로 제해권을 확보해야 한다고 주장하며 클라우제비츠의 전략사상과 맥을 같이하는 대전략(grand strategy)에 근접한 이론을 제시하였다. 결과적으로 마한이 주창한 대양해군전략 이론은 미국이 과거 영국의 해양패권시절을 재현하기 위한 군사이론으로 미 해군이 오늘날 대양해군으로 발전하는데 동기 부여를 했다고 볼 수 있다.[1)]

기본적으로 마한은 모든 인류가 공유하는 공동자산인 해양을 통한 교류를 전략적, 정치적, 그리고 경제적 발전을 추구하는 주요 수단으로 보고,

---

1) 정철호,『미국과 중국의 동아시아 해양전략과 한국의 해양안보』(경기 성남: 세종연구소, 2012), p. 12.

해양력 개념을 해상교통로 확보와 보호에 있다고 주장하였다.[2] 마한에 의하면 해군력 준비는 해양전략의 핵심이며, 해양발전의 최종 국면이라는 것이다. 그는 해양전략의 핵심을 군사적 수단인 해군력에 의해 보장되는 정치적 영향으로 발현되는 해상교역으로 보았으며, 이러한 교역을 보장받기 위해서는 상업적, 외교적, 군사적 영향력이 복합적으로 작용되어야 한다고 보았다.[3]

해양에서의 경제적, 전략적, 그리고 군사적 논리가 융합된 마한의 해양력 이론은 근본적으로 자유로운 접근을 기본적 목표로 하고 있다. 이는 미국이 왜 군사력을 중국과 그 인접 해양에 투사하려고 하는가와 밀접하게 연관되어 있다. 이에 따라 중국은 미 해군이 중국 근해와 동아시아 해역에 접근하는 것을 당연히 차단하여야 한다고 인식하고 있다. 반면에 미국은 자국은 물론 중국의 경제발전과 국가안정을 위해서도 이 지역에서 자유로운 항해는 매우 중요하며, 이를 위해 미 해군이 동아시아 해양에 전개되어야 한다고 주장함으로써 미국과 중국은 이 점에서 이익의 상충이 발생하고 있는 것이다.

1901년 시어도어 루스벨트는 미국의 제26대 대통령으로 취임하였다. 루스벨트는 그가 하버드대 재학생 시절인 1882년 24세 때 『1812년 미국의 해군전쟁』을 저술하는 등 해군력 필요성을 인식하고, 마한과 함께 미국의 해군력 증강 필요성을 공감하고 있던 지도자로서, 그는 대통령에 취임하

---

2) Alfred Thayer Mahan, The Influence of Sea Power upon History, 1660-1783(Reprinted in New York: Dover, 1987), p. 25.

3) 토시 요시하라, 제임스 홈즈 저, 윤석준 역, 『태평양의 붉은 별』(서울: 한국해양전략연구소, 2012), p. 17.

자마자 마한 제독 논지에 따라 해군력 건설을 추진하였다.[4] 루스벨트 대통령은 1903년 전함 건조계획, 즉 '매년 한 척의 전함 건설계획'을 수립하고 의회의 승인을 받아 대서양과 태평양에서 미국의 해양력 확대가 가능하도록 미 해군을 발전시키는 전기를 마련했다. 루스벨트는 미 해군을 군사력은 물론 외교력으로 활용할 줄 아는 당대의 가장 영향력 있는 해군 전략가 중의 한 사람이었다. 그는 1880년대 초반부터 1919년 죽을 때까지 꾸준하게 해군에 대해 연구함으로써 오늘날의 미 해군을 있게 한 장본인이었다. 그의 해군 이론은 해군제독 스티픈 루이스와 해군대령 알프레드 마한 대령에게 영향을 미쳤으며, 이 세 사람은 미 해군이 대양해군으로 발전하는데 공헌한 인물들이었다.[5]

1898년 미국-스페인 전쟁(Spanish-American War)이 선포되자 시어도어 루스벨트는 돌연 해군성 차관보 직을 사퇴하고 '러프라이더 연대(Rough Riders)'라는 별명을 가진 의용기병대를 조직했다. 러프라이더는 그가 지휘한 미국 역사상 최초로 지원병으로 구성된 기병특수부대였다(도해 5-1 참조). 그는 기병대 연대장으로 이 부대를 이끌고 쿠바로 건너가 케틀힐 전투에서 대승을 거두었다. 다른 상류층 인사들은 자신의 아들들을 전쟁터로 내보내지 않으려고 했지만 그는 전쟁터에 아들과 함께 출전하여 그의 아들은 전사하기까지 했다. 그의 과감한 공격정신과 애국심에 힘입어 미 해군은 쿠바, 괌, 그리고 필리핀에 대한 공격을 감행한 후에 이들 지역을 점령해 버렸다. 당시 그의 용기와 애국심은 미국 국민들에게 큰 감명을 주

4) 윤석준, 『해양전략과 국가발전』(서울: 한국해양전략연구소, 2010), p. 194.
5) "The Naval Strategist", Theodore Roosevelt Association(인터넷 검색: 2013.12.20). www.theodoreroosevelt.org

〈도해 5-1〉 루스벨트가 참여한 러프라이더(Rough Riders)

출처: http://en.wikipedia.org/wiki/Rough_Riders(인터넷 검색: 2013.09.22)

었다.

그는 곧 전쟁의 영웅으로 떠올랐고, 그 여세를 몰아 전쟁 이후에 부통령이 되더니, 이어서 1901년에는 맥킨리 대통령이 암살되자 공석이 된 대통령 자리를 승계하게 되었다. 그런 후에 루스벨트 대통령은 1905년 러일전쟁을 성공적으로 중재한 공로를 인정받아 노벨평화상을 수상하였다. 그는 1907년 말 전함 건조 척수가 20척에 이르자 총 16척의 전함으로 구성된 '백색함대(The Great White Fleet)'를 편성해 1907년 12월부터 1909년 2월까지 세계 일주를 하게 함으로써 미 해군이 대양해군으로의 기치를 만방에 알리는 계기로 삼았다.[6] 그는 오늘날 미 해군이 세계 최강의 해군으로 부상하는데 결정적으로 기여한 인물이다.

6) 윤석준, *op. cit.*, pp. 194-195.

미 해군은 1775년 10월 3일 창설되었기 때문에 그 역사는 240여년에 불과하다. 그러나 미 해군은 미국 건국으로부터 지금까지 국가 발전에 있어서 핵심적 역할을 수행해 왔다. 미 해군은 창설 이후 지금까지 두 번의 세계대전, 그리고 수많은 국지전투에 참여함으로써 미국인은 물론 국제사회의 안전보장과 민주주의, 그리고 번영을 지키는 보루로서의 역할을 수행해왔다. 미국이 요구하는 시간과 장소에 군이 있어야 한다면 거기에는 반드시 미 해군이 있고, 해군은 최초로 전개되며, 최초로 교전하고, 최초로 구호를 실시하는 선봉이라는 자부심을 가지고 있다.[7)]

미국은 오랜 해양의 역사와 함께한 나라이다. 미국인 대부분은 유럽, 아프리카, 아시아에서 20세기 중반까지 이민올 때 모두 배를 타고 미 대륙으로 입국했다. 대서양 북쪽은 미국이 영국의 식민지였을 때에는 모국 영국과 미대륙 식민지를 연결하는 탯줄이었으나, 미국이 독립 후에는 미국의 세력팽창 루트인 동시에 적들의 침입경로이기도 했다. 미 해군은 미국이 설립되기 9개월 전에 창설되었다. 따라서 미국인들에게 해군은 국가 주권의 상징이요, 해양으로부터 국가를 지키는 당당한 보루라고도 할 수 있다.

그렇다면 미국의 국익을 위해 미 해군의 임무는 어떻게 규정되어야 할까? 사무엘 헌팅턴(Samuel P. Huntington)은 1954년 그가 쓴 책에서 미국 해군의 역사는 세 단계로 구분되는 것이 바람직하다고 하였다.[8)] 첫째 단계는 1775년부터 1890년대까지를 대륙해군 정착기로 보고 이때는 북아메

7) "Naval History-answering the call to serve for 237 years and counting Mission & History". www.navy.com/about.mission.html(인터넷 검색: 2013.11.20)

8) Michael A. Palmer, "The Navy",(인터넷 검색: 2013.12.10) www.history.navy.mil/history1.htm

리카 내에서의 위협, 즉 본토만 방어하면 되는 시기였기 때문에 국가 방위에 있어서 해군은 육군 다음으로 2차적 역할만 수행하면 되는 시기로 보았다. 두 번째 단계는 1890년대부터 1945년까지로 대양을 횡단하는 대양해군으로의 진출기로 보고, 이때는 태평양 동쪽 중간으로부터 대서양에 이르는 해역에서 미대륙을 지향한 위협에 대처하는 시기로 보았다. 이 때 비로소 미 해군은 국가방위의 최일선에 서게 된 것이다. 세 번째 단계는 1945년 제2차 세계대전 종전 이후의 시기로 미 해군은 최신예 장비와 무기를 갖추고 지구 어느 곳이든 미국의 국익과 관련된 곳이면 해군력을 적시에 투사(投射: Force Projection)하여 미국의 위용을 과시하는 시기로 보았다.

본 장에서는 그의 미 해군 역사단계를 기초로 미국의 해양전략 발전과정을 서술하고, 앞으로 미 해군이 당면한 과제와 그 해결방안을 추론해 볼 것이다.

시어도어 루스벨트(1858~1919)와 미 해군

1. 대학시절: 1880년 3월 26일 하버드 대학 졸업시 부속병원의 의사는 그에게 "심장이 약하니 앞으로 격한 운동은 안 되고, 술이나 담배도 곤란하지. 늘 조심조심 살지 않으면 장수하기 어려울 테니, 명심하라."고 언급. 그러나 그는 "말씀은 고맙지만 조심조심 그런 식으로 무의미하게 살아 장수하면 뭐합니까? 죽을 때 후회가 없도록, 하고 싶은 일을 하나도 빼지 않고 다 할 겁니다. 그러다 죽으면 죽는 거죠"라고 대응.
2. 정계진출: 1882년 24세의 젊은 나이에 뉴욕 주 의회 하원에 진출한 뒤 공

화당의 중진 정치인으로 부각되었고, 1895년 뉴욕 주 경찰청장으로서 정치인의 부패를 적발하여 명성을 얻었으며, 1895년 윌리엄 매킨리 대통령 취임 초에는 국방부 해군담당 차관보에 발탁.

3. 스페인과의 전쟁 기간: 1898년 스페인과의 전쟁이 선포되자 국방부 해군담당 차관보 직을 사퇴하여 '러프라이더 연대(Rough Rider)'라는 별명을 가진 민병대 제1의용기병대를 조직하여 연대장으로 쿠바로 건너가 케틀힐 전투에서 대승을 거둠. 1898년에는 미 육군 대령으로 임관되었고 귀환한 다음에는 예편하여 그해 12월 뉴욕 주지사에 출마하여 당선됨. 1900년 대통령 선거에서 윌리엄 매킨리의 러닝메이트로 지명되어 부통령이 됨.

3. 대통령 시절: 1901년 9월 14일 당시 대통령인 매킨리가 암살되어 루스벨트는 제29대 대통령직을 승계. 취임 당시 42세로 역대 미국 대통령 중 최연소 대통령이 됨. 1905년 초부터 루스벨트는 상원과 하원의 동의 없이 도미니카 공화국 정부에 압력을 넣어 미국인 전문 경영인을 정부의 경제고문으로 임명하도록 했으며, 한편 파나마 혁명을 지원하여 미국은 파나마 운하지구를 장악했고 1904년의 대통령 선거가 시작되기 전에 운하의 건설을 착수. 1905년 측근인사인 윌리엄 태프트를 보내 일본과 가쓰라-태프트 밀약을 체결하고 만주와 조선에서의 일본의 우위를 인정하는 대가로 필리핀에서의 권리를 상호 인정하게 했음.

4. 루스벨트와 미 해군: 19세기 미국은 풍부한 자원을 바탕으로 대규모 상품 생산을 할 수 있었지만, 산업 · 물류에 꼭 필요한 해로(海路) 확보가 미흡했는데, 해로 확보의 문제를 타개하기 위해 루스벨트는 "Speak Soft and Carry a Big Stick(말은 부드럽게 하면서도 큰 몽둥이는 항상 가지고 다녀라)"라는 금언을 남겼음. 즉 해군력을 강화함으로써 영향력을 전 세계에 펼치려했던 것임. 그는 파나마운하 건설을 주도하여 미서부에서 유럽으로 바로 갈 수 있는 전략적 교통요지를 확보했으며, 해군의 현대화, 백색함대의

세계일주 항해 등 중요한 시기마다 강력한 해군력을 전 세계에 과시한 바 있음.

5. 재선의 성공: 1904년 대통령 선거에서 민주당 후보인 앨턴 파커를 누르고 재선에 성공, 1905년부터 시작되는 2기 임기 때에는 1905년 러일전쟁이 끝나자 포츠머스에서 강화조약(포츠머스 조약)을 주선하고 모로코 문제의 해결을 알선하여, 1906년 노벨평화상 수상.

2. 미 본토 방어 시기(1775~1890)

미국 땅이 영국의 식민지였을 때 미 본토인들은 해군 군수품은 물론 선박 등 다양한 해군관련 제품을 영국에 수출하였다. 다수의 본토인들은 영국 해군에서 지원자로 혹은 반강제로 징집되어 근무하면서 영국과 스페인의 전쟁이나 영국과 프랑스의 전쟁에 참가하기도 했다. 한편 영국의 착취적인 식민지 정책에 불만을 품은 일부 본토인들은 자기들 상선에 무기를 싣고 영국 상인들과 전투를 벌이기도 했다. 그러다가 1775년 영국의 식민지배에 환멸을 느낀 다수의 본토인들이 봉기를 일으키자 본토의 의회는 해군 창설을 승인하였고, 보스턴 항구에서 세금으로 거두어들인 물자와 차를 실어 나르는 영국 선박을 공격하였다. 그러나 본토의 해군은 아직 열세하여 영국 해군의 상대가 될 수 없었다. 따라서 본토 해군은 바다에서 영국 해군과 전투를 벌이기보다는 본토 근해에서 영국으로 세수(稅收)를 실어 나르는 관리들과 상인들을 목표로 전투를 벌였다.

그러다가 본토 해군은 차차 장비와 무기를 보강해서 영국 해군과 대서양에서 겨르기도 하였다. 드디어 1778년 본토 해군은 영국해군과의 전투에서 영국 전함을 나포하고 영국 해안에까지 공격을 가했다. 한편 조지 워싱턴 사령관의 본토 반군은 프랑스군과 연합해서 1781년 요크타운에서 영국군을 패퇴시키고 승리를 쟁취하였다. 영국과의 독립전쟁에서 본토의 반군이 승리를 쟁취했지만 미대륙의 서북쪽에서는 인디언들과 거기에 잔류하고 있는 다수의 영국 군인들이 본국으로 철수를 거부하고 새로 탄생한 미국과 일전을 불사하겠다고 맞서고 있었다. 또한 남서쪽 저지대 미시시피 유역에서는 스페인 군대와 토착 인디언들이 미국의 진출을 가로막고 있었다.

이런 와중에서 잔당 퇴치를 위해 육군의 역할이 두드러지자 미 의회는, 해군은 예산이 많이 소요된다는 이유로 대폭 축소를 결의하게 되었다. 더군다나 1785년 바르바리(Barbary: 모로코, 알제리, 튀니지, 리비아 서부 지역) 제국 중 하나인 알제리가 두 척의 미 상선을 나포하는 사건이 발생하였다. 이처럼 해군이 없어서 더 이상 미국의 상선이 지중해나 대서양에서 안전하게 항해하기가 어렵게 되자 미 연방의회는 다시 해군력 증강에 대해 열띤 논의를 계속했다. 1784년 토마스 제퍼슨(Thomas Jefferson, 후에 3대 미국 대통령)과 존 아담스(John Adams, 후에 2대 미국 대통령)는 연방의회에서 해군을 재건하자고 강력하게 주장했지만 해군을 재건할 예산도, 알제리에 나포된 선원들에 대한 몸값으로 지불해야 할 재원도 마련하지 못하였다. 알제리 약탈사건마저도 결국 미 해군을 재건시키는 계기가 되지는 못한 것이다.

미국은 독립전쟁(1775~1783) 이후 심각한 예산 부족 현상에 직면했다. 이러한 재정적 위기에 직면한 미국은 1785년까지 거의 모든 전함을 판매하거나 폐기처분하였는데, 이 때 수많은 해군장교들과 수병들은 상선의 선원으로 전환되었다. 그러다가 1789년 필라델피아에서 미 연방헌법이 공포되고 나서 알렉산더 해밀턴(Alexander Hamilton, 후에 미국 재무장관)이 또 다시 해군의 중요성을 강조하고 해군 재건을 주장했지만 연방의회는 육군은 강화하되 해군은 현상유지 하는 것으로 의결하고 말았다.

그러다가 1793년 영국이 프랑스의 나폴레옹에게 선전포고를 하였다. 사실 그 때까지 나폴레옹은 유럽 대부분 지역을 석권했으나 영국의 해군력 때문에 영국을 넘보지는 못했다. 그런데 유럽의 전쟁으로 미국 상선은 영국과 프랑스에 물자를 공급하면서 특수(特需)를 누리게 되었다. 하지만 아직도 미 해군력이 미약해 이때를 이용하여 알제리 해적이 지중해 일대에서 또 다시 미국 상선을 괴롭히기 시작했다. 드디어 1794년 3월 미 연방의회는 해군을 강화하기로 결의하고 6척의 프리깃함을 제조하기로 의결했다.

미 의회는 1794년 해군법안을 제정하였는데, 이 법안의 통과로 미 해군은 6척의 중형 전투함을 구입하거나 건조할 계획이었다. 미국은 1796년 알제리에 억류되어 있던 선원들을 송환시키기 위해 알제리 정부와 협상을 가졌다. 주요 협상 내용은 미국이 알제리에 억류된 선원의 몸값으로 알제리에 미화 52만5천 달러를 지불할 것과, 포 36문이 장비된 중형 프리깃함 1척을 제공하고, 함선 유지를 위해 매년 미화 2만1천 달러에 해당하는 군수물자를 지급한다는 것이었다. 그러나 협상은 제대로 이루지지 않았고, 결국 미국 상선과 화물은 알제리에 억류되었으며, 미국인 선원 일부는 몸값을 지불하고 풀려났지만 일부는 노예로 팔리는 수모를 당하였다.

드디어 미국은 19세기 후반에 44문의 포를 장착한 두 척의 프리깃함과 36문의 포를 장착한 세 척의 프리깃함을 설계하였다. 그런데 미국의 외교관들은 영국 및 스페인과 외교협상을 통해 미국 상선이 대서양과 지중해에서 원활하게 활동하는 것을 보장하는 우호협력조약을 체결하는데 성공하였다. 따라서 해군 증강계획은 잠정적으로 보류되었다. 1797년 프랑스는 과거의 우방 미국이 영국과 우호조약을 체결한 것에 대해 반감을 가지고 미국 상선 수백 척을 나포해 버렸다. 미국은 과거 알제리 해적과 협상하는 방식으로 나포된 선원들의 몸값을 지불하기로 결정하고 동시에 보류되었던 다섯 척의 프리깃함 제조에 착수하였다.

미국 의회는 대서양에서 프랑스 함대와 바르바리 해적의 공격을 막기 위해 1798년 4월 30일 30척의 해군 재건과 해군성 창설을 승인하였다. 이 해군성 발족 후 미국은 44문이 탑재된 중형 전투함 3척을 건조했고, 서인도제도에서 프랑스 무장선박을 추적하기 시작했는데, 이 결과로 미국과 프랑스 간에 해군전쟁(1798~1801)이 발발했다. 이 전쟁에서 승리한 미 해군은 1801년과 1805년 사이에 지중해에서 트리폴리와 또 다시 전쟁을 벌였으며, 곧바로 알제리 함대를 격파하였다. 1812년 나폴레옹이 영국과의 전쟁을 선포했을 때 미 해군은 영국의 동맹국으로 다시 한 번 프랑스 함대와 교전하게 되었는데, 이 전쟁에서도 미 해군은 승리할 수 있었다. 이처럼 여러 차례의 해전에서 승리한 미 해군은 프리깃함과 유능한 장교단을 갖춘 강력한 해군으로 발전하게 되었다.

1801년 토마스 제퍼슨이 대통령에 취임하고 나서, 앞으로 해군은 단순히 지중해의 미국상선 보호에 그치지 말고 해적의 근거지인 트리폴리를 포격하고 봉쇄하도록 명령했다. 그 후 미 해군은 1846~1848년 멕시코 전쟁 당시 혁혁한 공을 세웠다. 미 해군은 캘리포니아 해안을 따라 멕시코 만까지 봉쇄작전을 펴, 미 육군이 멕시코에 상륙하여 멕시코시티를 점령하도록 협동작전을 수행하여 멕시코 전투에서 승리하는데 크게 기여하였다. 1861년 미국에서 남북전쟁(1861~1865년)이 발발하자 미 해군은 본격적으로 두각을 나타내기 시작했다. 당시 해군은 대부분 북군 지역에 속해 있었기 때문에 제해권은 당연히 북군 쪽에 있었다. 북군은 전투에 필요한 병력과 물자를 해상으로 신속하게 집중할 수 있었지만, 남군은 해상방위에 많은 육군 병력을 배치함으로써 전투효율 면에서 크게 불리하였다. 결국 북군은 해군력에 힘입어 남군을 물리치고 남북전쟁에서 승리를 쟁취하였다.

그러나 해군은 함정을 건조하고 유지하는데 비용이 엄청나기 때문에 전쟁이 끝난 후에 다시 한 번 감축되는 운명에 놓이게 되었다. 더구나 남북전쟁이 끝나자 프랑스 군대도 멕시코에서 쫓겨난 상태였고, 유럽에서도 미국 상선을 간섭할만한 해양세력이나 해적이 사라졌기 때문에 미국 정치 지도자들은 비용이 많이 소요되는 강력한 해군을 유지할 명분이 없다고 생각했다. 따라서 미 해군은 장비도 노후화 되고 재투자도 소홀하여 유럽 여러 나라의 해군에 비해 점점 뒤처지게 되었다.

미국은 1865년 이후 아시아 지역에서 시장과 영향력 증대를 위해 우리나라, 중국, 일본, 그리고 필리핀 등으로 진출을 시도했다. 1865년 멕시코에서의 내란을 빌미로 프랑스의 나폴레옹 3세가 멕시코 원정을 추진해 멕시코를 보호령으로 선언하자 미국은 해군력을 투입해 1867년 프랑스로 하여금 멕시코로부터 철수하도록 했으며, 1868년에는 프랑스로 하여금 라틴아메리카, 브라질, 아르헨티나와 우루과이로부터 철수토록 했고, 1871년에는 조선, 1874년에는 하와이, 1882년에는 이집트, 1885년에는 파나마 진출을 시도했으며, 1888년에는 하와이를 병합하였다(도표 5-1 참조).

〈도표 5-1〉 미국 영토 확장의 역사

연도	추가 영토	비고
1783	동부 13개 주로 출발	
1803.4	프랑스로부터 루이지애나 매입 중남부 영토 2배로 확장	제퍼슨 대통령
1804~1806	루이스와 클락 서부 탐험	서부 개척
1836.3~1836.4	샌 저신토에서 멕시코와의 전투 승리 멕시코 산타아나 대통령 체포, 텍사스 공화국 선포	샘휴스턴 텍사스 독립운동
1845	'명백한 운명'론, 영토 팽창의 서민의식 고취	언론인 존 설리번 주장
1846.2	텍사스 연방, 미 연방 가입	
1846~1847	멕시코 전쟁으로 멕시코 영토 반쪽 상실 캘리포니아, 뉴멕시코 주 획득	풀크 대통령
1846.6	오리건 주, 캐나다와 국경 확정	
1867.3	러시아로부터 720만 달러에 알래스카 매입	앤드루 존슨 대통령

* 출처: 박보균, 『살아 숨 쉬는 미국역사』 서울: 랜덤하우스중앙, 2005, p. 194.

미국은 1783년 영국으로부터 독립 당시에는 13개 주에 불과했으나 그 후 134년 동안 매입, 조약, 전쟁을 거쳐 1917년까지 오늘날과 같은 영토를 확보하게 되었다. 1803년에는 프랑스로부터 루이지애나를 매입하였고, 1819년에는 스페인으로부터 플로리다를 양도 받았으며, 1845년에는 텍사스를 병합하였고, 1846년에는 영국과의 조약에 의해 워싱턴, 오리건,

아이다호 주 등을 획득하였고, 1848년에는 멕시코로부터 캘리포니아, 네바다, 유타, 애리조나 주 등을 양도 받았고, 1867년에는 러시아로부터 알라스카를 매입하였으며, 1898년 하와이와 괌을 병합하였다(도해 5-2 참조).

그 후 1899년에는 아메리칸 사모아를 병합하였고, 1986년에는 마이크로네시아 연방과 마샬 공화국의 독립을 보장해 주는 대신 미국은 방위와 경제적 지원을 해주는 대가로 미군 기지를 이들 지역에 운영하고 있다. 또한 1898년 스페인과의 전쟁으로 괌을 병합하였고, 1994년에는 파라우공화국의 독립을 보장해 주는 대신 미국은 방위와 경제적 지원을 해주는 대가로 미군 기지를 이들 지역에 운영하고 있다. 그 외에도 미국은 1858년 존스톤 산호도, 1867년 미드웨이 산호도, 1899년 웨이크 산호도, 1922년 킹맨 산호도 등을 병합하여 관리하고 있다.

〈도해 5-2〉 미국 영토 확장 지도

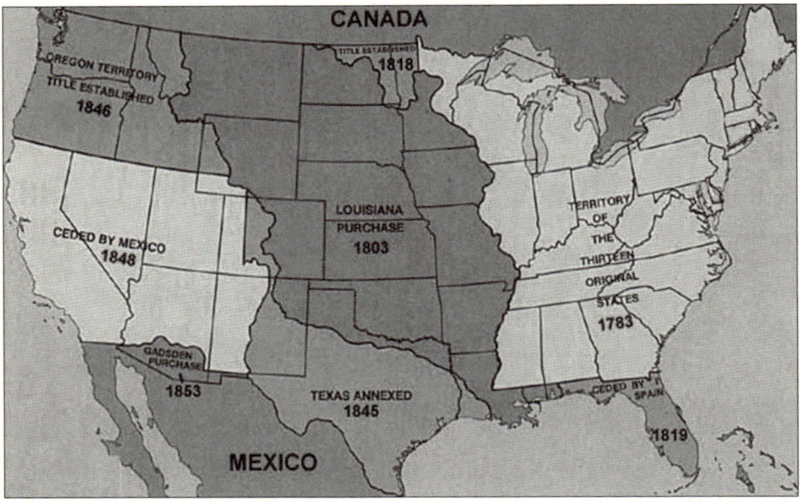

* 출처: http://faculty.weber.edu/kmackay/history_2700_2005unit8.htm(인터넷 검색: 2013.07.15.)

3. 대양해군 시대(1890~1945)

1880년대에 들어서자 미국의 외교 전략은 구시대의 외교 전략으로부터 새로운 시다의 외교 전략으로 탈바꿈하기 시작했다. 우선 국내에서는 개혁정책을 펴고, 더 나은 민주주의를 실현하기 위해 노력하는 한편, 관료제도의 혁신을 기하는데 주력하였다. 미국 지도자들이 눈을 외부로 돌리자 유럽 제국주의 국가들이 식민지 개척에 혈안이 되어있는 것을 감지할 수 있었다. 유럽에서는 산업혁명이 일어났고, 전쟁 무기와 장비, 그리고 철도가 발달하여 유럽 국가들은 아시아, 아프리카, 중남미 지역으로 그들의 세력을 뻗쳐나가 미국이 오랫동안 무역과 선교사 파견에 공을 들여왔던 오토만 제국과 중국도 예외 없이 서구의 간섭에 허덕이고 있었다.

미 해군도 증기선의 출현으로 항해기간이 단축되어 캐리비안 해역과 중남미가 미국의 뒷마당이 된 것이다. 1891년 칠레에서 의회파와 새로 대통령에 당선된 발마세다의 행정부파 간에 내전이 발생하였다. 미국은 거기에 있는 자국인들과 그들의 재산을 보호한다는 명목으로 군함 발티모어를 파견하였으나, 실제로는 발마세다의 요청으로 의회파에 탄약과 물자를 제공하던 칠레 상선 이타타(Itata)를 나포하는 임무를 부여 받고 출동한 것이었다. 이제 미 해군은 외국의 내정에까지 개입하게 된 것이다.

그 후에도 미 해군은 사모아, 하와이, 베네수엘라, 쿠바의 위기에도 그들의 해군을 파견하여 적극적으로 개입정책을 펴나갔다. 이때부터 미국의 지도자들은 해군력을 이용하여 세계를 제패하려고 구상한 것이다. 이들 지도자들은 벤자민 해리슨 대통령, 시어도어 루스벨트 대통령, 해군장관 윌리엄 헌트, 그리고 해양세력을 강조한 예비역 해군대령 알프레드 마한 등이었다. 이제 미 해군의 임무는 단순히 자국 상선의 자유항해를 보장하는 수준에서 벗어나 세계 어느 곳이든 자국의 국익과 관련된 지역에는 즉각 해군력을 투사하는 정책으로 발전하게 된 것이다.

미국-스페인 전쟁이 발발하자 미국은 홍콩에 파견되어있던 듀이(George Dewey) 제독의 태평양함대를 마닐라에 급파하여 필리핀을 공격하도록 했고, 샘슨(William Samoson) 제독의 대서양 함대는 지상군과 합동으로 쿠바를 점령하였다. 미국과 스페인의 전쟁은 1898년 쿠바로부터 시작되었다. 당시는 쿠바의 혁명세력이 스페인의 식민통치 학정에 저항하여 투쟁을 시작한 지 3년이 지난 때였다. 이 3년의 저항이 미국을 자극하기에 충분했다.

1894년 미국이 쿠바의 설탕에 높은 관세를 부과하자 쿠바 경제는 큰 타격을 입었다. 이에 쿠바에서 스페인 식민지배에 대한 혁명운동이 일어났다. 스페인은 반란진압을 위해 민간인을 철조망 수용소에 감금했는데, 그 안에서 사망한 사람만도 21만 명에 이르렀다.[9] 사실 미국의 입장에서는 턱 밑에 있는 쿠바가 스페인 통치 하에 있는 것 자체가 눈엣가시처럼 항상 껄끄럽기도 했던 것이다.

그 이유는 쿠바에는 미국의 기업인 투자자가 많이 있었을 뿐만 아니라 미국과 지리적으로도 가까운 나라였기 때문이다. 미국은 유사시 쿠바로부터 자국인을 철수할 목적으로 해군전함 마인호(Maine)를 1898년 아바나항에 파견하였다. 그런데 원인 모를 폭발로 마인호가 아바나항에서 침몰

9) 강준만, 『미국사 산책 4』(서울: 인물과사상사, 2010), p. 178.

하여 탑승자 266명 전원이 사망하는 사건이 발생했다. 드디어 미국은 스페인에 최후통첩을 보내 쿠바를 독립시킬 것과 미국은 쿠바를 식민지화하지 않겠다는 사실을 스페인에 통고했다. 스페인이 즉각 미국의 이러한 제의를 거부하자 미국은 4월 22일 해군으로 쿠바를 봉쇄하고, 다음 날 12만 5천 명의 군대지원자를 모병한다고 발표했다.

최초의 전투는 1898년 5월 1일 필리핀의 마닐라에서 벌어졌다. 여기에서 미 해군은 스페인 함대를 가볍게 물리치고 승리를 쟁취했다. 다음 달인 6월 10일 미군은 쿠바의 관타나모와 항구도시 산티아고에 상륙하였다. 7월 3일 미 해군은 스페인 캐리비안 함대를 격파하였다. 7월 26일 스페인은 워싱턴 주재 프랑스 대사를 통해 미국에 휴전을 제의하였고, 8월 12일 휴전회담이 조인되었다.

전쟁의 결과 쿠바는 독립했고, 미국은 1898년 12월 파리조약으로 스페인으로부터 필리핀을 2,000만 달러에 할양받았으며, 이어서 괌, 사모아, 푸에르토리코를 점령하였다. 미국은 1899년에는 하와이와 웨이크 섬을 점령함으로써 태평양 진출을 위한 해외전진기지를 확보하게 된 것이다. 미국은 이 전쟁(미-스페인 전쟁)에서 승리함으로써 그들의 해군 활동 영역을 대서양과 지중해에서 태평양으로까지 확대하게 되었다.[10)]

한편 1893년 하와이 거주 미국인들은 하와이 여왕 리우오카라니에 대항하여 군사쿠데타를 일으켜 성공하고 새로운 정부를 수립하고 미국에 병합되기를 희망한다고 발표했다. 당시 미국 대통령 맥킨리는 의회의 동의를 얻어 1898년 8월 12일 하와이를 미국 영토에 편입했다. 미국은 불과

10) 윤석준, *op. cit.*, pp. 190-191.

1~2년 사이에 괌, 푸에르토리코, 필리핀, 그리고 하와이를 병합하여 캐리비안 해와 태평양의 해양강국으로 부상하기에 이르렀다.[11)]

1899년 2월 4일 미국인 병사 로버트 그레이슨(Robert Grayson)은 산후안 다리를 건너고 있던 필리핀 군인 한 명을 사살했다. 정당한 이유가 없는 발포로 필리핀 독립전쟁에 불이 붙었다.[12)] 스페인 식민통치 하에서 아기날도(Emilio Aguinaldo, 1869~1964)의 지도 아래 독립을 위한 게릴라전을 펼 때 미국인들은 아기날도를 '필리핀의 조지 워싱턴'이라고 찬사를 보냈지만 이제 그가 미국의 원수가 된 것이다. 미국에 대한 필리핀의 독립투쟁은 처절했다. 필리핀 역사 교과서는 이렇게 쓰고 있다.[13)]

> 필리핀을 강제로 통치하기 위해 미국은 7,000마일의 대양을 건너 12만 6,468명(이중 4,234명이 목숨을 잃었다)을 동원하여 필리핀과 2,811회의 전투를 벌였다. 필리핀 사람들은 독립을 지키기 위한 전투에서 16만 명이 전사했고, 민간인 20만 명이 기근과 전염병으로 죽어갔으며, 수백만 페소에 이르는 재산이 파괴되었다. 필리핀인들은 비록 전쟁에는 패배했지만 독립의 꿈을 포기하지 않았고 선한 싸움을 계속했다.

필리핀의 미국인들은 필리핀을 아시아의 새로운 프런티어(frontier: 개척지와 미개척지와의 경계선을 이르던 말)로 여겼으며, 필리핀인들을 마치 과거 북아메리카의 인디언처럼 다루었다. 아기날도는 1901년 3월 미군에 의해

11) Office of the Historian, US Department of State, "American Spanish war" http://history.state.gov/milestones/1866-1898/Spanish_american_war(인터넷 검색: 2013.11.10)
12) 강준만, 『미국사 산책 4』(서울: 인물과사상사, 2010), p. 227.
13) *Ibid.*, pp. 229-230.

생포되었지만, 그의 체포 후에도 1906년까지 간헐적으로 필리핀의 독립 운동은 계속되었다.[14] 필리핀은 그 후 제2차 세계대전이 종결되고 나서 1946년 7월 4일 비로소 미국으로부터 독립하게 되었다.

미 해군은 1900년 최초로 잠수함 홀란드(the Holland)를 진수했고, 이어서 1912년에는 해군항공대를 창설하여 커티스와 라이트 형제로부터 세 대의 항공기를 구입했다. 이렇게 새롭게 개발된 무기시스템의 도입으로 미 해군은 세계에서 가장 강력한 해군력을 보유하게 되었다. 더불어 미국은 아시아 지역으로의 무역의 길을 개척하여 군사적 위용과 함께 국가경제가 급성장하는 계기를 만들었다. 뒤이어 미 해군은 1906년 대서양 함대를 창설하였고, 1907년 하와이에 해군기지를 건설해 로스앤젤레스로부터 하와이로 태평양함대사령부를 옮겼다.

한편 1904년부터 1906년 사이에는 서인도 제도에 설치된 영국 해군기지가 폐쇄됨으로써 이 지역에서 미국의 절대적 영향력이 인정되었으며, 1914년에는 멕시코가 내분으로 정권이 불안정해짐에 따라 미국의 선원을 체포하는 등 반미정책을 펴자, 미국은 해군을 파견해 멕시코 내정을 간섭하기 시작했다. 이제 미국은 해군과 해병대를 이용하여 멕시코를 비롯한 카리브해 주요 도서국가에 대한 전반적이고 직접적인 영향력을 행사할 수 있게 되었다.[15] 한편 1914년 파나마운하가 완공되어 대서양과 태평양이 연결됨에 따라 미국은 명실공히 카리브해와 태평양 서반구에서 해양우세권을 확보하게 되었다.[16]

---

14) *Ibid*., p. 230.
15) 윤소준, *op. cit*., pp. 191-192.
16) *Ibid*., p. 196.

1913년 우드로 윌슨이 미국 대통령에 취임하면서 그의 전폭적인 지원 아래 미 해군은 다시 한 번 강력한 해군으로 거듭나게 되었다. 1914년 파나마운하가 개통되면서 미국의 태평양 함대와 대서양 함대는 이 운하를 통해 상호 합동훈련을 실시함으로써 미 해군력은 상승효과를 낳게 되었다. 그런데 1914년 유럽에서 제1차 세계대전이 발발하여 독일 잠수함이 영국 근해에서 공격을 해 옴에 따라 미국도 대서양에서 항해의 자유에 제약을 받게 되었다.

그러나 미국의 윌슨 대통령은 독일을 협상테이블로 끌어들이기 위해 중립을 지키면서, 3년에 걸쳐서 암암리에 해군함정을 건조하여 세계 최강의 해군을 만들 계획을 착실하게 추진하고 있었다. 대전 기간 중 미 해군의 함정 수는 8배로 증가되었고, 2백만 명의 미 육군 병력을 프랑스 해안으로 수송하는 임무를 수행했다.

3년이 지나자 윌슨은 전쟁을 종결할 목적으로 독일과 협상을 원했으나, 독일은 오히려 미국 선박에도 무차별 잠수함 공격을 감행하였고, 독일이 멕시코를 부추겨 미 본토에 공격을 가하도록 사주한 사실이 밝혀져 미국도 드디어 독일에 선전포고를 하였다. 윌슨 대통령은 1917년 4월 2일 의회의 승인을 거쳐 미 해군과 육군 원정군을 연합군에 파견하여 제1차 세계대전을 승리로 장식하게 된다. 그러나 전후 평가에서 값비싼 대형 전함은 독일 U보트의 무차별 공격에 취약함이 드러났고, 오히려 구축함과 소형 전함이 앞으로의 전쟁에 더 유용할 것이라는 결론이 나왔다.

제1차 세계대전 후 1920년대에 미국을 비롯한 연합국은 국방예산을 줄이고 해군도 감축하자는데 합의하였다. 그러나 해군은 전투에서 공군이 결정적 승리의 주역이었다는 주장을 반박하고 해군이 항공모함을 장비하여 함재기를 이용하여 전투를 하는 것이 훨씬 효과적이라고 항변하였다. 그리고 앞으로 독일의 U보트 공격과 같은 전투가 태평양에서 발생할 경우를 대비해 개량된 잠수함의 개발이 절실히 요구된다는 의견도 모았다. 1920년 말 대공황이 닥치자 미국에서는 최신 함정의 건조가 전면 중단되었다. 그러나 프랭클린 루스벨트 대통령은 대공황이 오히려 불안정 상태를 가속화해 또 다른 전쟁이 발발할 수 있다고 보고 새로운 전쟁에 대비하고 미국 경제를 부흥시키기 위해서 국방비를 줄이면 안 된다고 강조하였다. 혜안의 지도자다운 리더십을 발휘한 것이다. 1930년대에 미 해군 예산은 미국이 해군을 창설한 이래 처음으로 영국 해군의 예산을 추월했다(도표 5-2 참조).

〈도표 5-2〉 주요 국가별 해군 예산 비교(단위: 백만 파운드)

연도	영국	프랑스	미국	독일	일본	러시아
1886	13.5	7.5	3.3	2.5	–	4.0
1900	27.5	12.5	10.0	7.5	–	9.0
1912	44.0	17.0	26.0	22.0	9.5	17.5
1934	55.5	22.0	57.5	–	41.5	–

출처: 허버트 리치몬드, "현대 세계의 해군력", (런던: G. Bell & Sons Ltd., 1934), p. 3.

미국은 장차 태평양과 대서양에서 동시에 전쟁이 발발할 경우를 상정해 두 개의 대양에서 작전을 할 해군을 건설하기 시작했다. 그래서 미 해군은 1939년까지 전함과 잠수함을 건조하고 일본이 진주만 공격을 감행한 후에는 새로운 항공모함의 건조에도 착수하였다. 독일이 폴란드를 점령한 1939년 9월부터 일본이 진주만을 공격한 1941년 12월 사이에 루스벨트 대통령은 미 해군을 이들 전쟁에 투입하였다. 독일도 1941년 12월 11일 미국에 선전포고를 하였다. 제2차 세계대전 초기에 미 해군의 활약은 미미했다. 독일 U보트가 미국 쪽 대서양 해안에서 연합군의 유조선과 화물선에 어뢰를 발사하여 격침시키는 사례가 많았다. 그러나 1943년 중반에 이르러 미국은 새로운 전차, 화물수송선, 함정, 정찰 항공기를 대량으로 제작할 수 있었다.

제2차 세계대전 후 미국은 세계 최강의 해양강국으로 등장했다. 비록 일본의 진주만 공격으로 미 해군은 심각한 타격을 입었지만, 미국은 신속하고 적절한 대응으로 자긍심과 전투 의지를 빨리 회복할 수 있었다. 태평양전쟁 이후 일본에 대한 미국의 대응은 군사적 수단뿐만 아니라 정치적 보복조치도 포함됐다. 1942년 2월 미국의 루스벨트 행정부는 캘리포니아, 오리곤, 워싱턴에 거주하는 12만 명의 일본계 미국인들에 대해 그들의 모국 일본을 위해 정보를 제공했다는 간첩혐의로 강제 퇴거 내지는 억류를 실시했다.[17] 한편 1942년 6월 미드웨이 해전에서 미 해군은 일본 해군에 엄청난 피해를 입히고 대승을 거두었다. 이 해전에서 미국은 일본 항공기 330대, 수송선 4척, 대형 순양함 1척, 유조선 1척, 구축함 3척을 격파했으며, 일본군의 사상자는 3,500여 명에 달하였다. 반면, 미국은 수송선 1척, 구축함 1척, 항공기 100대의 손실과 병력 300여 명이 희생되었을 뿐이었다.[18]

일본의 진주만 공격 이후 미드웨이 해전은 미 해군의 첫 번째 승리였다. 1944년 여름 미 해군은 사이판에 당도했고, 그 곳에서 지상 발진 폭

---

17) William R. Keylor, *The Twentieth-Century World*, 3rd Ed., Oxford: Oxford University Press, 1996, p. 242.

18) Frank Pearce, *Sea War*, London: Robert Hale, 1990, p. 193.

격기로 일본의 도시들을 폭격할 수 있었다. 같은 해 10월 맥아더 사령관이 지휘하는 부대가 필리핀의 레이테(Leyte) 섬에 상륙하였고, 뒤이어 미군은 오키나와에 상륙하여 일본 해군의 잔당을 무력화하고 해외에서 일본으로 통하는 원자재와 군수물자 공급선을 차단하였다.[19)]

미 해군은 2차 세계대전에 참여하여 미드웨이, 솔로몬 제도, 필리핀 해, 그리고 레이테 만 해전에서 혁혁한 공을 세웠다. 1943년이 되자 미 해군은 다른 모든 대전 참가 국가들의 해군을 합한 것보다 더 큰 규모의 해군을 가지게 되었다. 1945년 전쟁이 끝날 무렵 미 해군은 18척의 항공모함, 8척의 전함을 비롯하여 6,768척의 함정을 보유함으로써 세계의 1,000톤 이상 함정의 보유톤수 총화의 70% 이상을 차지할 정도로 막강했다.

미국의 군사전문가들이 일본을 수륙양면작전으로 탈환하는 것은 거의 5만 명의 미국인 희생이 불가피하고, 전쟁을 앞으로도 6개월 이상 계속해야 할 것이라고 주장했을 때, 트루먼 대통령은 1945년 8월 6일과 9일 히로시마와 나가사키에 원자탄을 각각 투하할 것을 명령했다. 비록 두 발의 원자탄이 미국이 일본을 굴복시킨 최종 수단이 되긴 했지만, 2차 세계대전에서의 미 해군의 역할은 결코 과소평가 되어서는 안 될 것이다. 태평양 전쟁에서의 미 해군의 압도적 승리는 그곳에서 미국으로 하여금 전쟁주도권을 갖게 해 주었을 뿐만 아니라, 전쟁 후 미 해군은 세계 최초의 핵추진 잠수함 노틸러스(Nautilus: 1954), 최초의 핵추진 항공모함 엔터프라이즈(Enterprise: 1961)를 각각 건조했다. 그리고 유도 미사일 발사를 위한 순양함과 잠수함을 확보하게 되었다(도해 5-3 참조).

19) Charles Messenger, *The Century of Warfare*, London: Harper Collins Publishers, 1995, pp. 254-57.

1945년에 미국을 비롯한 연합군은 일본 본토에 근접하게 되었고 마리아나스(Marianas) 미군기지에서 발진한 B-29 폭격기는 일본의 도시를 융단 폭격하였고, 미 항공모함의 함재기는 혼슈 지역을 강타했다. 끝까지 버티겠다고 호언하던 일본의 군국주의자들은 히로시마와 나가사키에 원자탄이 투하되자 항복을 결심했고, 1945년 8월 15일 일본 천왕은 연합군에게 무조건 항복을 선언하기에 이르렀다.

〈도해 5-3〉 미 항모 엔터프라이즈호

출처: http://www.wired.com/images_blogs/thisdayintech/2010/09/uss_enterprise_f.jpg(인터넷 검색: 2013.12.02)

4. 미 해군이 세계 최강 해군으로 부상한 시기(1945~1992)

제2차 세계대전이 끝나자 미 해군이 주장한 해양력의 중요성이 크게 부각되었다. 실로 미 해군은 대전 기간 중에 엄청난 기동력, 지구력, 융통성, 타격력으로 적을 압도해 그 명성을 과시할 수 있었다. 그러나 전쟁이 끝나고 미국의 정치 지도자들은 또 다시 해군의 역할을 평가절하하기 시작했다. 이유는 이제 더 이상 대규모 해상전투는 없을 것이며, 공군 항공기가 원자탄을 투하하는데, 굳이 해군을 증강할 필요는 없다는 논리였다.

그러나 니미츠(Chester Nimitz) 제독을 비롯한 해군 지휘관들은 해군의 전략적 운영개념이 더욱더 발전되어야 한다고 정치권에 맞섰다. 트루먼 행정부가 해군 지휘관들의 요구를 묵살하려하자 1949년 해군지휘관들은 집단 항의를 하는 사태로까지 발전하였다. 하여튼 미 해군은 적절한 규모로 계속 존속할 수는 있었지만, 해군이 더 이상 국가 방위의 선두 자리를 지키기는 어렵게 되어 버렸다.

1945년 9월 미 합참은 소련을 제1의 가상 적국으로 규정하고, 소련을 상대하기 위한 미국의 군 구조는 어떻게 되어야 할 것인가를 논의하기 시작했다. 합참의 군사 전문가들은 미소의 전쟁에서는 결국 해군이 주도적 역할을 해야 한다는데 의견의 일치를 보았다. 소련이 유럽에 주둔하고 있는 미군에 공격을 해 오면, 미 해군이 이들 미군을 후송해야 하며, 소련의 공격에 대한 미국의 반격작전은 주로 영국의 섬들, 중동 지역, 일본 지역에서 수행될 것인 바, 이때는 미국의 대서양 함대, 지중해 함대, 그리고 태평양 함대가 이들 지역 작전을 지원하는 것이 효과적이라고 판단했다.

또한 소련이 과거 독일식의 U보트 공격을 하여 연합군의 해상수송로를 위협할 때도 역시 해군이 이를 방호해야 한다는 결론을 내렸다.

제2차 세계대전에서 얻은 교훈은 대잠수함 작전을 수행하기 위해서는 해군이 전진 배치되어 과감하게 공격작전을 펴야한다는 것이었다. 미 해군의 소련 주변 전진배치 전략은 1949년 NATO의 교리로 받아들여졌고, 냉전 기간 연합군 해군의 핵심전략으로 간주되었다. 1950년 한국전쟁 당시 인천상륙작전의 성공도 미 해군의 항공모함 지원이 있었기 때문에 가능한 것이었다. 원자탄 시대에도 해군의 위상은 변함이 없다는 것을 보여준 사례라고 할 수 있다. 그러나 1950년대 아이젠하워 대통령의 '대량보복전략' 발표와 1960~1970년대 베트남 전쟁으로 미국은 육군 위주의 전투수행에 주안을 두었기 때문에 해군은 상대적으로 위축될 수밖에 없었다.

1981년부터 1990년까지 미국 해양전략의 초점은 소련을 붕괴시키기 위한 전략에 집중되어 있었다. 데탕트 외교를 강조한 카터 행정부와 달리 레이건 행정부는 '힘의 우세와 대소 강경전략'을 뒷받침하기 위해 '600척 해군함대' 건설을 추진하였다. '600척 해군함대'는 15개 항모전투단(각 항모전투단은 항모 1척, 순양함 2척, 유도탄구축함 4척, 호위함 4척으로 구성), 100척의 공격 잠수함, 해병돌격부대 및 해병 상륙여단, 해상 기동군수지원단 및 다수의 지원함으로 구성된다(도표 5-3 참조).

미국 레이건 행정부가 해군력을 증강하고 이를 태평양에 집중함에 따라 구소련은 1984년까지 쿠릴 열도와 오호츠크해의 안전한 방호를 위해 그들의 잠수함 30% 이상, 수상함 30% 이상을 태평양에 배치했다.[20] 이러

20) 차도회, 『동아시아 미중 해양패권 쟁탈전』(경기 성남: 북코리아, 2012), p. 112.

〈도표 5-3〉 레이건 행정부의 600함정 확보계획(1981~1989)

함정 종류	함정 수		비고
	현재(1981)	목표연도(1989)	
전투함			
항모전투단	12	15	
전함	0	4	
호위함	112	137	
프리깃트	81	100	
공격 잠수함	91	100	
소형 함정	5	0	
소계	301	357	
기타 함정			
수륙 양용함	65	75	
기뢰함	25	31	
재보급함	53	69	
물자 지원함	26	27	
함대 지원함	30	33	
소계	199	235	
탄도미사일발사 잠수함 (SSBNs)	35	미 발표	
총계	535	592 +SSBNs	

출처: "Ship Building 1981-89 - Reagan, Ronald", (인터넷 검색: 2013.11.20). http://www.globalsecurity.org/military/systems/ship/scn-1981-reagan.htm

한 레이건 행정부의 공세적 해군력 증강에 맞섰던 구소련은 아프가니스탄의 파병과 경제의 침체로 결국 미국과의 해양경쟁을 포기하고 함정을 운영할 여력이 없어지자 해군력을 대폭 감축하고 결국 국가의 붕괴라는 운명을 맞게 되었다. 군비확장에 맞서 과도한 국방비를 지출하게 되면 국가의 존립이 흔들린다는 교훈을 구소련은 여실히 보여주었다.

5. 탈냉전 이후의 미 해군

냉전이 종식된 이후 미국의 군사전략은 첫째, 대량살상무기의 확산위험을 감소하고, 둘째, 중국의 성장에 대비하여 해군력을 강화하며, 셋째, 테러리즘의 확산을 방지하는 것이라고 할 수 있다. 이를 위해 1992년 9월 '바다로부터…미 해군의 21세기 발전전략(…from the Sea: Preparing the naval service for the 21st century)'이라는 해군/해병대 백서를 발표하게 되는데 그 내용은 첫째, 원정작전능력을 강화하여 중국의 동아시아 해역 진출을 차단하고, 둘째, 합동작전능력을 강화하며, 셋째, 바다로부터의 전방작전을 강화하는 것으로 요약할 수 있다.[21]

부시 행정부는 중국을 견제하기 위한 전략으로 전략적 기민성(대테러), 전력 투사, 전략 기동, 동맹국과의 연합작전 능력 강화방안을 모색하였다. 그 주요 내용은 미 본토-하와이-괌-한 · 일과 연계된 군사력 투사, 추가로 인도와의 협조로 중국의 인도양 진출 견제, 그리고 러시아의 중앙아시아 개입정책을 약화하는 방안 등이었다. 그러나 오바마 행정부는 동아시아 해양영토와 자원개발 문제, 동아시아 국가들과 해상훈련으로 중국을 견제하고, 중국의 원해 진출을 차단하는 정책을 추구했다.[22]

2010년 3월 26일 천안함 폭침사건 이후 중국은 미 해군의 항공모함이 서해와 남해에서 해상 기동훈련을 실시함에 따라 군사적 조치 및 외교적 대응을 병행한 바 있다. 2010년 11월 미국 오바마 대통령은 한 · 중 · 일 순

---

21) *Ibid*., p. 118.
22) *Ibid*., p. 125.

방 중 도쿄 산토리 호텔에서 행한 연설에서 '미국은 아시아-태평양 국가' 임을 선언했고, 이 보다 앞서 2010년 10월 28일 클린턴 미 국무장관은 호놀룰루에서 행한 연설에서 "미 · 중 양국은 제로섬 게임, 즉 어느 한쪽이 이기면 다른 한쪽은 지는 것이 아니라, 21세기에 두 나라가 상대를 적으로 보는 것은 국제사회의 이익에 전혀 부합되지 않는다"고 역설하였다.[23)]

21세기 미국의 대중국 전략은 첫째, 현재와 같은 미국의 지배적 지위를 유지하고, 이에 도전하는 세력의 등장을 저지하며, 둘째, 아시아 지역의 시장과 안보상의 접근성을 확보하고, 항해의 자유를 확보하며, 셋째, 미국적 가치와 규범, 즉 민주주의, 인권, 법치, 시장 확산을 꾀하는 것이라고 할 수 있다.[24)]

이를 위해 미국은 중국군의 접근차단과 지역거부에 대한 대응전략을 발전시키고 있다. 2009년 미 공군참모총장 노튼 슈워츠(Norton Schwartz)와 해군참모총장 게리 록헤드(Gary Roughead) 간의 비밀 양해각서로 발전시킨 공해전(AirSea Battle) 개념은 미국의 전투력 투사에 대한 적대세력-특히 중국과 이란-의 접근차단에 대응하기 위해 '상쇄전략(offsetting strategy: 셈을 서로 비김)'을 개발하는 것이었다. 중국의 접근차단을 위해 이를 상쇄할 해 · 공군 간 합동성을 강조한 것이 공해전투개념이다. 해전의 핵심은 중국군이 전진 배치된 미 공군기지, 항모강습단 등 주요 군사시설과 미 동맹국의 주요 목표를 공격할 것을 상정하고 이를 사전에 분쇄하기 위해 항공모함, 지상기지의 항공기와 잠수함, 수상함 발사 미사일과의 협

2 3) 이상현 편, 『새로 그리는 동아시아 안보지도 중국부상의 안보적 함의』(서울: 광일문화사, 2011), p. 89.

2 4) *Ibid.*, p. 92.

〈도표 5-4〉 미 해군 무기 및 장비

무기 및 장비	명칭	성능	비고
무기	토마호크 순항미사일	중량 1.4톤, 항속거리 1.2~2.5km, 탄두 재래식/핵 겸용	1983년 미 해군에 배치, 1발당 가격: 130만 달러
	MK48 중어뢰	길이 15m, 무게 2톤	1972년 배치, 1발당 380만 달러
항공 모함	엔터프라이스급	길이 1,040ft, 속도 30노트, 배수톤 89,600톤, 함재기 80, 승무원 약 6,000명	USS Enterprise(CVN 65)
	니미츠급	길이 1,040ft, 속도 30노트, 배수톤 97,000톤, 함재기 80, 승무원 약 6,000명	USS Nimitz(CVN68) Dwight D. Eisenhower(CVN 69) Carl Vinson(CVN 70) Theodore Roosevelt(CVN 71) Abraham Lincoln(CVN 72) George Washington(CVN 73) John C. Stennis(CVN 74) Harry S. Truman(CVN 75) Ronald Reagan(CVN 76) George H.W. Bush(CVN 77)
	포드급	길이 1,092ft, 속도 30노트, 배수톤 100,000톤, 함재기 75(+) 승무원 4,660명	USS Gerald R. Ford(CVN 78) * 2015년 취역 예정)
수상함	순양함	길이 567ft, 배수톤 9,600톤, 속도 30노트, 승무원 364명	유도미사일 장비, Tomahawk missiles, MK46/48 torpedoes, etc.
	구축함	길이 505ft, 배수톤 8,637톤, 속도 30노트, 승무원 276명	유도미사일 장비, Tomahawk missiles, MK46/48 torpedoes, etc.
	프리깃함	길이 445ft, 배수톤 4,100톤, 속도 29노트, 승무원 215명	상륙부대 지원, 재보급 및 상선 에스코트 임무

잠수함	LA 급	길이 360ft, 배수톤 6,900톤, 속도 25노트, 승무원 143명	Tomahawk, MK48 torpedoes 발사대 4개
	Seawolf 급	길이 353ft, 배수톤 9,138톤, 속도 25노트, 승무원 140명	Tomahawk, MK48 torpedoes 발사대 8개
	Virginia 급	길이 377ft, 배수톤 7,800톤, 속도 25노트, 승무원 134명	Tomahawk, VLS 발사대 12개, MK48 torpedoes 발사대 4개
	Ballistic Missile Sub (SSBN:핵잠함)	길이 560ft, 배수톤 16,764톤, 속도 20노트, 승무원 155명 (Ohio급)	SSBN, 핵미사일발사대 24개, 어뢰발사대(MK48) 4개
	Guided Missile Submarine (SSGN:핵잠함)	길이 560ft, 배수톤 16,764톤, 속도 20노트, 승무원 155명 (Ohio급 개조)	USS Ohio(SSGN 726) USS Michigan(SSGN727) USS Florida(SSGN 728) USS 핵잠함(SSGN 729)

출처: "American Navy, A Global Force for Good"(인터넷 검색: 2013년 12월 19일) www.navy.com/about.mission.html

조 하에 수행되는 미 공군의 전폭기와 미사일 작전을 포함한다.

오늘날 미 해군의 무기 및 장비는 성능이나 전력 면에서 세계 최강이라고 할 수 있다(도표 5-4 참조). 앞으로 미 해군은 테러와의 전쟁, 오대양 해상교통로에서의 안전한 통행 보장, 해외 주둔병력 및 전진배치 전력의 계속유지, 전쟁억제 능력 보장, 그리고 2020년까지 313 척의 함정(11척의 항공모함, 48척의 잠수함, 88척의 순양함 및 구축함, 55척의 연안 전투함, 31척의 상륙함 등)을 확보하는 것 등을 그 목표로 하고 있다.

해양력을 강화하기 위해서는 많은 노력과 투자가 없이는 불가능하다. 실제 미국은 전 세계의 해상교통로에서 항해의 자유, 해양질서를 위한 보호자 역할, 경쟁국으로부터 위협억제 등의 임무를 수행하고 있으며, 이를 위해 미국은 재정적 부담에도 불구하고 외교, 정보, 국가이념, 군사력, 그

〈도표 5-5〉 미 해군 병력 수준(해병대 제외, 단위: 명)

연도	해군병력	연도	해군병력
1800년	5,400명	1850년	8,797
1900년	18,796명	1918년(1차 세계대전)	448,606
1945년(2차 세계대전)	3,380,817	1950년	381,538
1960년	617,984	1970년(베트남 전쟁)	692,660
1990년	604,562	2012년	333,248

출처: Michael A. Palmer, "History of US Navy"(인터넷 검색: 2013.12.20) www.history.navy.mil/history1.htm

리고 경제력에 있어 우세한 능력을 시현하고 있다.[25]

최근 들어 중국이 동 · 남중국해에 확장된 방공식별구역을 선포함에 따라 이 지역에 긴장이 고조되고 있다. 중국과 영토분쟁 관계에 있는 국가들은 물론이지만, 미국도 이 지역에서의 항해 자유를 위해 국익이 걸려있는 사안이기도 하다. 2013년 9월 25일 정식으로 취역(就役)한 중국의 항모 랴오닝호의 기지는 칭다오(靑島)에 있지만 최근에 하이난성의 싼야(三亞)에도 항모기지가 건설되었다고 한다. 또한 중국은 2020년까지 핵 추진항모 2척을 포함해 3~6척의 항모를 건조하여 배치할 예정이라고 한다.[26]

그런데 최근 미 국방부는 핵항모 1척과 해군비행단 1개를 감축하는 방안을 검토하고 있다고 디펜스뉴스가 2014년 1월 27일 보도했다. 척 헤이글 미 국방장관은 2013년 7월 "현재 11척인 항모를 8~9척으로 줄일 수 있다"고 밝힌 바 있다. 일본에 있는 미 7함대에 전진 배치되어있는 항모 조지워싱턴호는 2016년까지 버지니아 주 뉴포트뉴스 조선소에서 30억 달

25) 토시 요시하라, 제임스 홈즈 저, 윤석준 역, *op. cit.*, pp. 10-11.
26) 홍순도, "중국 해군력 미국 넘본다", 아시아투데이, 2013.12.01.

러를 들여 수리를 받는다.[27] 항모의 관리비는 천문학적이기 때문에 미국은 국방예산의 압박에 따라 항모의 감축을 거론하고 있는 것이다. 미 해군의 병력도 탈냉전 후 거의 절반 수준으로 감축되었다(도표 5-5 참조).

이처럼 극방비의 압력을 받고 있는 미국이 과연 장차 중국의 '반접근-지역거부(A2AD: anti-access, area denial)' 전략에 효과적으로 대처할 수 있는지가 주요 관심사로 떠오르고 있다. 점증하는 중국의 해군력 증강에 비해 국방비 삭감 압박을 받고 있는 미국이 자국의 안보는 물론 아시아-태평양 지역의 동맹국들과 우방국들의 이익을 충분히 방호해 줄 수 있느냐의 문제가 미국이 안고 있는 과제라고 할 수 있다.

27) 박수찬, "미, 예산부족으로 핵항모 1척 감축 검토", 세계일보, 2014. 01.29.

제6장
중국과 미국의 지역별 해양경쟁

1. 서태평양-인도양에서의 중 · 미 경쟁

2004년 4월 영국 일간지 데일리 텔레그래프(Daily Telegraph)의 군사 특파원은 하이난 섬 항구를 굽어보는 언덕 안으로 지름 20여m의 지하 터널이 뚫려있는 위성사진을 입수했다. 중국은 미국의 위성 감시를 피하기 위해 해수면에 20여 척의 잠수함을 배치할 수 있는 동굴을 뚫어 놓은 것이다. 여기에 은둔하고 있는 잠수함은 20분이면 남중국해에 도달할 수 있다. 현재 중국은 이 해역에 인접한 말라카 해협을 통해 석유 보급의 80%를 동부 연안 지역으로 수송하고 있기 때문에 이 해역의 자유항행을 국익의 최우선 과제 중의 하나로 인식하고 있다.[1)] 중국은 영해 역시 영토처럼 생각하며 인근 열도들을 대륙의 연장선으로 간주하고 있기 때문에 남중국해를 모든 외세로부터 보호해야 할 국가의 핵심이익으로 보고 있다.

중국은 영해 밖에서 여러 나라들과 합동군사훈련을 실시해 오고 있는데, 2009년 이후 러시아, 동남아시아, 상하이협력기구(중국 · 러시아 · 우즈베키스탄 · 카자흐스탄 · 키르기스스탄 · 타지키스탄 등 6개국이 설립한 정부간 기구) 국가들과 연합훈련을 실시하고 있으며, 그 외에도 몽골, 파키스탄, 아프리카의 가봉과도 함께 군사훈련을 실시하고 있다. 중국해군 현대화는 중국과 미국이 대만문제로 동중국해에서 분쟁에 휩싸였던 1996년부터 본격적으로 시작됐다고 할 수 있다. 그렇다고 중국이 대만을 무력으로 병합하는

1) 프랑수아 랑글레 저, 이세진 옮김, 『제국의 전쟁』(서울: 소와당, 2012), pp. 152-153.

데는 몇 가지 제약이 도사리고 있다. 첫째, 대만관계법으로 미국은 대만이 중국군의 공격을 받게 되면 개입한다는 것이고, 둘째, 중국은 국민총생산이 미국을 능가할 때까지 경제발전에 매진한다는 정책을 견지하고 있기 때문이다.

따라서 지금 단계에서 중국은 군대를 이용하여 대만을 무력으로 통일하려 하지는 않을 것이다. 그렇다면 중국은 언제쯤 대만을 합병하려 할 것인가? 랜드연구소의 연구 조사에 따르면 2020년에는 중국이 대만을 침공한다고 해도 미국의 힘으로 저지할 수 없을 것이라고 분석한 바 있다.[2] 그리고 마오쩌둥은 1950년대 초 대만의 통일에 대해 서두를 필요 없고 약 100년의 기간을 보면 된다고 말한 바 있는데, 그는 통일의 시기를 대략 2050년경으로 느긋하게 본 것 같다. 하여튼 중국은 대만을 통일하기 위해서는 해군력을 획기적으로 증강하지 않으면 안 된다는 것을 알고 있다. 중국은 이제 미국에 버금가는 경제력과 해양력 증강에 목표를 두고 서태평양과 인도양, 중동과 아프리카, 중남미 지역에 이르기까지 자국의 영향력 확대에 심혈을 기울이고 있다.

한편 미국은 건국 이래로 식량, 무역 및 국가방어를 해양에 많이 의존해 온 해양국가이다. 그리고 미국은 그들의 시민과 자국의 이익, 그리고 우방국가가 위험에 처하면 언제, 어디든지 찾아가 영향력을 발휘해 왔으며, 미 해군은 국가안보와 해상무역, 그리고 안전하고 안정적인 해상수송로의 보호를 위해 활동해 왔다.[3] 그리고 미국은 공해상에서 항해의 자유

2) *Ibid*., pp. 161-162.
3) The International Year of the Ocean, http://cdiac.ornl.gov/newsletr/fall98/yoto.htm (인터넷 검색: 2013.07.24).

를 보장받는 것이 세계의 평화와 안보, 그리고 번영에 매우 중요하다고 믿고 있다. 따라서 미국은 1982년 국제항해를 통해 방해 없는 통행이 보장되어야 한다는 조항을 포함한 유엔 해양법협약을 지지했다.

당분간 중국의 해양 도전이 미국을 직접적으로 겨냥하지는 않겠지만 장차 중국의 해양력이 미국의 동맹국들과 우방 국가들을 간섭해 온다면 미국은 이를 자국에 대한 간접적 도전으로 간주할 공산이 크다. 오늘날 베트남, 필리핀, 태국, 그리고 인도네시아 등은 남지나해에서의 중국의 해양팽창 야심을 우려하고 있으며, 앞으로 이 지역에서 중국의 위협적 해양세력 등장이라는 현실을 수용하지 않을 수 없을 것이다. 동남아시아에서 중국의 해양세력이 커지면 커질수록 상대적으로 미국의 영향력은 감소될 것이고 궁극적으로 미국의 경제적, 정치적 이익은 위축될 것이다.

동남아시아 해상수송로는 다양한 불확실성을 내포하고 있다. 이 지역 국가들 간에 섬지역과 근해자원의 영유권을 둘러싼 분쟁은 역내 해상수송로를 심각하게 위협할 수 있기 때문이다. 만약 이러한 해협들이 중국이나 다른 강대국에 의해서 폐쇄된다면, 이 해로를 통과하려는 선박이나 함정들은 호주와 파푸아뉴기니(Papua New Guinea: PNG) 사이에 있는 비교적 얕은 토레스 해협(Torres Strait)을 통과하지 않으면 안 될 것이다.[4] 때문에 아시아-태평양 지역은 미국에 있어서 경제적 이익에서 뿐만 아니라 세계 전략적 측면에서도 국가의 이익이 걸려있는 핵심지역이 될 것이다.

미 태평양사령부는 서태평양과 인도양 해역의 안보 및 안정에 대해 책임을 맡고 있다. 이 사령부는 약 14만 명의 병력을 보유하고 있으며, 200

4) A. James Gregor, "Qualified Engagement", *US Naval War College Review*, vol. L11, no 2, (Spring 1999).

척의 함정 및 1,100대의 항공기를 보유한 5개의 항공모함전단으로 이루어져 있다. 미 태평양사령부 예하에는 제3함대와 제7함대가 있다. 제3함대는 알레스카와 알류산 열도를 거쳐 미 대륙의 서쪽 지역을 방어하는 임무를 수행하고, 제7함대는 서쪽의 날짜변경선에서부터 아프리카의 동부 해안까지, 서태평양과 인도양을 아우르는 지역을 책임지고 있다. 2012년 말 기준 미 태평양사령부 병력 중 40,178명이 일본에, 25,374명이 한국에 주둔하고 있으며, 이들은 미국의 동아시아 방위에 기여하고 있다.

태평양 함대의 예하부대인 미 제7함대는 1943년 3월 15일 창설된 이후 한국전쟁, 베트남전쟁, 걸프전을 포함한 수많은 지역 분쟁에 참가했다. 제7함대는 약 4만 명의 해군 및 해병대를 보유하고 있으며, 60~70척의 함정을 보유하고 있고, 1개의 항공모함전단(조지워싱턴), 2척의 아지즈 순양함, 7척의 구축함, 3척의 공격형 잠수함, 4~8척의 상륙함, 4~6척의 병참지원함, 2척의 지뢰제거함, 200~300대의 항공기를 보유하고 있다.[5] 제7함대는 한국, 일본, 호주, 러시아, 인도 및 동남아시아 국가들의 해군과 매년 100회 이상의 연합작전훈련과 타국의 해군 군항을 250회 정도 방문하고 있다. 함대의 책임영역이 중국이 영유권을 주장하는 남지나해와 중첩되어 있어 유사시 미국과 중국의 충돌이 이 지역에서 발생할 수 있다.

미 해군은 태평양 국가들과의 합동작전과 신속한 대응력을 통해 동남아시아 해상수송로의 안전에 매우 중요한 역할을 수행해 왔다. 그러나 1980년대 말 냉전이 종식된 이후 크게 감소된 미 해군은 앞으로 중국 해군의 빈번한 도전에 직면할 가능성이 있다. 2차 세계대전 기간 동안 태평양 함

5) "About the US 7th Fleet", (인터넷 검색, 2012.12.21). http://www.c7f.navy.mil/about.htm

대는 약 1,970척의 함정을 보유했지만 2012년 말 기준 고작 200척의 함정만을 보유하고 있다.

중국의 해양관할권과 미국의 입장

미국은 오랫동안 아태 지역과 경제적으로 밀접한 관계를 유지해 왔다. 1990년대 초 이후 미국-아태 지역 교역은 미국-유럽 지역 교역을 능가하였다. 아태 지역의 해로가 국제분쟁이나 특정 국가의 이익 보호차원에서 부분적, 혹은 완전히 폐쇄될 경우, 해상운송료, 보험료, 그리고 수송시간지연 비용 등이 늘어나 궁극적으로 세계 경제의 손실을 초래하게 될 것이다. 또한 지구에서 앞으로 남아있는 원유와 천연가스 자원의 90% 정도가 이 해저에 매장되어 있기 때문에 해양영토 분쟁 당사국들은 사활적 이익 수호를 위해 대응책 마련에 부심하고 있다.

중국이 관련된 해양관할권 분쟁

미국은 중국의 해양관할권 주장에 대해 오랫동안 이견을 보여 왔다. 이러한 이견에는 대륙해안선 문제, 남중국해의 직선기선(연안근거리에 섬이 있는 곳에서는 섬을 직선으로 연결한 선으로부터 영해의 폭을 측정할 수 있는데 이것을 '직선기선'이라 함) 주장 문제, 그리고 지역 안정에 악영향을 끼칠 수 있는 영토주장 문제 등이다.[6] 중국은 1996년 5월 15일 '해양법 협약'을 비준하면서, 산둥 반도에서 통킹 만에 이르는 해안을 따라 직선기선을 발표하였다. 또한 중국은 1999년 12월 23일 전국인민대표회의에서 중국의 영해와 그

6) 한국해양전략연구소, 『중국 해군의 증강과 한 · 미 해군 협력』(서울: 한국해양전략연구소, 2009), pp. 65-66.

〈도해 6-1〉 동아시아 해역과 방공식별구역

출처: 김재중, "카디즈 62년 만에 확대", 국민일보, 2013.12.06.

밖의 해역으로 '위험한 오염물질을 수송'할 경우 사전 승인을 요구하는 '환경보호법'을 채택하였다. 미국은 중국의 이러한 조치가 자국의 핵추진 함정이나 잠수함의 항해에 심대한 저해요인으로 작용할 것이라고 인식하고 있다.

동아시아에서 미국과 중국의 해양경쟁은 대략 다음과 같은 상황으로 전개될 것으로 보인다.[7] 첫째, 미국과 중국의 해양력 격차는 앞으로 서서히 좁혀질 것이고, 둘째, 해양력 격차가 좁혀짐에 따라 중국과 도서 영유권 문제로 분쟁 중에 있는 일본, 베트남, 필리핀 등은 미국의 지원을 바탕으로 중국에 정치적, 군사적 강경 대응책을 구사하려 할 것이며, 셋째, 이로 인해 미국과 중국은 동아시아 해역에서 자국의 사활적 국가이익을 수

7) 차도회, 『동아시아 미중 해양패권 쟁탈전』(경기 성남: 북코리아, 2012), pp. 8-11.

호하기 위허 신냉전 체제로 돌입할 수도 있다. 중국은 2013년 11월 23일 이어도와 댜오위다오를 포함하여 새로운 방공식별구역(ADIZ: Air Defense Identification Zone, 이는 국제법이 정하는 영토 · 영공과는 다르며, 타국의 항공기에 대해 자국방의를 목적으로 각 나라가 독자적으로 설정한 지역)을 확대한다고 발표했다(도해 6-1 참조).

이어도는 한국이 사실상 영토로 만들기 위해 2003년 이어도 해저에 종합해양과학기지를 건설했던 곳이고, 댜오위다오는 중국과 일본이 영토분쟁으로 심각하게 대립하고 있는 지역이다. 한국과 일본은 즉각 이 조치의 철회를 요구했고, 중국은 그들의 항공모함 랴오닝호를 11월 26일 남중국해로 출동시켰고 미국도 B-52 폭격기 두 대를 중국에 사전 통보 없이 지난 25일 괌에서 이륙시켜 동중국해 상공을 비무장 상태로 비행함으로써 중국의 방공식별구역을 인정하지 않겠다는 명확한 의지를 보였다.

한국은 26일 중국에 사전 통보 없이 해군 해상초계기 P3C를 한반도 남서쪽 이어도 상공으로 발진시켰고, 일본도 지난 23일 중국에 알리지 않고 자위대와 해상보안청 소속 항공기를 해당 공역으로 출동시켰다. 한 · 미 · 일 삼국이 중국에 사전 통보 없이 방공식별구역에 자국의 전투기를 진입함으로써 중국의 조치를 무력화시키려 하자 중국도 28일 러시아제 수호이-30 전투기와 중국산 젠-11 전투기를 이 지역에 발진시켜 이미 발표한 방공식별구역 고수의지를 분명히 하고 있다.

중국은 미국과 일본이 자국의 근해까지 자주 침투하여 정보를 수집해왔다고 지적해 왔다. 미국은 전자정찰기 EP3와 무인 정찰기 '글로벌호크(1만 8,000m 상공까지 비행 가능)'로, 일본은 대잠초계기 P3C와 조기경보기

E2C로 중국 내륙의 군사시설까지 정탐해 왔다는 것이 중국의 입장이다.[8] 중국이 동중국해까지 방공식별구역을 연장한 것은 댜오위다오에 대한 일본의 실효지배를 흔드는 동시에 미국과 일본의 감시활동을 저지하려는 포석으로 보인다. 세 나라의 전투기 발진에 이어 미국의 항모 니미츠호와 조지워싱턴호가 선단을 거느리고 남중국해로 발진하였고, 일본도 배수량 1만 8,000톤인 준항모급 호위함 이세(伊勢)호를 필리핀 해역에 도착시켰으며, 중국의 항공모함 랴오닝호도 남중국해에 진입해 미 · 중 · 일 삼국이 남중국해에서 항모선단 무력시위를 겨루는 상황으로까지 발전하였다. 자칫 이러한 무력시위가 무력충돌로 번지는 일이 없도록 관련국가들 간의 외교노력이 절실히 요구되고 있다.

미국은 2013년 11월 23일 이후 수차례 전폭기를 띄워 동아시아의 도서분쟁을 유발할 수 있는 중국의 방공식별구역 확대 조치를 묵과하지 않을 것임을 분명히 함과 동시에, 자국의 민간 항공사들이 중국 측 방공식별구역을 비행하기 전에 사전 통보하겠다는 것을 막지는 않겠다는 방침을 밝혔다. 이는 일본 측이 자국의 민간 항공사들에게 사전 통보를 하지 말 것을 지시한 것과 비교하면 미국의 조치는 일본 입장에서 보면 서운할 수밖에 없다.[9] 이는 미국이 민간항공기의 안전운행을 고려해 중국의 조치를 부분적으로 수용한 것이지만 일본 입장에서 보면 중국이 미국의 부분 수용조치에 고무되어 앞으로 이미 주장한 방공식별구역을 기정사실화할 경우, 강경태도를 보여 온 일본이 거꾸로 고립될 수도 있다는 불안감 때문

8) 오관철, 서의동, "한일 군용기에만 대응 출격한 중국…수위조절 상황관리", 경향신문, 2013.11.29.
9) 서의동, "일본, 강경 지속…거꾸로 국제고립 우려", 경향신문, 2013.12.02.

〈도해 6-2〉 조어도 3개 섬 분쟁지역

출처: 김동진, “석유 등 자원보고로 알려지며 충돌”, 세계일보, 2010.09.26.

이다.

2002년 9월 일본이 댜오위다오(센카쿠) 열도를 국유화한 이후 중국은 독자적으로 영해기선을 선포하고 수시로 해양감시선과 어업관리선을 센카쿠 열도에 들여보내 자국의 영토임을 주장해 왔는데, 호놀룰루의 이스트웨스트센터 연구원인 데니 로이는 이로 말미암아 중 · 일 양국이 영토분쟁 갈등을 고조시킬 우려가 있다고 말했다(도해 6-2 참조).[10)]

중국의 ‘진주목걸이(Strings of Pearls)’ 전략

중국 해군의 인도양 진출은 2008년 말 소말리아 해역에서의 해적퇴치를 목적으로 2척의 군함과 1척의 보급선을 파견한 것이 처음이었으며, 그 이후에도 별다른 해군 진출은 없었다. 그러나 중국은 자국으로의 원유와 원자재 수입과, 자국 상품의 수출 길을 보호하기 위해 ‘진주목걸이’ 전략을 발전시키고 있다. 진주목걸이는 중국이 중동에서 남중국해까지 해로에

10) 오수진, “중 방공식별구역, 센카쿠 문제 일 압박용”, 연합뉴스, 2013.11.26.

투자하여 개발한 거점항구를 연결하면 진주목걸이 형태가 된다는 의미로 생겨난 용어이다. 이 전략은 중국이 미얀마, 방글라데시, 스리랑카, 파키스탄 등 인도양 국가들의 항구를 물류항으로 운용하거나 필요시에는 해군 군함의 정박이나 군수보급을 위해서도 사용할 수도 있다는 것이다. 이 진주목걸이를 아프리카의 케냐, 탄자니아, 남아공까지 연결하면 중국은 인도양에서 보다 원활한 물류 시스템을 갖추게 될 것이다. 중국의 이러한 행보에 대해 인도양 국가인 인도는 물론, 인도양 해역의 주도권을 계속 유지하려고 하는 미국은 우려를 나타내고 있다.

인도는 미국 다음으로 인도양에서 영향력을 행사해 왔는데, 이제 중국의 진주목걸이 전략의 도전에 직면하여 대응책 마련에 부심하고 있다. 인도는 우선 몰디브에 자국의 해군이 정박할 수 있는 해군기지를 구축하고, 벵골 만에 있는 안다만-니코바르 군도의 해군기지도 보강하고 있다. 인도양은 태평양과 대서양 다음으로 큰 해역으로 총 46개 국가가 접해있고, 세계 총 인구의 약 40%가 이 지역에 살고 있다. 인도양 인접 국가들의 석유 매장량은 세계 전체 매장량의 60%, 천연가스는 세계 전체 매장량의 48%에 이른다.[11]

중국은 2013년 2월 파키스탄의 남부 요충지 과다르항 운영권을 접수했으며, 2013년 2월부터 방글라데시의 치타공, 미얀마의 시트웨 등이 중국의 자금과 기술로 개발되고 있다. 중국 기업은 2013년 8월, 5억 달러를 들여 스리랑카의 콜롬보 국제컨테이너터미널을 건설하였으며, 중국의 차관과 기술로 2012년 6월 완공된 스리랑카 남부 함반토타항도 중국의 물류

11) 이대우, 『인도양 해양질서 변화』(서울: 세종연구소, 2012), pp. 8-9.

〈도해 6-3〉 중국의 진주목걸이 전략

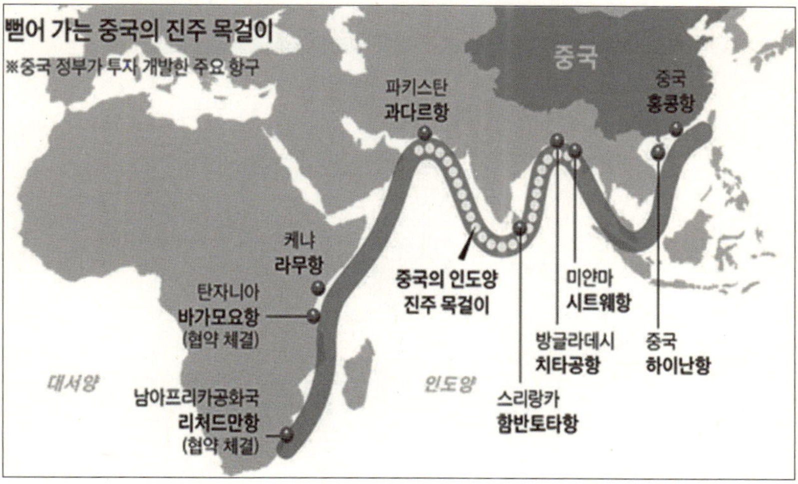

출처: 강혜란, "중국, 아프리카 물류항 확보…길어지는 진주목걸이", 중앙일보, 2013.03.29.

거점으로 활용되고 있다.[12] 이번에 스리랑카의 콜롬보 국제컨테이너터미널이 가동되면서 중동에서 중국으로 수송하는 원유의 해상운송시간이 싱가포르나 두바이를 이용하는 것보다 4일 정도 단축될 전망이다.[13]

시진핑 주석은 2013년 3월 탄자니아를 방문하고 동부 연안 바가모요항에 100억 달러를 투자하겠다고 약속했고, 이어서 방문한 남아공 더반에서 열린 브릭스(BRICS, 브라질, 러시아, 인도, 중국, 남아공의 5개 국가) 회의 후에는 중국의 국유기업 치루이(奇瑞)로 하여금 남아공의 리처드만 항구를 수십억 달러를 들여 개보수하기로 협의하였다. 이로써 중국의 인도양 '진주목걸이'가 아프리카 남부까지 뻗게 된 것이다(도해 6-3 참조).

12) 오관철, "중국, 스리랑카 거점항구 확보", 경향신문, 2013.08.06.
13) 신동주, "중, 무역거점 스리랑카 항구 가동", 세계일보, 2013.08.05.

〈도해 6-4〉 세이셸 군도

출처: 이형섭, "중국, 세이셸군도에 해군기지 추진", 한겨레, 2011.12.23.

중국 해군항으로 거론되고 있는 세이셸 군도

중국은 진주목걸이 전략을 확장할 목적으로 인도양의 세이셸 군도에 해군기지에 준하는 군사시설을 건설하고 있는 것으로 보도되었다.[14] 중국 국방부는 이 세이셸 군도가 소말리아 해역에 파견된 중국해군 함정들을 위한 보급항이 될 것이라고 밝혔다. 또한 이 항구는 시험 운항에 나서는 중국 항공모함 랴오닝호의 원양 작전능력 강화에도 활용될 가능성이 크다. 하지만 미국과 인도가 이에 맞서면서 인도양을 둘러싼 파워게임은 점차 거세지는 양상이다. 세이셸은 인도양의 케냐 동부 해상에 자리 잡은 군도 국가로, 현재 미국도 이곳에 무인기(Drone: 1만 7천m 상공에서 휴대전화

14) 이형섭, "중국, 세이셸군도에 해군기지 추진", 한겨레, 2011.12.23.

를 감청하고 전자전 공격도 가능) 기지를 운영하고 있기 때문이다(도해 6-4 참조).

중국의 오랜 우방국 미얀마

중국과 미얀마는 인접 국가인 동시에 같은 사회주의 체제의 국가이고, 중국 입장에서는 인도양으로 진출하는데 미얀마가 출구 역할을 해줄 수 있는 위치에 있기 때문에 전략적으로도 매우 중요하게 평가하고 있는 나라이다. 특히 1988년 미얀마의 군부가 쿠데타로 집권하며 인권이 유린되고 있다는 이유로 유엔이 제재를 가할 때도 중국은 늘 미얀마를 옹호하면서 경제 및 군사원조를 지속적으로 제공함으로써 양국이 끈끈한 유대관계를 유지해 왔다. 그런데 미얀마가 2011년 군부통치를 종식하고 민주화 물결이 일자 미국과 일본이 중국의 텃밭으로 여겨져 왔던 미얀마에 접근해 지금은 미얀마가 서서히 강대국 각축장으로 변하고 있는 실정이다.

미얀마와 중국이 국교를 정상화한 것은 1948년 버마가 영국과 일본의 통치에서 벗어나면서부터였다. 1962년 군사쿠데타로 집권한 버마의 네윈은 친중 노선을 견지한 '버마식 사회주의'를 표방하였다. 1988년 친위 쿠데타 이후 신군부정권이 들어섰고, 미국과 EU의 경제제재가 시작되자 중국은 경제적 원조와 지원을 통해 버마와 유대를 강화해나갔다. 1988년 이전 미얀마의 최대 투자국이었던 일본이 경제제재 이후 미얀마와 관계가 소원해지자 미얀마에서 중국의 위상이 상대적으로 높아지면서 중국은 미얀마에서 광산개발권과 벌목권을 획득했다.[15]

15) 모종혁, "미얀마는 왜 친중 노선을 버렸나", 시사저널, 2012.09.05.

2012년 11월 오바마 대통령은 미국 현직 대통령으로는 처음으로 미얀마를 방문했는데, 그 이후 구글과 포드 자동차, 힐튼 호텔 등 미국의 주요 기업들이 미얀마에 진출했다. 2013년 5월 21일에는 오바마 대통령과 테인 세인(Thein Sein) 미얀마 대통령이 백악관에서 역사적인 정상회담을 가졌고, 오바마 대통령은 국호를 지금까지 불러오던 버마 대신 미얀마로 호칭했다. 그 나라가 쿠데타로 집권하면서 국호를 버마에서 미얀마로 고쳤기 때문에 미국은 국호를 '버마'로 불러왔던 것이다. 2013년 5월 일본의 아베 신조(安倍晋三) 총리도 미얀마를 방문하고 밀린 채무를 탕감해 주었으며, 3조3천억 원 규모의 경제지원도 약속했다. 또한 아베 총리는 2030년까지 미얀마의 전력개발을 돕는다는 포괄적인 경제지원정책도 제시하였다.

중국도 미국과 일본의 미얀마에 대한 접근전략을 차단하기 위해 기존의 입장보다 적극적으로 미얀마에 대한 새로운 유화책을 제시하며 계속 주도권을 유지하려고 노력하고 있다.[16] 2013년 4월 5일 시진핑 주석과 당시 하이난성에서 열리는 '보아오 아시아 포럼'에 참석하고자 중국에 와 있었던 테인 세인 미얀마 대통령은 하이난성 싼야(三亞)에서 정상회담을 갖고 기술협력 협정을 체결하였으며, 양국이 협력과 공영의 길을 견지해 나가자고 의견을 교환하였다.

또한 중국은 미얀마와 가스관 및 송유관 건설을 공동으로 추진하는 등 에너지협력을 광범위하게 진행하고 있다. 공동추진이기는 하지만 중국은 가스관과 송유관 건설에 25억 달러를 투자했다. 중국은 3년에 걸쳐서 미얀마 항구도시 차욱퓨(Kyaukypu)에서 쿤밍(昆明)에 이르는 283km의 송유

16) 이준삼, "미얀마, 중국 텃밭에서 강대국 각축장으로", 연합뉴스, 2013.05.24.

〈도해 6-5〉 중국-미얀마 오일/가스전

출처: 이유주현, "중, 미얀마 민주화에 몸낮추기", 한겨레 뉴스, 2013.05.19

관을 2013년 5월 완공했다(도해 6-5 참조). 이 가스관은 연간 120억 입방미터의 가스를 수송할 수 있는데, 이는 중국 연간 가스 소비량의 6%에 해당된다. 중국은 이 가스관을 이용하면 말라카 해협을 이용하여 가스를 수송하는 것보다 운송거리를 1,200km 줄일 수 있다. 그러나 미얀마 국민들 중 일부는 중국이 너무나 작은 대가를 지불하고 미얀마 영토를 이용하여 가스관을 이용하고 있다며 불평을 하고 있다고 한다.[17]

미얀마의 천연가스 매장량은 세계 10위이며, 주요 매장지역은 벵골만 근해로 알려지고 있다. 중국의 3대 석유회사 중 하나인 중국석유천연가스

17) 박선미, "미얀마-중국 가스관 열렸다", 아시아경제, 2013.07.30.

집단공사(CNPC)는 인도, 방글라데시, 태국 등의 석유회사와 경쟁을 통해 미얀마 근해 라카인(Rakhine) 서안 부근 가스전 중 두 구역에 대한 개발권을 획득했다.[18] 또한 중국과 미얀마는 미얀마 서부 항구 시트웨(Sittve) 앞 쉐(Shwe) 가스전에서 중국 윈난 성 쿤밍까지 이르는 총 2,380km의 가스관 프로젝트도 체결하였다.

비록 중국과 미얀마가 우호적인 관계를 유지하고는 있지만 두 나라 사이에 현실적인 갈등도 존재하고 있다. 중국인이 대거 미얀마에 들어와 상권(商權)을 장악하고, 중국 기업이 금광개발로 하천을 오염시키고, 벌목으로 산림이 초토화 되어가고 있으며, 현지인의 일자리 창출에 소홀했다는 이유 등이 반중정서의 주요 원인이다. 미얀마는 2011년 말 주민 반대 등을 이유로 중국이 무려 36억 달러를 투자하여 2010년 착공한 미트소네 댐 건설을 중단하는 등 중국과 거리를 두기 시작했다. 이 댐은 세계에서 다섯 번째로 크며, 생산전력은 6천MW이고, 저수면적은 싱가포르 면적보다 더 넓다. 그런데 이 댐에서 생산될 전력의 90%를 저가로 중국에 송전할 계획이었다. 하지만 댐 건설에 따른 환경문제, 주민 강제이주 문제 등을 들어 미얀마 정치 및 사회단체가 댐 건설에 반대해 왔다. 이러한 반대에도 불구하고 미얀마 정부는 댐 공사를 착공했지만 2011년 2월 4일 의회에서 당선된 테인 세인 문민 대통령이 댐 건설을 중단해 버린 것이다.

중국에서는 미얀마의 정치개혁과 관련된 언론보도가 금지되고 있으며, 미얀마 민주화의 상징인 야당지도자 아웅산 수치 여사의 일대기를 다룬 할리우드 영화 '더 레이디(The Lady)'의 상영도 금지된 상태이다. 중국 지

18) 박병구, 『중국의 해양자원 개발』(서울: 한국해양수산개발원, 2008), pp. 108-109.

도부의 고민은 미얀마에 대한 미국 등 서구제국의 접근으로 인한 중국의 영향력 감소보다는 미얀마의 민주화가 국경을 넘어 중국으로 확대되는 것이라고 타임스(Times)는 지적했다.[19]

중국과 파키스탄

중국의 국제광산회사(GMC: Global Mining Company)는 2011년 10월 파키스탄의 신드 주 정부와 타르(Thar) 석탄광구 개발사업에 합의하였다.[20] GMC는 2016년까지 총 45억 달러 중 30억 달러는 광산에, 15억 달러는 도로와 통신, 그리고 변전설비 등 인프라를 건설하는데 투자할 계획이다. 신드주에 위치한 타르 석탄 광구는 사막지역으로 석탄 매장량은 약 1,750억 톤으로 영국, 독일, 터키 업체들도 석탄개발 사업에 관심을 표명해 왔으나 중국 회사가 최종적으로 참여하게 되었다. GMC는 이번 프로젝트를 통해 앞으로 3년 안에 매년 500만 톤의 석탄을 생산하고 900MW의 전력을 생산할 계획이다.

중국의 리커창 총리는 2013년 5월 22일 파키스탄을 방문하고 자르다리 대통령을 접견하고 난 후 가진 공동성명에서 양국은 에너지 개발, 전력 생산에 협력하기로 했다고 밝혔다. 파키스탄은 전력 생산량이 부족하여 단전이 자주 발생, 주민들의 항의가 빈발하고 있다고 한다. 중국은 파키스탄의 펀자브 주 챠슈마 지역에 원자로 2기를 이미 건설했으며, 이번 방문을 통해서 원자로 2기를 추가 건설해 주기로 합의하였다. 리 총리의 파키스탄 방문은 2014년 말 미군이 아프가니스탄에서 철수하면 아프간탈레반과

19) 지연진, "빗장 풀린 미얀마, 중국관계 삐걱", 아시아경제, 2013.06.18.
20) 이진주, "중국, 파키스탄 석탄광구 개발 본격화", 전기신문, 2011.10.04.

긴밀한 관계에 있는 파키스탄을 통해 중국이 아프간 내에서 영향력을 확대하기 위한 포석이라는 분석도 있다.[21)]

또한 리 총리는 파키스탄 방문 마지막 날인 5월 23일 발표한 공동성명에서 '중국과 파키스탄은 동투르키스탄 이슬람 운동(ETIM: East Turkestan Islamic Movement)을 쌍방의 공동위협으로 간주한다'고 밝혔다. 위구르 독립운동의 한 분파인 ETIM은 신장위구르자치구를 중국에서 분리해 동투르키스탄이라는 나라를 건국해야 한다는 주장을 펴 온 분리주의 단체이다. 중국이 이들에 대한 활동을 억제하자 ETIM은 인접한 파키스탄 및 중앙아시아 국가들의 이슬람 급진단체들과 연계해 전사들을 양성하고 조직을 보전하고 있다.[22)] 따라서 중국은 파키스탄과 타지키스탄 등 중앙아시아 국가들과 연대해 위구르 분리독립운동을 저지하려 하고 있다. 신장위구르 지역은 1천만 명에 가까운 위구르인들의 전통적 삶의 터전이었는데, 중국은 건국 이후 꾸준히 한족을 이 지역에 이주시켜 현재 총인구 2,400만 명 가운데 한족 비율은 40%를 넘었고, 자치구 수도인 우루무치시의 경우 한족비율은 75%에 달한다.

중국의 시진핑 주석은 베이징에서 2013년 7월 4일 같은 날짜에 샤리프 파키스탄 총리와 앤터니 인도 국방장관의 예방을 받고, 파키스탄과는 과다르 항구 운영과 경제 · 군사지원 방안을 협의했으며, 인도와는 히말라야 국경지대에서의 충돌방지를 비롯한 군사분야 관계개선 방안을 논의했다.[23)] 샤리프 총리의 방중은 두 나라의 전략적 협력관계를 더욱 공고히

21) 유창엽, "중국, 에너지난 해소 지원키로", 연합뉴스, 2013.05.23.
22) 차대운, "중국-파키스탄 '위구르 독립세력, 공동 대응", 연합뉴스, 2013.05.24.
23) 신삼호, "중국, 파키스탄 인도와 양다리 외교", 연합뉴스, 2013.07.05.

하는 계기가 되었으며, 샤리프 총리는 베이징 지하철을 직접 탑승하는 등 중국의 지하철에 관심을 보였는데, 이는 파키스탄이 지하철 건설에 중국의 지원을 염두에 둔 것으로 보인다. 한편 중국과 인도는 히말라야 국경분쟁은 물론 인도양의 영향력에 대해서도 경쟁관계에 있는데, 최근 인도가 남중국해에서 중국의 반대에도 불구하고 베트남과 석유 및 가스전을 공동으로 개발하는 등 중국을 자극해오고 있기 때문에 중국은 이러한 제반 문제를 인도와 대화를 통해 원만하게 해결하려는 의도로 보인다.

중국의 해군항으로 사용될 것으로 보이는 과다르항

중국 국유기업인 해외항구유한공사는 2013년 2월 18일 파키스탄 정부로부터 그때까지 싱가포르에서 운영해 오던 과다르항의 운영권을 넘겨받았다고 발표했다. 이 항구는 중동 석유의 수출통로인 호르무즈 해협과 불과 400km 거리에 있다. 현재 중국 원유수입의 80% 이상이 미국이 주도권을 가지고 있는 말라카 해협을 통과하고 있기 때문에 중국은 유사시를 대비하여 과다르 항구에서 신장위구르자치구의 카슈가르를 잇는 철도와 송유관 건설도 파키스탄과 협의하고 있다(도해 6-6 참조). 파키스탄-중국 경제회랑으로 불리는 이 회랑은 길이가 약 2,564km로 현재 건설 중인 송유관과 고속도로가 완성되면 양국은 차차 고속철도 건설도 예정하고 있다.

그런데 이 과다르 항구가 단순한 에너지 수송에 그치지 않고 중국이 자국의 해군력을 주둔시키려는 의도가 있는 것이 아닌가 하는 관측도 나

〈도해 6-6〉 과다르-신장위구르 자치구 송유관

출처: 안용현, "중, 석유운송통로 파키스탄 과다르항 운영권 확보", 조선일보, 2013.02.01.

온다.[24] 중국의 원자바오 총리가 2001년 8월 파키스탄을 방문했을 때 이 항구는 준공되었다. 하지만 2006년 말 파키스탄 정부는 당시 '테러와의 전쟁' 동맹국인 미국을 의식해 잠정적으로 과다르항 운영권을 싱가포르에 넘겼다가 2013년에 비로소 중국으로 이관한 것이다.[25] 중국은 2013년에 과다르항 재건에 소요되는 예산 2억5천만 달러 가운데 75%를 부담하는 조건으로 싱가포르 기업으로부터 이 항구의 운영권을 넘겨받은 것이다.

중국과 파키스탄의 군사협력은 동맹수준에 가깝다고 볼 수 있다. 그러나 미국과 파키스탄 관계는 소원한 것이 사실이다. 2011년 5월 미군이 파키스탄 내에서 빈 라덴을 사살하였고, 10월에는 NATO군의 오폭으로 파키스탄군인 28명이 사망하는 사건도 발생했다. 영국 국제전략문제연구소

24) 고기정, "중, 중동관문 파키스탄 항구 사들여", 동아일보, 2013.02.01.
25) 박민희, "중국, 과다르항 운영권 인수…인도양 수송 요충지 확보", 한겨레, 2013. 02.18.

〈도해 6-7〉 중국의 남중국해 영해 주장

출처: 장성구, "남중국해 영유권 분쟁", 연합뉴스, 2014.01.10.

라울 로이초우드리 연구원은 과다르 해군기지가 완공되면 중국은 군함과 잠수함의 영구적인 정박권리를 제공 받을 가능성이 큰데, 이는 중국이 걸프지역을 통과하는 자국의 유조선을 보호한다는 명목으로 인도양의 미 해군 제해권에 도전하는 계기가 될 것이라고 분석했다.[26]

동아시아 섬의 분쟁과 중 · 미 · 일 관계

동 · 남중국해 영토 영토분쟁이 동남아시아의 전략적 가치를 크게 부상시킴에 따라 이 지역이 중 · 미 · 일의 새로운 외교 각축장으로 대두하고 있다. 특히 남중국해는 중국, 베트남, 필리핀 등과 영유권 분쟁에 휩싸여

2 6) 최형규, "미-파키스탄 불화 틈 파고드는 중국", 중앙일보, 2012.01.27.

있는 지역이다(도해 6-7 참조).

중국은 남중국해에 대해 확고하게 영유권 주장을 해 오고 있기는 하지만, 외교적 노력을 기울여 이 지역이 분쟁으로 휩싸이는 것을 바라지 않고 있다. 중국 외교부장 왕이는 2013년 3월 취임 이후 인도네시아, 싱가포르, 브루나이, 말레이시아, 태국, 베트남, 라오스 등을 방문하였고, 일본의 아베 신조 총리는 2012년 12월 취임 이후 베트남, 태국, 인도네시아, 미얀마, 싱가포르, 말레이시아, 필리핀을 잇달아 방문했다. 미국 부통령 조 바이든도 2013년 7월 26일 싱가포르를 방문해 리셴룽(李顯龍) 총리, 그리고 당시 싱가포르를 방문 중인 일본의 아베 총리하고도 회담을 하고, 중국이 동 · 남중국해 분쟁을 강압이나 무력으로 해결하려 해서는 안 된다고 언급하였다.[27]

중국은 2009년 이후 아세안(ASEAN)의 최대무역 파트너가 되었는데, 2010년 2,320억 달러였던 양측 교역량은 2011년 2,840억 달러로 약 20% 증가하였으며, 중국의 아세안 투자도 2010년 27억 달러에서 2011년 59억 달러로 117% 증가했다. 한편 미국은 2011년 이라크와 아프가니스탄에서 전쟁을 일단락 지은 후 중국이 일본을 제치고 세계 2위의 경제대국으로 부상하던 상황에서 아시아로의 '전략적 중심축 이동(Pivot to Asia)'을 선언했다. 미국은 2013년 처음으로 신형 연안전투함인 프리덤호를 싱가포르에 배치했는데, 수심이 얕고 섬이 많은 곳에서 기동력을 발휘할 수 있는 이 전투함 배치는 남중국해에서 위협적인 중국의 해군력을 의식한 조치로 보인다.[28]

---

27) 현경숙, "동남아, 미-중-일의 새 외교 각축장으로 부상", 연합뉴스, 2013.08.02.
28) *Ibid*.

중화인민공화국 탄생 이후 중국공산당은 베트남 정치에 깊이 관여했다. 1950년대 초 프랑스와의 전쟁 기간 중에 베트남은 중국으로부터 무기, 전쟁물자 및 병참지원을 받았다. 베트남에 대한 중국의 지원 물자는 1951년 매달 20톤에 불과했지만, 1952년 매달 400톤으로, 1953년에는 750톤으로 늘어났다. 베트남은 마침내 디엔비엔푸(Dien Vien Phu) 전투에서 프랑스군을 격퇴시켜 1954년 독립을 쟁취하는 듯 했으나 서구 열강은 제네바 협정을 통해 베트남을 다시 북위 17도를 기준으로 남북으로 분단시켰고, 이후 남북은 전쟁에 돌입하였다. 미국의 남베트남 지원에 맞서 중국은 북베트남을 지원하였다.

중국과 베트남과의 긴밀한 관계는 소련이 베트남전에 관여하면서 소원해지기 시작했다. 베트남 전쟁 기간 중 캄란만(Cam Ranh Bay)은 소련해군을 위한 군수물자 조달과 연료보급소 역할을 했다. 이를 통해 소련 해군은 인도양과 페르시아만 지역으로의 진출이 용이하게 되었다. 그리고 이 기지는 중소분쟁 발생 시 소련이 중국으로 공격을 개시하기 위한 잠재적 전초기지 역할을 할 것으로 기대되었다. 이렇듯 중국과 베트남 간의 불화는 1970년대부터 1980년대까지 계속되었다. 1974년 서사군도에서 남부 베트남 군대에 대한 중국 해군의 공격, 1979년 중국의 북부 베트남 국경침공, 그리고 1988년 남사군도의 피셔리리프(Fishery Reef)에서 중국해군의 베트남해군 공격 등으로 이어졌다. 중국과 베트남 간에 또 다른 해결하기 어려운 문제는 베트남의 캄보디아 침공이었다. 이 문제는 1988년 중국의 캄보디아 지원정책과 소련의 국내적 어려움(아프간에서의 소련군의 고전) 때문에 결국 소련이 베트남을 설득하여 캄보디아에서 군대를 철수함으로써 일단락되었다.

지금도 중국과 베트남은 남중국해 도서에 대한 영유권 문제로 소원(疎遠)한 관계에 있다. 남중국해의 남사군도 영유권 문제를 놓고 중국과 분쟁을 벌이고 있는 베트남은 2013년 3월 중국 선박이 자국 어선에 발포했다고 항의하고, 중국은 신호탄 발사였다고 반박하는 등 긴장이 조성되기도 했지만, 양국 정상이 베이징에서 만나 앞으로 해상에서 문제가 발생할 경우를 대비해서 핫라인 설치와 통킹만 해안의 자원개발을 위해 공동조사를 하기로 합의하였다. 중국과 베트남은 2013년 6월 쯔엉 떤 상 베트남 국가주석이 베이징을 방문하였고, 8월에는 양국 외무장관의 베이징 회담을 통해 관계강화를 모색해 오고 있으나 아직까지 타협점을 찾지 못하고 있다.

필리핀도 남사군도 영유권 분쟁으로 중국과 신경전을 벌이고 있다. 중국은 2012년 이후 필리핀산 바나나 수입을 제한하고 있다. 최근 중국의 암묵적 압박을 직감한 필리핀은 2013년 중국의 왕이(王毅) 외교부장의 자국방문을 요청하는 등 유화적인 제스처도 취하고 있다. 이는 시진핑 중국 국가주석이 남사군도 문제에 대해 중국의 주권확보를 전제로 분쟁을 중단하고 공동개발 방식을 통해 해양분쟁 문제를 해결해야 한다고 밝힌데 따른 필리핀의 반응으로 보인다.

그러나 2013년 1월 필리핀이 중국과의 도서 영유권 문제를 유엔국제해양재판소에 제소하자 중국은 2월 구축함과 호위함을 필리핀 앞바다에 보내 무력시위를 했다. 그 후 필리핀은 2013년 7월 일본의 아베총리가 마닐라를 방문하여 아키노 필리핀 대통령과 가진 정상회담에서 중국 문제에 공동 대응하기로 합의하고, 일본이 순시선 10척을 필리핀에 제공하기로 약속했다.[29] 일본 순시선은 필리핀의 해상 경비능력을 향상시킴으로써 남중국해에서 일본과 필리핀이 공동으로 중국을 견제하기 위한 노력으로 보인다.

동남아시아 국가들은 미 · 중 · 일 등 강대국가들이 이 지역의 역학관계에 개입하게 된 것을 일단 환영하면서 자국의 이익 극대화가 어떤 방향으로 가야할지를 저울질하고 있다. 남사군도 문제를 놓고 동남아시아 관련 국가들은 중국과의 직접적인 영토분쟁 충돌은 피하면서 당분간 분쟁지역의 자원 공동개발 방안을 모색하는 방향으로 나갈 것으로 전망된다. 미국도 이 지역 영토분쟁에서 어느 일방을 지원하기보다 대화와 타협을 유도하고, 특히 영토분쟁이 군사적 충돌을 야기하는 경우가 발생하지 않도록 외교역량을 발휘할 것이다. 이는 미국의 '아시아 회귀정책'의 첫 번째 시험케이스가 될 수도 있기 때문이다.

동남아시아에 지대한 영향력을 미칠 수 있는 세력은 미국과 중국이다. 최근 미국의 아시아 회귀전략에도 불구하고 이 지역에서 중국의 호감도가 미국과 거의 비슷한 수준까지 올라간 것으로 조사됐다.[30] 2013년 7월 22일 워싱턴포스트(WP)에 따르면 미국 퓨리서치센터가 지난 3월초부터 5월 말까지 세계 39개국 3만 7,653명을 대상으로 "미국과 중국 중 어느 나라를 좋아 하느냐"라고 조사한 결과 미국을 좋아한다는 응답은 63%, 중국을 좋아한다는 응답은 50%로 나타났으며, 싫어한다는 응답은 미국 30%, 중국 36%였다. 아시아 국가들과 호주의 중 · 미에 대한 호감도는 〈도해 6-8〉과 같다. 이 조사는 미국이 아시아, 유럽, 아프리카에서, 중국은 이

29) 조준형, 황희경, "중-베트남 밀월로 남중국해 반중국연대 균열", 연합뉴스, 2013.08.05.
30) 송민섭, "동남아시아 국가들, '美보다 中이 좋아'", 세계일보, 2013.07.23.

〈도해 6-8〉 중 · 미에 대한 주요국가 호감도

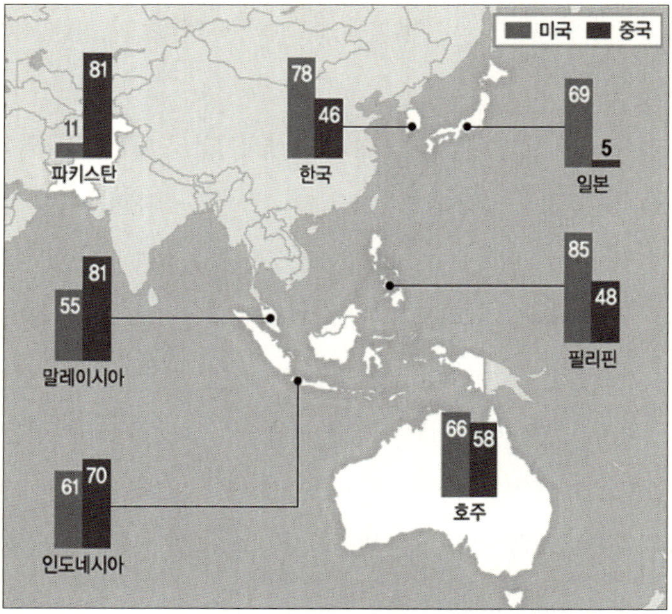

출처: 송민섭, "동남아시아 국가들, '美보다 中이 좋아'", 세계일보, 2013.07.23.

슬람권과 남미 일부 국가에서 인기가 높다고 분석했는데, 중국의 호감도가 과거 조사에 비해 다소 상승한 것은 중국이 세계 제2의 경제대국이 된 것과 유관하다고 볼 수 있다.

서태평양-인도양 일대에서의 중 · 미 경쟁 가시화

2009년 출범한 미국의 오바마 행정부는 테러문제와 중동지역에 몰입했던 부시 행정부의 외교정책에 대한 반성으로 '아시아 중시정책'을 강조했는바, 이는 이 지역에서 약진하고 있는 중국의 영향력을 견제하기 위한 것으로 보인다. 미국의 아시아 중시정책은 경제협력강화로부터 시작되었는데, 여기에는 인도네시아, 싱가포르, 태국, 필리핀 등 전통적 우호 국가들은 물론, 중국과 남중국해 영유권 분쟁을 놓고 대립하고 있는 핵심 당사국인 베트남과 새로운 문민정부 출범 이후 민주여정을 시작한 미얀마 등이 포함된다.[31] 또한 미국은 2011년부터 아세안국가연합(ASEAN: Association of Southeast Asian Nations)이 주도적으로 추진해 온 동아시아정상회의(EAS: East Asia Summit)에 공식 참여함으로써 중국을 견제하려 하고 있고, 미국이 주도하는 환태평양전략적경제동반자협정(TPP: Trans-Pacific Strategic Economic Partnership)에 말레이시아, 베트남 등 동남아국가들의 참여를 유도하기 시작했다.

한편 중국은 최근 미국의 환태평양전략적경제동반자협정에 맞서 역내포괄적경제동반자협정(RCEP: Regional Comprehensive Economic Partnership) 체결에 관심을 집중하고 있다. TPP가 새로운 무역규범의 창설을 목표로 한다면, RCEP는 통합시장을 구축하여 중첩된 자유무역협정으로 인한 거래비용을 줄이는 것을 그 목표로 하기 때문에 차이가 있는 것이다. 중국을 고립시키려는 미국 주도의 경제통합 협정인 TPP와 아세안(ASEAN)과 점진적 경제통합을 이루려는 중국의 RCEP는 이제 격돌이 예상되고 있다. RCEP는 동아시아 정상회의 참여국 중 미국과 러시아를 제외한 모든 국가가 대상이다. 현재 이 두 협정에 동시에 가입하려는 국가는 일본과 호주 등 7개국, RCEP에만 참여 국가는 중국, 한국, 인도 등 9개 나라, TPP에만 가입하려는 국가는 미국, 캐나다 등 5개 국가이다.

남중국해 원유의 추정 매장량은 2,130억 배럴(사우디아라비아 원유 추정매

31) 배긍찬, "미중 경쟁과 인도네시아의 중견국 외교", 국립외교원 외교안보연구소, 2013, p. 7.

〈도표 6-1〉 남중국해에서의 군사적 충돌 일지

국가	군사적 충돌
중국의 일방 조치	1. 2010년 중국, 일방적으로 서사군도, 중사군도에 금어(fishing ban)기간 선포, 주변국들과 마찰 빚음
중국과 베트남	1. 중국이 서사군도를 점령(1974). 2. 중국해군 함정이 조업 중인 베트남 어선에 발포, 베트남 어부 5명 부상(2007) 3. 2011년 중국, 베트남 EEZ에서 탐사선의 케이블 절단하는 사건발생, 베트남의 무력시위와 미국을 위시한 7개 국가의 합동군사훈련 실시
중국과 필리핀	1. 중국이 필리핀령 팡가니방 산호도를 점령(1995). 2. 2척의 중국 어선이 필리핀 전함에 의해 침몰(1999). 3. 2012년 초 스카보로 숄(Scarborough Shoal)에서 중국선박과 필리핀 해군과의 몇 주간 대치상태, 중국에서는 남사, 서사, 중사를 관할하는 행정시인 싼사시(三沙시를 강화하고 군 배치, 미 상원 즉각 중국의 조치를 비난하는 결의안 채택
필리핀과 베트남	1. 베트남이 테넨트(Tennent) 산호초 부근에서 필리핀 어선에 발포(1998). 2. 베트남이 남사군도에서 필리핀 정찰기에 발포(1999).
말레이시아와 필리핀	양국 군대 항공기가 말레이시아령 산호초에서 충돌(1999).
대만과 베트남	대만 포대가 베트남 보급선에 발포(1995).
미국	1. 2009년 미 해군 탐사선 임페커블(Impeccable)호가 하이난 섬 근방에서 정찰활동을 하던 중 중국선박에 의해 위협을 받은 사건 발생 2. 2011년 7월 미 국무장관 힐러리 클린턴 ASEAN Regional Forum에서 '항행의 자유'와 '연안국 간에 해양법과 국제법에 따른 분쟁의 평화적 해결 도모' 주장

출처: US Energy Information Administration, "The South China Sea Tables", (February 2013).

장량 2,600억 배럴) 정도이며, 천연가스는 900조 입방피트이며, 남중국해를 무역로로 이용하는 나라는 한국과 일본이 각각 80%, 말레이시아 85%, 태국 95%, 중국 90% 등이며, 세계의 원유와 천연가스의 67%(수에즈운하의 2배, 파나마 운하의 15배 수준), 한국 · 일본 · 중국으로 가는 원유와 천연가스

〈도표 6-2〉 중국과 주변국가의 남중국해 영유권/해양관할권 주장

구분	영유권	해양관할권	비고
브루나이	1개의 해양지형물	본토로부터의 EEZ와 대륙붕	
중국	난사, 시사 군도 전체	본토로부터 EEZ 시사, 난사 군도전체의 EEZ와 대륙붕 U자형 선: 역사적 권리	
인도네시아	없음	나투나(Natuna) 섬으로부터의 EEZ와 대륙붕	
말레이시아	난사군도 중 7개 섬	본토로부터의 EEZ와 연장된 대륙붕	
필리핀	난사군도의 칼라얀(Kalayaan) 지역의 해양지형물	군도기선으로부터의 EEZ 칼라얀(Kalayaan) 그룹을 위한 섬 전체	
대만	난사, 시사 군도 전체	본토로부터 EEZ	
베트남	난사, 시사 군도 전체	본토로부터 EEZ와 연장된 대륙붕	

출처: Q&A: South China Sea Dispute
www.bbc.com/news/world-asia-pacific-13748349(인터넷 검색: 2014.05.08.)

80~90%가 남중국해를 통과하고 있다[32] 남중국해의 이러한 전략적 가치 때문에 이 지역에서는 관련 당사국들 간에 분쟁이 계속되고 있다(도표 6-1 및 도표 6-2 참조).

대만도 최근 남중국해에서 영토분쟁으로 긴장이 고조되자 해군력 강화에 적극적으로 나서고 있다. 대만 해군은 2014년 1월 9일 해군력 강화 15개년 장기계획을 발표하였다. 대만은 미국으로부터 잠수함 도입을 추진하였으나 미국이 재래식 잠수함을 더 이상 건조하지 않아 10여 년 간 구매가 진전되지 못하자 자체적으로 잠수함을 건조하는 계획을 발전시키고 있다.[33] 대만의 이러한 움직임은 남중국해의 긴장상태가 자칫 중국의 대만 침공 빌미를 제공할 수도 있다는 우려 때문으로 보인다.

32) 이재현, "남중국해 분쟁의 이해와 향후 전망", 국립외교원 외교안보연구소, 2012, p. 7.
33) 류성무, "대만, 남중국해 긴장 속 해군력 강화", 연합뉴스, 2014.01.10.

〈도해 6-9〉 아태지역 미해군 기지 및 중 · 미 해군력 비교

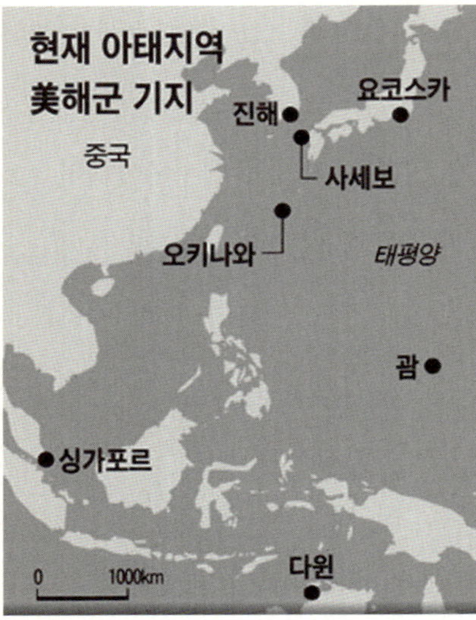

미국과 중국 군사력 비교

미국		중국
6420억달러	군사예산	1060억달러
156만9000명 (32만1000명)	병력 (해군)	228만5000명 (25만5000명)
6302대	전차	7400대
3252대	전투기	1669대
450기	대륙간 탄도미사일	66기
71척	잠수정	62척
11대	항공모함	1대
282척	전함	60척

자료: 미 국방부 군사력 보고서

출처: 최유식, "미, 2020년까지 해군력 60퍼센트 아시아-태평양에 배치", 조선일보, 2012.06.04.

2013년 12월 5일 중국 군함과 미 해군의 순양함이 남중국해에서 충돌할 뻔한 상황이 발생했다. 이 해역은 상황 발생 한 달 전 중국이 방공식별구역을 선포한 지역이기도 하다. 뉴욕타임스 보도에 의하면 이날 공해상에서 미국의 순양함 코우펜스는 인근에서 작전 중이던 중국의 항공모함 랴오닝호를 감시하는 과정에서 항공모함을 호위하던 중국의 도크형 상륙함이 처음에는 순양함과 평행으로 항해하다가 갑자기 선수를 순양함 쪽으로 돌려 180m 거리까지 접근해 옴에 따라 미국 순양함은 방향을 급선회하여 이를 회피함으로써 겨우 사고를 면했다는 것이다.[34] 중국은 자국의 항공모함을 가까운 거리에서 감시하는 미 해군의 순양함이 앞으로 그러

34) Jane Perlez, "American and Chinese Navy Ships Nearly Collided in South China Sea", New York Times, December 14, 2013.

한 행동을 자제해 줄 것을 간접적으로 요구하는 제스처를 보낸 것으로 보인다.

미국은 아시아 중시정책에 따라 아태지역에 광범위하게 해군기지를 운용하고 있다(도해 6-9 참조). 이들 기지는 다분히 점증하는 중국의 해양 도전에 대비하기 위한 대응전략이라고 할 수 있다. 실제로 중국 입장에서는 미국의 중국군 작전에 대한 감시활동은 늘 매우 민감한 사안이 되어왔다. 2001년 미국의 첩보수집기 EP-3 한 대가 중국의 남쪽 해안에서 중국의 군사활동을 추적한다는 이유로 중국 공군 전투기 한 대가 출격하여 서로 충돌함으로써 중국 전투기는 추락하고 미국 첩보기는 하이난 섬에 불시착한 사고가 있었다. 또한 2009년에는 남중국해의 공해상에서 감시활동을 하던 미 해군의 임페커블호를 중국 선박 5척이 위협해옴에 따라 미국 선박이 이를 피하려고 비상 기동을 한 경우도 있었다.

그런데 이번 중국 군함과 미 순양함 사고는 발생 후 1주일이 지나서야 미국과 중국에서 공식적으로 발표하였는데, 이는 남중국해에서 중 · 미 양국 해군이 긴장을 고조시키는 행위를 자제하기 위한 것으로 보인다. 그러나 앞으로 이러한 우발적 충돌이 재발할 경우 심대한 불안정 상황이 이 지역에서 다시 대두될 가능성도 있다. 따라서 양국 해군은 군함간 통신을 포함한 선박조종 기준을 마련해야 할 것이라고 미 태평양함대사령부는 선언했다.[35]

35) 이태규, "미국-중국 군함 남중국해서 180m까지 접근했었다", 한국일보, 2013.12.15.

2. 중 · 미의 중동-아프리카 지역 전략

지금까지 세계에서 발견된 석유매장량의 3분의 2 정도는 페르시아 만 주변에 매장되어 있다. 페르시아 만 연안 국가들은 세계 석유수출량의 40% 정도를 차지하고 있다. 중국은 1993년부터 석유제품의 순수입(수입이 수출을 초과)국으로 돌아섰으며, 1996년부터는 원유의 순수입국이 되었다. 2020년에 중국은 석유 수요량의 57~73%를 외국에서 수입할 것으로 추정된다.[36] 그러나 중동이 오랫동안 미국의 영향력 아래 놓여 있었기 때문에 중국의 대 중동정책은 조심스러웠던 것이 사실이다. 마침 1979년 이란에서 이슬람 혁명이 일어나 미국과 영국이 이란을 떠난 시점을 이용하여 중국은 이란에 접근하게 된다. 중국과 이란의 경제협력관계는 중국이 하이테크 자본재와 무기, 기술지원서비스를 제공하고, 이란이 중국에 석유와 원자재를 제공함으로써 양국관계가 돈독하게 되었다.

1990년부터는 중국과 이란 간의 무역량이 급격하게 늘었고, 2003년에는 중국의 양대 자동차 회사가 이란에 생산 공장을 신설하였으며, 2007년에는 중국이 석유매장량이 엄청난 야다바란(Yadavaran) 유전 개발권 일부를 약속받았다. 부시 행정부에서 악의 축으로 지목 받은 이란은 지금도 미국과 껄끄러운 관계에 있다. 중국은 이 점을 이용해 21세기 경 미국의 단극체제(Unipolar System)가 흔들릴 경우 '중국 중심의 아시아'에서 이란을 중동의 맹방으로 끌어들이려 하고 있다.[37]

---

36) 마틴 자크 저, 안세민 옮김, 『중국이 세계를 지배하면』(서울: 부키, 2010), p. 439.
37) *Ibid.*, pp. 441-442.

이란은 핵무기 개발을 의심 받아 오랫동안 미국의 경제제재 조치를 받아왔다. 중국은 이 틈새를 이용하여 이란 산 원유를 비교적 저렴한 가격에 지속적으로 공급 받아왔다. 2012년 6월 월스트리트저널(WSJ)은 39척의 유조선을 소유한 국영 이란유조선회사가 미국의 제재를 피하기 위해 1억 달러짜리 유조선 '세이프'호를 3년 전 발주하고도 마치 소유권이 없는 것처럼 위장했다고 보도했다.[38] 이 유조선은 건조비가 약 1억 달러이며, 중국 상하이 조선유한공사가 건조한 것으로 이 배에는 2억 달러 상당의 원유 200만 배럴을 선적할 수 있다고 한다.

영국의 일간지 가디언(Guardian)은 2013년 6월 미국 국가안보국(NSA)의 첩보 데이터 분석 도구인 '국경 없는 정보원(Boundless Informant: BI)'에 관한 내부 기밀문서를 단독 입수, 이 BI가 만든 '세계 열기 지도'(Global Heat Map)를 공개했다. 이 자료에 의하면 미국 정보 당국이 가장 집중적으로 첩보를 캔 곳은 핵무장 파문을 일으킨 이란과 이슬람 테러세력이 출몰하는 파키스탄, 미국의 중동 동맹국인 요르단 등 3곳이었다.[39] 이처럼 미국은 아직도 이란을 예의 주시하고 있음이 확인되었다.

2013년 11월 24일 스위스 제네바에서 열린 이란과 유엔안전보장이사회 5개 상임이사국 및 독일(P+1)이 참여한 이란 핵 문제에 관한 협상에서 각국 대표들은 협상안에 최종 합의했다. 이번 타결안의 핵심은 이란이 핵무기 개발을 위한 핵 프로그램 추진을 중지하며 광범위한 국제 사찰에 동의하는 대신 오바마 행정부는 의회의 동의가 필요 없는 약 70억 달러 규모

38) 박희준, "이란 산 원유 수송을 위해 꼼수부리는 중국과 이란", 아시아경제, 2012.06.22.
39) 박영석, "미 첩보감시 세계지도 공개, 이란 최고강도 주시", 연합뉴스, 2013.06.09.

의 이란 제재 해제에 따른 금융 지원에 동의한 것이다.[40] 이번 합의안 타결에 따라 이란은 동결됐던 해외 자산 42억 달러를 회수하고 그동안 해외 판매를 하지 못했던 석유화학 제품과 차량 관련 품목 등 19억 달러 상당을 해외에 수출할 수 있게 됐다.

10년을 넘게 끌어온 이란 핵 문제에 관해 국제사회가 이란과 첫 번째 합의를 이끌어내기는 했지만 앞으로 이스라엘의 미국 의회에 대한 로비 결과에 따라 제네바 합의가 수정될 가능성도 있기 때문에 이란문제는 현재 완전하게 타결되었다고 보기는 어렵다. 또한 이란이 미국과의 협상에서 핵 프로그램을 포기하고 적대관계를 청산한다고 해도 결국 이란은 전통적 우방인 중국과 유대관계를 지속해 나갈 것이며, 이란은 중국에 석유를 우선적으로 수출하고 무기를 구입하여 중동에서 리더국으로서의 지위를 지키기 위해 노력해 나갈 것이다.

중국과 아프리카

중국은 1956년 아프리카 국가로는 처음으로 이집트와 수교했다. 그 이후 1963년 당시 저우언라이 총리와 천이 외교부장은 55일 간 아프리카 10개국을 방문했다. 1989년 천안문 사태 이후 서방세계가 중국에 대해 고립 정책을 펴자 중국은 본격적으로 아프리카에 눈을 돌리기 시작했다. 아프리카의 자원과 경제적 잠재력을 높이 평가한 결과였다. 1991년부터 지금까지 중국 외교부장은 매년 1월 아프리카 방문을 시작으로 1년 일정을 시작한다. 중국이 아프리카 국가들에게 쏟은 정성이 어떤지는 중국의 대아

40) 김원식, "이란핵 협상 극적 타결…70억 달러 지원", 오마이뉴스, 2013.11.24.

프리카 경제지원에서 쉽게 알 수 있다. 중국은 지금까지 아프리카 여러 나라에 철도와 도로, 댐, 발전소 건설은 물론이고 학교, 방송국, 극장 등 문화시설까지 총 800건이 넘는 무료지원 사업을 시행해 왔다.[41] 경제지원도 무이자, 무조건, 무담보 방식이었다.

2006년 후진타오 주석이 아프리카를 순방하고 나서 중국과 아프리카 관계는 더욱 밀접하게 되었다. 그해 11월에는 아프리카 48개국 정상들이 중국-아프리카 포럼 참석을 위해 베이징에 도착하였다. 여기에서 원자바오 총리는 향후 3년간 30억 달러의 우대차관을 제공하고 20억 달러의 우대 신용대출을 제공하기로 했으며, 형편이 어려운 국가에 대해서는 2005년 말 만기인 무이자 채권형태의 부채를 전액 탕감해 주었다. 또한 향후 3년 동안 1만 5천여 명의 아프리카 인재에게 중국 연수기회를 제공하고, 아프리카에 병원 30군데와 학교 10군데를 짓고 장학금을 받는 아프리카 학생 수를 한 해 2천명에서 4천명으로 늘리기로 했다. 2010년대에 들어서 아프리카 국가들은 석유생산량의 절반 이상을 중국에 수출하고 있으며, 중국의 최대 원유 공급국은 사우디에서 앙골라로 바뀌었다. 이제 중국은 전체 원유 수입량의 31%를 아프리카에서 가져오고 있으며, 목재도 전체 수입량의 20%를 아프리카에서 들여온다.[42]

실제로 중국과 아프리카 몇 개 나라의 예를 들어보자.[43] 잠비아에서는 1,200만 명의 노동자 중 120만 명이 중국인이 경영하거나 지분을 소유한 기업에서 일하고 있으며, 석유와 천연가스 등 광물자원에 대한 개발기금

41) 윤춘호, "중국의 아프리카 장악…그 길고 긴 역사", SBS, 2013.3.29.
42) 마틴 자크 저, 안세민 옮김, *op. cit.*, pp. 424-425.
43) 윤재웅, 『슈퍼차이나의 미래』(서울: 청림출판, 2012), pp. 60-70.

〈도해 6-10〉 아프리카 전도

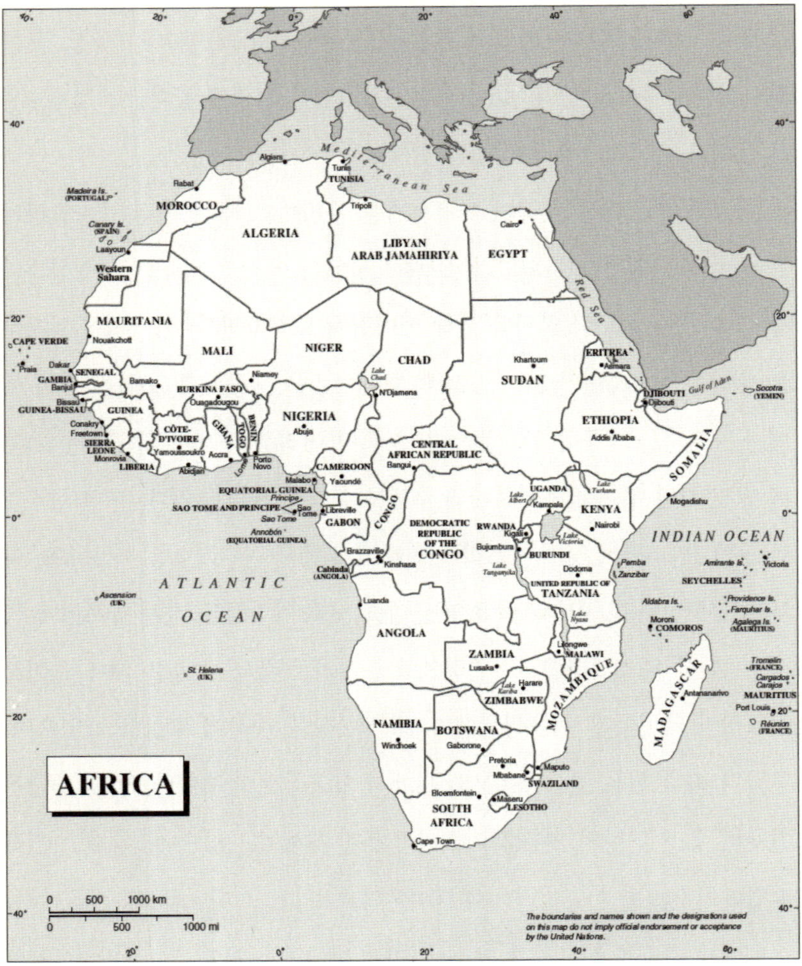

의 60% 이상이 중국정부와 기업에서 나오고 있다. 수단은 비산유 국가였지만 1998년 이래 중국이 지속적인 투자를 함으로써 현재는 하루 50만 배럴을 생산하는 산유국가가 되었다. 이 나라에서 생산된 원유의 60% 이상이 중국으로 수출되고 있다. 가나는 2011년 중국으로부터 에너지, 농업,

수송 분야 등 인프라 구축기금으로 130억 달러의 차관제공 계약을 체결했다.

중국이 아프리카에 관심을 가지는 이유는 급속히 성장하는 자국의 경제 활동에 막대한 원자재가 필요하기 때문이다. 2003년 기준 중국의 원유 소비량은 세계 전체의 7%, 알루미늄 소비량은 25%, 철강 제품 소비량은 27%, 철광석 소비량은 30%, 석탄 소비량은 31%, 시멘트 소비량은 40% 수준이었다.[44] 이러한 미래 예측이 가능했던지는 알 수 없으나 중국은 1960~1970년대 냉전시기에 아프리카 지원에 눈을 돌리기 시작했다. 당시 아프리카 지역 자원개발에 필수적이라고 판단되었던 잠비아-탄자니아 철도 건설에 세계은행과 서방 국가들이 채산성이 맞지 않다고 참여를 거부하자 중국은 이 공사에 5억 달러의 자금과 총 5만 여명의 기술자와 근로자를 투입하여 착공 5년 만인 1975년 1,859km의 철도를 완성해 주었다.

실제로 외국으로부터 자원을 확보하기 위한 게임에서는 어느 나라도 깨끗해질 수 없다는 것이 석유정치의 기본이다.[45] 영국의 석유회사 비피(BP)의 앙고라 부패정권에 대한 뇌물제공, 프랑스의 석유회사 엘프(Elf)의 가봉의 봉고 대통령에게 대한 통치자금 제공 등은 공공연한 비밀이다. 중국이 아프리카의 국가들에 대해 지원을 아끼지 않은 것이나 서구의 석유메이저가 아프리카에 대하는 태도에는 근본적인 차이가 없는 것이다.

2013년 3월 24일 시진핑 주석은 취임 후 첫 해외순방에서 러시아에 이

44) 마틴 자크 저, 안세민 옮김, *op. cit.*, p. 424.
45) 스테판 할퍼 저, 권영근 옮김, 『베이징 컨센서스』(경기 파주: 북이십일21세기북스, 2011), pp. 96-97.

어 탄자니아를 두 번째 방문지로, 이어서 남아공과 콩고도 방문했다. 탄자니아 방문에서는 1970년대 탄자니아-잠비아 철도건설 과정에서 사고 등으로 숨진 60여 명의 중국인 묘지를 방문하고 헌화했다.[46] 시진핑 주석은 탄자니아 키퀘테 대통령과 총 공사비 약 100억 달러의 바가모요항 공동개발에 합의하였는데, 이 항구는 향후 중국의 해군기지로 이용될 수 있다는 전망도 나왔다. 중국은 2008년 이후 아덴만 해적 퇴치작전에 참가한 이래 지금까지 14차례 타국에 해군을 파견해 원양해군의 경험을 축적해 왔다. 그런데 아프리카에서 원유를 수송하는 길목인 인도양에 적당한 해군기지가 없어서 보급에 어려움을 겪어왔는데 탄자니아에 있는 바가모요항이 이러한 역할을 해 줄 수 있을 것으로 기대하고 있다.[47] 탄자니아 입장에서도 그들의 항구가 테러조직과 소말리아 해적의 위협에 노출되어 있기 때문에 이들을 퇴치하기 위해 중국과의 협력이 요구되어 바가모요항 개발은 양국의 요구에 부응한다고 볼 수 있다.

이렇게 공들인 결과 2012년도 중국과 아프리카 무역액은 2,000억 달러를 넘어섰는데, 이는 2000년에 비해 무려 20배나 늘어난 수치였다. 오늘날 아프리카에는 중국인 약 100만 명이 살고 있으며, 중국에는 아프리카인 약 20만 명이 근로자로 일하고 있다. 아프리카에는 중국인 기업이 88개 정도가 성업 중이며, 중국은 아프리카 국가에 대한 인력개발 연수, 의료지원, 의료진 현지파견 및 말라리아 백신개발, 기술협력, UN 평화유지군 참여 등으로 대아프리카 우호협력 증진에 열을 올리고 있다. 2000년에 들어서자 중국은 '중국-아프리카 포럼(Forum on China-Africa Cooperation:

46) 윤춘호, "중국의 아프리카 장악…그 길고 긴 역사", SBS, 2013.3.29.
47) 고기정, "중국, 탄자니아에 인도양 해군거점 만든다", 동아일보, 2013.03.26.

<도표 6-3> 중국-아프리카 협력포럼 개최 현황

일시	주요 이벤트	내용
2000.10.10~12(베이징)	창립, 제1회 장관급회의	44개국 참가, FOCAC 구성
2003.12.15~16(에티오피아)	제2회 장관급 회의	44개 국가 참가, 2004~2006년 행동계획 결의
2006.11.13(베이징)	제3회 장관급 회의	48객 국가 참가, 2007-2009년 행동계획 결의
2006.11.4~5(베이징)	정상회담 개최	아프리카 35개국 대통령 참가
2009.11.10(이집트)	제4회 장관급 회의 개최	2010~2012 행동계획 통과
2012.7.13(베이징)	제5회 장관급 회담	2013-2015년 행동계획 통과

출처: http://www.focac.org/eng/ltda/dyjbzjhy/(인터넷 검색: 2013.12.20.)

FOCAC)'을 창설하고, 과거의 지원방식인 '무상원조-무이자 차관'에서 '우대차관-부채탕감'으로 지원정책을 전환하였다.[48] 실제로 중국은 2003년 FOCAC 제2차 장관급 회담에서 아프리카에 제공했던 차관 13억 달러를 탕감하기로 결정했고, 2009년 4차 장관급 회담에서는 100억 달러의 차관을 제공하였다(도표 6-3 참조).

21세기에 들어서면서 중국과 아프리카 국가들은 경제적으로 동반성장 관계를 설정했다고 볼 수 있다. 아프리카에는 중국이 필요로 하는 다양한 광물의 매장량이 상당하다(도표 6-4 참조).

2000~2010년 사이에 세계에서 가장 경제성장률이 높은 10개 국가에 아프리카 국가가 6개나 포함되어 있다.[49] 이 기간에 세계에서 가장 높은

48) 김동하, 『차이나 소프트 파워』(서울: 무한, 2011), p. 59.
49) Which are the fastest growing economies?(인터넷 검색: 2013.12.12) http://www.wisegeek.com/which-are-the-fastest-growing-economies.htm

〈도표 6-4〉 아프리카와 전 세계 광물 매장량 비교

상품	아프리카	전 세계	아프리카의 비중(%)
백금(톤)	63,000	71,000	89
다이아몬드(백만 캐럿)	350	580	60
코발트(톤)	3,690,000	7,000,000	53
금(톤)	10,059	35,941	28
우라늄(톤)	656	4,416	15
망간(천 톤)	52,000	380,000	14
크롬(천 톤)	100,000	810,000	12
티타늄(천 톤)	63,000	660,000	10
니켈(천 톤)	4,205	62,000	7
석탄(백만 톤)	55,367	984,453	6

출처: 마틴 자크 저, 『중국이 세계를 지배하면』 안세민 옮김(서울: 부키, 2010), p. 426.

성장률을 기록한 나라는 앙골라(11.1%)였고, 그 뒤를 중국(10.3%), 미얀마(10.3%), 나이지리아(8.9%), 에티오피아(8.4%)가 따랐고, 나머지 아프리카 3개국에는 차드, 모잠비크, 르완다가 포함되었다. 아프리카 국가들의 경제가 이렇게 괄목할만한 성장을 기록한 것은 중국의 영향이 컸다고 볼 수 있다. 중국이 아프리카에 많은 투자를 하고, 원자재를 수입하여 아프리카인들에게 일자리를 제공하였으며, 중국이 값싼 제품을 수출하여 아프리카인들의 소비를 부추겼기 때문이라고 볼 수 있다.

중국의 대아프리카 정책은 대략 다음과 같은 목적에 중점을 두고 추진되고 있다고 볼 수 있다.[50] 첫째는 에너지 자원 확보에 있다. 2005년 중국은 수단, 앙골라, 알제리, 나이지리아 등 아프리카 14개 국가에 27개 원유 및 가스 프로젝트에 투자하여 아프리카 에너지 수출 총량의 13%를 수입했는데, 이는 중국 에너지 수입의 30%에 해당된다. 둘째는 중국 기업들

50) 김동하, *op. cit.*, pp. 59-61.

의 신 시장 확보 지원이다. 2008년 미국발 금융위기로 중국의 수출시장이 미국과 EU에 편중됨에 따라 생긴 문제점을 보완하기 위해 아프리카 쪽으로 시장 다변화를 모색한 것이다. 셋째는 중국은 아프리카 국가들에 대한 내정불간섭 정책으로 그들의 정체성을 존중함으로써 정치적 연대감을 형성하는 것이다. 넷째로 중국은 아프리카에 서구의 획일적인 민주주의나 시장경제 모델 보다는 중국식 경제발전 모델을 소개하는 것이다.

중국과 아프리카 관계는 화교인구의 증가에서도 여실히 나타난다. 아프리카의 화교인구는 2001년 말 기준 13만 7천 명 정도였던 것이 2006년에는 약 50만 명으로 늘어났다. 아프리카에 거주하는 서구인이 불과 10만 명 정도인 것과 비교하면 화교의 위력을 알 수 있다. 지금까지 중국이 아프리카에 끼친 영향은 부정적인 면도 있겠지만 다음과 같은 긍정적인 기여도 했다고 볼 수 있다.[51] 첫째, 중국의 저가 상품이 아프리카 소비자들의 삶의 질을 향상시켰다는 것이고, 둘째, 중국이 아프리카에 무역, 원조, 투자를 확대함에 따라 아프리카 여러 나라가 대출조건이 까다로운 국제통화기금(IMF)이나 세계은행에 의존하지 않고 쉽게 중국으로부터 차관을 도입할 수 있었으며, 셋째, 중국의 아프리카 지원은 도로, 철도, 공공건물의 건설분야 뿐만 아니라 전문기술가를 파견하는 패키지 형태의 지원이었고, 마지막으로, IMF나 세계은행은 아프리카 국가들에게 대출조건으로 무역자유화, 민영화, 정부의 역할 축소, 민주주의와 인권 개선 등을 요구해 왔지만 중국은 아프리카 국가의 주권을 존중해 왔다는 점이 부각되었다.

---

51) 마틴 자크 저, 안세민 옮김, *op. cit.*, pp. 432-433.

아프리카의 심해 석유

프랑스의 토탈사는 아프리카 서해안과 코트디부아르의 상아해안을 거쳐 앙골라 해안까지 뻗어있는 제2의 페르시아만이라고 불리는 기니만의 1,000~1,500m 해저에서 석유를 채굴하고 있다. 앙골라는 1975년 포르투갈로부터 독립한 후 30년간 해방인민운동(구소련과 쿠바 지원)과 완전독립민족동맹(미국과 남아공 지원)간에 내전을 치르고 난 후 지금은 휴전상태로 평화를 유지하고 있다. 수도 루안다는 이제 심해 석유 덕분에 현대화 도시로 거듭나고 있으며 수도권 인구도 석유관련 일자리를 찾아 활기가 넘친다. 루안다에는 세계의 굴지 석유회사가 지점을 두고 있는데, 여기에는 토탈, 엑손, 영국석유(BP: British Petroleum), 셰브런텍사코, 중국 건설 정유회사 등이 포함된다. 앙골라 이외에도 나이지리아, 가봉, 콩고, 카메룬, 가나 앞바다에도 석유가 매장되어 있다고 하며, 예상 매장량은 1,200억 배럴에서 2,000억 배럴로 이는 전 세계 가채 석유 매장량의 17%에 해당된다.[52]

중 · 미의 아프리카 전략 경쟁

미국도 아프리카의 자원과 시장에 관심을 기울이기 시작했다. 글로벌 컨설팅회사 맥킨지의 조사에 의하면 현재 아프리카는 인구 100만 명 이상 도시가 52개, 도시화율은 40%, 인도는 100만 명 이상 도시가 30개, 도시화율은 30%, 중국은 100만 명 이상 도시가 45개, 도시화율은 55%로 나타났다.[53] 이처럼 아프리카는 인도와 중국에 버금가는 사장 잠재력을 가지

---

5 2) 사라 치룰 저, 박미화 옮김, 『심해전쟁』(서울: 웅진씽크빅, 2011), p. 210.

5 3) 김민철, "아프리카는 미래 아닌 현재의 시장", 연합뉴스, 2013.11.23.

고 있는 것이다.

미국의 오바마 대통령은 2013년 7월 세네갈, 남아공, 탄자니아 등 3개 나라를 방문했다. 그의 순방은 아프리카에서 중국의 영향력이 급속하게 커지는데 대한 대응 순방이기는 했지만 그의 순방은 그해 3월 시진핑의 탄자니아, 남아공, 콩고공화국 등의 순방과는 기간과 방문 국가들과의 협상 내용면에서 훨씬 못 미친다는 평가였다.[54] 오바마 대통령이 아프리카를 방문하고 불과 1주일 후 아프리카에서 석유를 제일 많이 생산하는 나이지리아 대통령은 중국을 방문하고 시진핑 주석을 만나 11억 달러의 융자와 나이지리아산 원유의 수입 증가를 약속 받았다. 후진타오 전 국가주석도 임기 중에 일곱 번이나 아프리카를 방문하였으며, 중국은 2009년도에 아프리카의 가장 큰 교역 상대 국가였던 미국, 영국, 프랑스 등을 제치고 1위의 교역상대국이 되었다.

중국과 미국은 대 아프리카 교역 규모에서도 뚜렷한 차이를 보이고 있다. 2012년 중국의 아프리카 교역 규모는 1,985억 달러로 전년(1,663억 달러) 대비 322억 달러가 늘었지만, 동 기간 미국의 경우 996억 달러로 전년(1,258억 달러) 대비 262억 달러 줄어들었다. 한편 스탠다드차타드그룹은 2015년 중국과 아프리카의 교역이 3,850억 달러로 크게 상승할 것으로 전망했다. 미국의 국제무역위원회의 조사에 의하면 중국이 아프리카로부터 수입한 물품 중 석유, 철광석, 그리고 구리 등의 원자재가 86%를 차지했다고 한다. 중국의 국영방송인 CCTV가 2012년 1월 케냐 나이로비에 현지 방송국을 개설하였고, 신화통신은 현재 아프리카지역에 20개

54) 윤예나, "뜨는 신흥시장 아프리카 구애경쟁…미가 중에 판정패", 조선일보, 2013.07.04.

이상의 지국을 설립하는 등 중국은 미디어 분야에서도 아프리카와 연계를 강화하고 있다.[55]

3. 중 · 미의 중남미/북극해 전략

중국은 국영기업인 시노펙, 페트로차이나 등을 앞세워 해외 자원 사재기에 박차를 가하고 있다. 이들 업체는 일단 인수합병을 시작하면 국영은행에서 낮은 금리로 무제한 대출을 받기 때문에 든든한 자금력을 갖춘 서방의 메이저 에너지 업체들도 중국과의 경쟁에서는 번번이 손을 들고 만다. 중국의 이러한 논리는 돈을 주고도 자원을 구하지 못하는 상황보다는 과감한 투자가 궁극적으로는 국익에 도움이 된다는 논리이다. 2000년대 초 중국 국가주석 후진타오는 브라질과 아르헨티나, 칠레, 쿠바를 방문해 이들 국가들과 경제교류를 확대하기 위한 초석을 깔아 놓았다.[56] 현재 브라질은 중국에 철광석, 면화, 목재, 아연을, 아르헨티나는 콩을, 칠레는 구리를, 베네수엘라는 석유를 수출하고 있다.

중국은 2009년에만 자원 부국인 러시아, 베네수엘라, 브라질 등과 장기 원유도입 계약을 체결했다. 2009년 2월 중국 국가개발은행은 러시아 최대석유회사인 로스네프트와 트랜스네프트에 각각 150억불, 100억불의

55) 배준호, "중일 아프리카 쟁탈전" 이투데이, 2013.06.05.
56) 마틴 자크 저, 안세민 옮김, *op. cit.*, p. 423.

차관을 제공해 준 대신, 중국석유천연가스공사(CNPC)가 향후 20년 동안 3억 톤의 원유를 공급 받는 계약을 체결했다. 이처럼 중국의 해외자원 인수 전략은 아프리카, 중동에 이어 러시아와 중남미로 뻗어 나가고 있다. 중국이 대상으로 하는 해외자원에는 원유, 천연가스, 철광석 등은 물론 셰일가스(shale gas: 퇴적암층인 셰일 층에 함유된 메탄가스)와 오일샌드(oil sand: 기름이 섞어있는 모래)도 포함하고 있다.[57]

중국의 아프리카, 중남미에 대한 영향력 증대 노력은 이제 북극권으로까지 확대하고 있다. 신대륙 발견 후에 극지는 탐험가들에게 초유의 관심 지역이었다. 1594년 네덜란드의 탐험가 윌리엄 바렌츠지가 바렌츠 해에 도착하였고, 1616년 영국의 윌리엄 배핀은 북위 77도 45분의 해역, 즉 배핀 만까지 항행했다. 18세기 중엽 러시아의 탐험가 베링은 베링 해협을 발견하였다. 산업혁명으로 항해기술이 발달하여 핀란드의 탐험가 노르덴시욀드는 1878년 7월 21일 노르웨이의 트롬소를 출발해 1879년 7월 22일 알라스카의 클라렌스 항구에 도착해 북동항로를 열었다.[58] 한편 노르웨이의 탐험가 아문센은 1903년 6월 노르웨이를 서쪽으로 항해해 3년의 고생 끝에 베링 해협을 통과해 태평양 북안에 도달함으로써 북서항로를 개척하였으며, 1908년 4월 6일 미국의 탐험가 피어리가 북극점에 성공적으로 도착하였다(도해 6-11 참조).

중국원양운수집단 소속 융성호(永盛号: 19,000톤급)는 2013년 8월 8일 중국의 타이창 항구를 출발해 9월 10일 7,800해리 거리인 네덜란드 로테르담에 도착함으로써 성공적으로 북극항로 시험운항을 마쳤다. 중국 상선으

---

57) 윤재웅, *op. cit.*, p. 79.
58) 곡금량 저, 김태만 외 옮김, *op. cit.*, pp. 146-147.

〈도해 6-11〉 북극해, 북극항로 현황

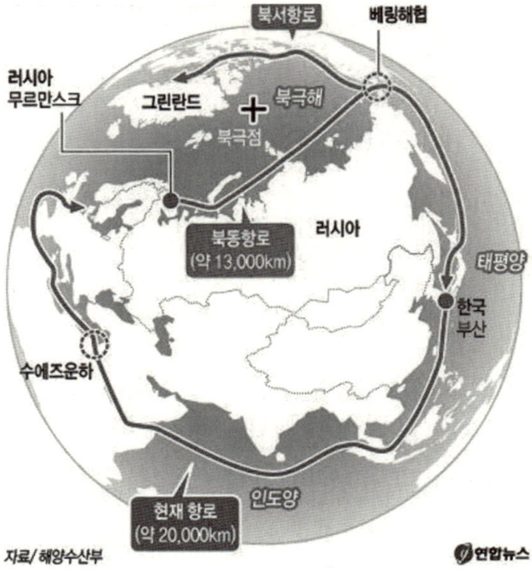

출처: 김토일, "북극해, 북극항로 현황", 연합뉴스, 2013.06.16.

로는 처음으로 북극항로 운항에 나선 융성호는 중국 장쑤(江蘇)성 타이창(太倉)에서 출발해 러시아 위쪽 항로인 북동항로를 이용해 약 7,800여 해리를 27일간 항해해 네덜란드 로테르담에 도착했다. 이는 말라카 해협, 수에즈운하를 거치는 항로보다 약 2,800여 해리 짧은 거리로 항해 일수도 9일 단축된 것이다. 중국과 유럽연합의 2012년 교역량은 5,460억 달러로 중 · 미 교역량인 4,796억 달러를 뛰어 넘었다. 중국은 향후 2020년까지 북극해 항로를 따라 해상무역의 5~15%를 수송할 계획이라고 한다.[59]

또한 북극은 자원도 풍부한 곳으로 알려지고 있다. 북극에는 세계 원

59) 오관철, "중국화물선 북극항로 첫 출항", 경향신문, 2013.08.12

〈도해 6-12〉 북극해의 해상수송로와 원유 매장지역

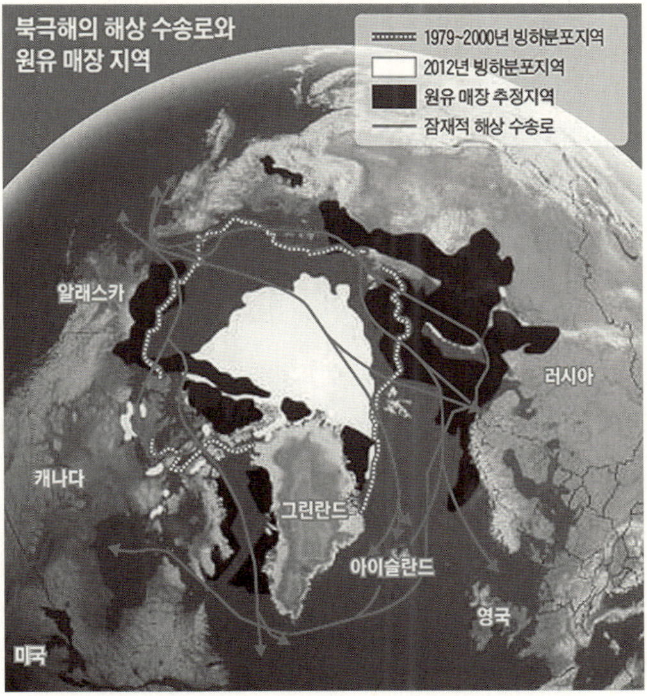

출처: 이재준, "북극 빙하 40% 줄어들자 '콜드러시'", 조선일보, 2014.02.24.

유 매장량의 13%, 천연가스 매장량의 30%, 이 외에도 약 2조 달러 상당의 철광석, 구리, 니켈, 다이아몬드, 은 등의 광물도 매장된 것으로 알려져 있다. 북극해 관리는 러시아, 미국, 캐나다, 노르웨이, 스웨덴, 아이슬란드 등 연안국 회원들로 구성된 북극 이사회가 담당한다. 여기에 지난해 한국을 비롯해 중국, 인도, 이탈리아, 일본 등이 옵서버 자격으로 가입함으로써 북극 개발 경쟁이 가속화되고 있다. 미국 국립 빙설자료센터(NSDIC)에 따르면, 30여 년 전에 비해 빙하 면적이 40% 이상 줄어들었다고 한다(도해 6-12 참조).

특히 중국은 2013년 4월 유럽 국가 중 처음으로 아이슬란드와 자유무역협정을 체결하고 양국이 북극지역의 지속 가능한 발전을 위해 해양자원개발, 환경, 선박운항 등에서 협력할 것을 합의했다. 월스트리트저널(WSJ)은 세계 각국이 북극자원 개발에 쏟는 비용은 17억 달러에 달하며, 영국은 철광석, 스코틀랜드는 심해 원유, 캐나다는 루비, 중국은 석유개발사업에 집중 투자하고 있다고 보도했다.[60] 중국의 석유기업 중국해양석유총공사(CNOOC)는 아이슬란드 석유회사 아이콘에너지(Eykon Energy)와 합작으로 얀마옌섬(Jan Mayen) 부근 석유개발권을 획득했으며, 영국 철광기업 런던마이닝과 제휴해 23억 달러의 철광석 프로젝트를 착수하였고, 호주 철광석 기업 징크 전력통신선(PLC: Power Line Communication)과 합작으로 4억 8,500만 달러의 프로젝트를 진행하고 있다.

중국에 맞서 미국도 북극항로에 관심을 기울이고 있다. 미국은 쇄빙선 '폴라스타(Polar Star)'호가 북극항로를 개척하기 위해 파견될 것이라고 월스트리트지가 2014년 1월 13일 보도했다. 미 해군관계자는 북극항로가 성공적으로 개척될 경우 미 에너지 운송비 절감효과는 무려 1조 달러에 이를 것이라고 전망했다. 이 신문은 해군의 북극운항 경험 부족, 극단적인 날씨, 그리고 국방예산의 문제 등으로 이 계획의 성사여부는 미지수라고 보도했다.[61] 실제로 미국 국방예산은 2014년에는 310억 달러, 내년에는 420억 달러를 삭감해야 하는 상황에 직면하고 있다. 그러나 미 국방부는 예산 삭감에도 불구하고 북극에서 미국의 주권을 행사하기 위한 준비를

60) 염지현, "중국 자원식탐, 아프리카서 북극으로…신 자원전쟁 뜨겁다", 이데일리, 2013.08.26.

61) 조인스닷컴, "미해군, 북극해양로 개척위해 쇄빙선 파견", 2014.01.13.

해야 한다고 주장하고 있다.

파나마운하와 중 · 미 전략

1869년 수에즈운하의 개통이 증기와 철의 시대에 대영제국이 팍스브리타니카(Pax Britannica: 영국에 의한 세계평화)의 위용을 보여주었듯이, 1914년 파나마운하의 개통은 기술의 첨단을 걷던 미국을 팍스아메리카나(Pax Americana: 미국에 의한 세계평화)의 반열에 올려놓았다.

스페인의 젊은 탐험가 바스코 발보아는 16세기 초에 대서양에서 태평양 쪽으로 답사를 하고 태평양을 바라 본 최초의 유럽인으로 역사에 기록되었다. 이때부터 파나마 지역은 운하 건설업자들의 지대한 관심을 불러 일으켰다. 프랑스인 페르디낭 드 레셉스(Ferdinand de Lesseps)는 수에즈운하를 계획하고 마침내 1869년 이 운하를 완공하여 프랑스의 국민적 영웅이 되었다. 레셉스는 1879년 수에즈운하의 경험을 살려 파나마운하를 건설하겠다고 발표했다. 많은 비관론에도 불구하고 레셉스는 수에즈운하 길이의 절반인 82km의 파나마 운하는 건설이 가능하다고 역설했다. 마침내 1880년 12월 성공적으로 회사 주식이 발행되었고, 10만 명 이상이 주식을 사자 그는 파나마 운하사업에 착수하였다.[62]

그러나 그 지역은 연중 8개월간 지속되는 우기와 독사, 그리고 해충이 득실거려 공사 시작 몇 주 만에 인부들은 무서운 황열병에 걸렸고, 이 병에 감염된 환자 중 70%는 사망했다. 1888년 사망자 누계가 2만 여 명으로 불어나자 1889년 레셉스는 80만 명의 투자자들로부터 모은 재산을 탕진

62) 데보라 캐드베리 저, 박신현 옮김, 『강철혁명』(서울: 생각의나무, 2011), pp. 255-266.

하고 파산했다. 그런데 1901년 시어도어 루스벨트가 미국 대통령에 취임하면서 다시 파나마운하에 지대한 관심을 가지자 프랑스 회사는 지금까지의 공사부분을 4,000만 달러에 팔 의향이 있다고 미국에 통보했다. 시어도어 루스벨트 대통령은 이 조건을 받아들여 새로 설립된 미국운하위원회에 운하사업 인수를 요청했으나 기존의 프랑스 회사의 자산을 매입하는데 지불해야 할 과도한 비용 때문에 동 위원회의 승인을 얻지 못했다.[63]

그러나 1902년 루스벨트 대통령의 집요한 운하 건설 의지로 미 상원은 파나마 운하 건설 최종 표결에서 42대 34로 운하 건설안을 채택하였다. 한편 운하를 위한 미국과 콜롬비아 정부간의 조약에 미국은 파나마운하지대에서 효율적으로 통치권을 행사할 수 있도록 갱신이 가능한 100년 단위 임차 계약을 맺고, 그 대가로 미국은 매년 1,025만 달러를 콜롬비아에 지불하기로 명시하였다. 이 때 콜롬비아 의회가 굴욕적이라고 조약 승인을 거부하자 미국은 파나마가 콜롬비아에서 분리 독립할 수 있도록 파나마의 분리독립자들을 사주하여 혁명을 부추기고 결국, 미해군은 전함 3척을 파나마 독립전투에 참가시켜 콜롬비아 군대를 몰아내고 1903년 11월 4일 파나마는 콜롬비아로부터 독립하였다.[64] 미국은 1907년부터 1914년까지 총 3억 7,500만 달러를 투입하고 매년 평균 4만 명의 노동자가 운하건설에 참여하여 파나마 운하는 개통되었다.

운하 건설은 미국 대통령 세 명의 임기 동안 진행되었지만 루스벨트가 목표의식을 고취시킨 장본인이며 그 사업을 성공시킨 화신이라는 점에 대해서는 이견이 없다. 운하의 계단식 갑문을 만드는데 사용된 콘크리트 양

63) 스티븐 솔로몬 저, 주경철, 안민석 옮김, 『물의 세계사』(서울: 민음사, 2013), pp. 391-392.
64) *Ibid.*, pp. 393-395.

은 1930년대 후버댐이 완성될 때까지 단일 공사로는 세계 최대를 기록했다. 1914년 8월 15일로 예정되었던 운하개설 국제경축행사는 1차 세계대전이 발발하는 바람에 열리지 못했고, 루스벨트 대통령은 완성된 운하를 방문해보지도 못하고 60세의 나이로 세상을 떠났다.

파나마운하는 단계적으로 확장과 개선 작업이 진행되어 대형 전함이나 유조선, 그리고 화물 수송선도 지날 수 있게 되어 20세기 후반 해운혁명의 근간이 되었다. 이 운하 개통 후 미국의 수출과 해외투자는 급증했고, 해외시장과 원자재는 역동적인 미국 산업경제의 초석이 되었는데, 1929년 미국은 전 세계 총 산업생산량의 거의 절반을 차지하는 세계 1등 국가가 되었다. 한편 미해군은 이 운하를 이용하여 아시아와 유럽에서 발생하는 국제분쟁에 전투력을 투사할 수 있게 되었다.

2차 세계대전 후에 파나마운하를 놓고 미국과 파나마 사이에 분쟁이 일기 시작했다. 파나마 국민들과 학생들은 운하의 국유화를 외쳤고, 거기에 주둔하고 있던 미군은 이들을 저지하기 위해 맞섰다. 1956년 수에즈 운하에 분규가 발생하였을 때 미국은 영국과 프랑스에 재정적, 그리고 외교적 압력을 가해 운하를 이집트에 되돌려 주도록 한 바 있으나, 이제 미국은 자국의 이익이 걸린 파나마운하는 포기할 수 없었다. 파나마운하 국유화를 위한 그곳 국민들의 분규는 1964년 1월 9일 절정에 달했는데, 이 때 약 20명의 파나마 국민과 미군 병사 5명이 죽었다.

그러다가 1974년 미국과 파나마는 운하문제에 대한 협상을 재개하였고, 1977년 파나마운하 통제권을 파나마에 돌려주는 대신 운하 운영은 영구히 중립을 지킬 것을 약속하는 조약을 체결하게 되었다. 그 과정을 거쳐 파나마는 1999년 12월 31일부로 완전하게 독자적으로 파나마운하를 통제하기에 이르렀다. 파나마 정부는 그 운하의 완전한 통제권을 갖기 전에 컨테이너 수송을 위해 25년 간 운하의 대서양쪽과 태평양쪽 양안 항구를 운영하게 될 관리회사를 지정하라는 국제적 요구를 계약조건으로 받아들였다. 그 계약서에 파나마 정부와 파나마 운하관리청은 관리회사에 들어올 수 없게 되어있었기 때문에, 결국 홍콩에 본사를 둔 리카싱 소유의 후치슨 왐포아(Hutchison Whampoa: 和記黃有限公司) 회사가 관리회사로 선정되었다.[65)]

중국의 파나마운하 대체철도 콜롬비아에 부설 추진

중국과 콜롬비아 정부는 파나마 운하를 대체할 수 있는 철도를 건설하는 것을 심도 깊게 협상 중이라고 2011년 7월 13일 파이낸셜타임스(Financial Times)가 보도했다. 파나마와의 국경에 인접한 우라바와 쿠피카를 연결하는 철도는 총 연장 220km이며, 소요예산은 약 20억 달러로 추산된다(도해 6-13 참조). 지난 1980년대에 1,000만 달러였던 중국과 콜롬비아의 교역량은 2012년 50억 달러로 급증했다. 또한 두 나라는 부에나벤투라 항만의 확장과 길이 719km인 별도의 철도 건설 협상에서도 진전이 이루어졌다고 한다. 중국 개발은행이 융자하고 중국철도그룹이 맡게 될 76억 달러 규모 프로젝트가 완공되면 중국으로 수출되는 석탄이 우선적으로 수송될 것으로 알려졌다.[66)]

중국의 콜롬비아운하에 대해 일부 전문가들은 화물을 철도로 수송하

---

65) "중국은 현재 파나마 운하를 통제하고 있는가? " (인터넷 검색: 2012.12.10). http://transmissionsmedia.com/is-china-in-control-of-the-panama-canal/
66) 윤재준, "중, 파나마운하 대체 철도 콜롬비아에 뚫는다", 파이낸셜뉴스, 2011.2.14.

〈도해 6-13〉 중국-콜롬비아 신규철도 건설계획

출처: 윤재준, "중, 파나마운하 대체 철도 콜롬비아에 뚫는다", 파이낸셜뉴스, 2011.02.14

면 컨테이너 당 200달러가 소요되지만 운하의 경우 100달러면 되고, 철도를 통해 하루 20~30회 수송하는 물량은 운하에서 화물선 한 척(1만 2000TEU: 1TEU는 20피트 컨테이너 1개)이 수송하는 물량과 유사하기 때문에 철도의 효과가 있을지가 의문이라는 비판론도 제기되었다.[67] 그럼에도 불구하고 중국이 이 철도 부설을 기획하고 있는 것은 점증하는 대중남미 무역과 이들 지역으로부터의 자원수송에 원활을 기하기 위한 전략으로 보인다

67) *Ibid*.

중국의 심해 탐사

중국은 해양강국 프로젝트의 일환으로 심해탐사에도 박차를 가하고 있다. 중국은 2012년 6월 유인잠수정 자오룽(蛟龍)호를 이용하여 태평양 마리아나 해구 7,062m 해저에서 탐사활동을 함으로써 심해 탐사 세계기록을 세운 바 있다. 자오룽호는 2013년 6월 10일부터 103일 간 베트남, 필리핀 등과 영토분쟁이 치열한 남중국해에서 해양생물 다양성을 연구하였다. 자오룽호는 무게 21톤으로 승조원 3명이 타고 최장 9시간 동안 해저에서 탐사활동을 할 수 있다.

중국은 차세대 유인잠수정을 개발 중에 있는데 이것이 완성되면 최대 잠수 깊이는 11,000m가 될 것이라고 한다. 또한 장기적으로 우주정거장과 같은 역할을 하는 해저정거장을 건설하는 것도 연구 중에 있는데, 이는 심해 잠수정 요원이 먹고, 자고, 휴식하는 공간으로 활용하기 위함이다. 해저정거장은 룽궁(龍宮)이란 이름으로 개발 중인데 무게는 250여 톤으로 해저 2,500m에서 50명의 인력이 최대 2개월간 머무를 수 있도록 설계하고 있다고 한다. 중국은 오는 2020년 독자 우주정거장 운영을 목표로 이미 실험용 우주정거장 톈궁(天宮) 1호를 발사한데 이어 해저정거장 개발에 나사면서 우주는 물론 해양 강국으로의 도약을 가속화하고 있다.

중국과 니카라과 운하 건설

2013년 6월 니카라과 정부가 파나마운하보다 3배나 긴 길이 286km의 니카라과 운하건설사업을 홍콩니카라과운하개발투자공사(HKND)에 승인했다. 투자공사의 회장 왕징(王晴)은 중국 정부와 관련이 없고 순수하게 개인 회사 자격으로 운하를 건설할 것이라고 말했다. 이 프로젝트의 예산규모는 약 400억 달러로 역대 세계 인프라 프로젝트 중 가장 큰 규모가 될 전망이다.

이 운하가 2014년에 착공하여 2020년 완공되면 HKND는 50년 간 운하 운영권을 갖게 된다. HKND사는 운하와 더불어 현지의 항구, 철도, 국제공항, 송유관 건설권도 얻게 되는데 왕 회장은 이 프로젝트로 연간 55억 달러의 매출을 올릴 것을 기대하고 있다고 한다. 2012년 파나마운하의 매출액은 24억 달러, 세전 순이익은 16억 달러를 기록했다.[68]

니카라과운하는 파나마운하 계획단계에서부터 함께 거론되어 왔었는데, 1914년 82km의 파나마운하가 완공되면서 잊혀지게 되었다. 그러다가 니카라과 정부는 수년 전부터 아이티 다음으로 중남미에서 최빈국인 자국의 경제발전 방안으로 운하 카드를 들고 나와 홍콩 회사가 이 프로젝트를 맡게 되었다. 1903년 미국 자본으로 지어지는 파나마운하 건설안과 니카라과운하 건설안을 놓고 치열한 경쟁을 벌인 끝에 결국 파나마운하로 선정된 일이 있었다. 파나마는 운하를 유치해서 환경이 비슷한 이웃나라 니카라과보다 월등히 높은 국민소득을 향유한 국가가 되었다. 운하 건설 이래 파나마는 미국과 중남미의 물류 중심지가 되었고, 2010년 기준 국민 1인당 GDP가 7,000달러를 넘어섰으나 니카라과는 여전히 3,000달러 초반에 머무르고 있는 실정이다.[69]

이런 배경으로 니카라과가 운하 개발에 박차를 가하고 있기는 하지만 파나마운하가 정상적으로 운영되고 있는 상황인데다, 400억 달러라는 엄청난 공사비 확보 문제도 남아있어서 운하 프로젝트가 순조롭게 진척될지

68) 박선미, "왕징 홍콩니카라과운하개발 회장", 아시아경제, 2013.07.05.
69) 유진우, "니카라과 사활건 500년 숙원, 이번엔 이뤄질까", 조선비즈, 2012.07.11.

는 아직 미지수이다. 그럼에도 불구하고 중국과 중남미의 교역량이 획기적으로 불어난다면 파나마운하와 니카라과운하는 서로 상승효과를 낼 수도 있을 것이다. 이 운하가 완성되면 과거 파나마운하로 인하여 미국의 경제와 군사력이 급속하게 발전하는 계기가 되었던 것처럼, 니카라과운하도 중국으로 하여금 아프리카와 중남미에 무역 길을 열어 경제를 더욱 활성화하고 그들의 해군이 원양해군으로 발돋움하는데 기여할 수도 있을 것이다.

제7장
중 · 미 해양경쟁에서 승자는 누가 될 것인가?

권력은 다분히 동적이다. 세계적인 권력은 일정한 주기가 있는 것은 아니지만 이동하고 있는 것이다. 미국은 1919년 채무국에서 채권국으로 전환되었고, 그 이후 세계에서 가장 막강한 국가가 되었다.[1] 100여 년이 지난 지금 중국이 국제사회에서 채권국으로 부상했고, 이제는 미국이 채무국이 되었다. 권력 이동의 징후가 나타나기 시작한 것이다. 앞으로 중국과 미국이 해양에서 겨루게 된다면 이는 단순한 해군력의 충돌을 넘어 종합적인 국력의 대결이 될 것이다. 따라서 이 장에서는 중 · 미 해양경쟁의 승자를 추론해 보기 전에 우선, 두 나라가 처한 경제상황에 따라 치르게 될 경제전쟁을 알아보려고 한다. 그 다음에는 해양경쟁과 밀접하게 관련된 두 나라의 사이버전쟁 능력, 그리고 우주전쟁 능력을 분석한 후에 이들 요소를 종합하여 중 · 미 양국 중 과연 누가 해양경쟁의 승자가 될 것인가를 추론해보려고 한다.

---

1) 스테판 할퍼 저, 권영근 옮김 『베이징 컨센서스』(경기 파주: 북21세기북스, 2011), p. 62.

경제전쟁

중국과 미국은 오늘날 지정학적 경쟁자로 등장했다. 이 경쟁은 이미 피할 수 없는 현실로 다가왔다. 지금은 미국이 경쟁에서 우위이지만 퓨리서치(Pew Research Center) 조사에 의하면 중국이 경제대국으로 올라서고 언젠가 미국을 제치고 초강대국이 될 것으로 보고 있다. 그러나 아직도 많은 국가들은 미국을 중국보다 신뢰하고 더 가까운 친구로 생각하고 있다. 한 조사에 의하면 미국의 경제 리더국가 이미지는 2008년의 47%에서 2013년에는 41%로 낮아졌으며, 중국은 같은 기간에 20%에서 34%로 상승하였는데, 이러한 통계 추세는 미국과 친근한 나라에서 더 두드러졌다.[2] 영국에서는 경제력 면에서 중국이 미국보다 더 리더국가라는 평가가 53%, 미국이 중국보다 더 리더국가라는 평가가 33%였고, 독일에서는 각각 59% 대 19%로 두 나라 통계에서 모두 중국이 미국을 앞질렀다.

경제학자 케네스 로고프(Kenneth Rogoff)는 2008년도 말에서 2009년 초까지의 서양의 경제상황은 1929~1930년 대공황과도 비교가 안 될 만큼 생산, 국제무역, 금융시장의 몰락이 심각했다고 평가했다. 중국이 2008년 11월 10일 2년간 국내총생산의 7%에 해당하는 6천억 달러를 풀어 경기를 부양하겠다고 발표하자 전 세계 증권가는 주가가 급등하여 중국의 위력을 실감나게 만들었다.

2010년 1월 스위스 다보스에서 열린 제40회 세계경제포럼에서 중국의 상무부총리 리커창은 "우리는 국제 금융시스템을 개혁하고, 금융규제를 강화할 필요가 있으며, 지역 금융지원 체제를 제자리로 돌려놓아야 한다.

2) Bruce Stokes, "China, US Vie for World Approval", *China Focus*, August 27, 2013.

세계 기축통화를 발행하는 쪽의 책임성과 절제력이 강화돼야 한다"고 역설함으로써 지구촌 각지에서 모인 2천여 명의 지도자들에게 전 세계가 경제위기를 맞아 어떤 행동을 취해야 하는지 훈계조의 연설을 하고 나서 큰 박수를 받았다.[3] 중국이 위기의 세계경제에서 구원투수로 확인 받는 순간이었다.

2009년 1월 20일 오바마가 미국 대통령에 취임하자마자 수십만 개의 일자리가 사라지고 있었다. 다급해진 오바마 대통령은 그해 7월 말에 베이징을 방문하여 G2정상회담을 가졌다. 이 자리에서 오바마 대통령은 후진타오 주석에게 두 강대국이 관계를 다지고 갈등을 추방하며, 함께 21세기를 그려나가자며 유화 제스처를 보냈다. 그러나 중국은 미국에 대해 서서히 고자세를 취하기 시작했다. 2009년 4월 중국 중앙은행장 저우샤오촨(周小川)은 1971년 이후 달러를 기준으로 하는 현 기축통화체제의 문제점을 지적했다.

기축통화(基軸通貨)는 금과 더불어 국제간 결제나 금융거래에서 통용되는 통화로 키 커런시(key currency)라고도 한다. 미국의 달러가 현재 기축통화인데, 미국의 신인도가 하락함에 따라 세계경제에서 중대한 문제로 대두되고 있다. 미국은 미 달러가 기축통화이기 때문에 막대한 무역적자도 달러 발행으로 메우면 되지만, 중국은 약 1조3천억 달러를 미국 국채에 투자 중이었는데 달러 가치 폭락은 중국의 자산가치 하락으로 이어질 수 있기 때문에 달러를 국제기준통화로 삼는 체제를 지지할 수 없다는 논리였다. 그의 발언은 이제 위안화를 기축통화로 하고 금본위제도 부활을

3) 조풍연, "세계경제포럼 27일 개막…금융위기 이후 세계경제 집중 논의", 세계일보, 2010.01.27.

검토함으로써 미국의 세계경제 지배 논리를 중국이 더 이상 따라가지 않겠다는 경고성 발언이었다. 그러나 미국의 시장이 없으면 중국의 제조업이 무너진다. 두 나라의 무한전쟁은 핵폭탄보다는 금융과 무역 쪽에 있는 것이다.[4)]

오바마 대통령은 2009년 11월 중국 방문 당시 분위기 개선을 위해 향후 4년 동안 미국 학생 10만 명을 중국에 보내겠다고 했다. 교육과 문화 과학 및 인적교류를 활성화 해 지중파(知中派) 10만 명을 양성한다는 이른바 '10만 Strong Initiative' 플랜이다. 또한 그는 달라이 라마와의 면담도 사절하겠다고 했다. 그렇지만 그는 중국으로부터 별로 얻은 것도 없이 비위만 맞추고 돌아왔다. 2010년 5월 미 재무장관 가이트너는 베이징에서 열리는 G2 연례회의에 참석했다. 그는 중국을 방문하는 유명 인사들이 으례 치르는 대학 강연에서 미국은 이제부터 '긴축재정'을 준수하겠다고 말했다. 그의 발언은 어려운 형편에 처한 채무자가 은행가에게 대출금을 꼭 상환할 테니까 믿어 달라는 식이었으니, 세계 최강국 재무장관이 개발도상국 중국 앞에서 회개 기도를 하는 꼴이 되어 버렸다.[5)]

오늘날 세계화된 경제체제에서 중국도 미국과 유사한 병, 곧 지나친 부채에 시달리고 있는 것이 사실이다. 한 자료에 의하면 중국의 주요 경제주체들(정부, 지방단체, 가계, 기업)의 총부채는 국내총생산의 200%로 미국의 240%와 대동소이하다.[6)] 어떤 이들은 중국이 1990년 말 일본처럼 미래의 강국으로 떠오르려 했다가 부동산과 증권의 거품이 빠지면서 미국을 정복

4) 프랑수아 랑글레 저, 이세진 옮김, 『제국의 전쟁』(서울: 소와당, 2012), pp. 114-119.
5) *Ibid.*, pp. 120-121.
6) *Ibid.*, p. 238.

하겠다는 꿈이 날아간 것처럼, 중국도 그러한 좌절을 맛보고 말 것이라는 예측도 내놓았다. 그러나 중국이 일본과 다른 점은 중국이 비틀거리면 반드시 미국의 발목을 잡고 함께 넘어질 것이라는 것이다. 중 · 미 두 거인은 앞으로 돈 싸움, 성장 싸움, 세력 싸움을 이어 나갈 것이나, 상호 공멸의 극한 대립보다는 공생의 틀을 만들어 나갈 것으로 보인다.

미국의 경제학자 담비사 모요는 그녀가 쓴 책, 『서구의 몰락과 신흥국의 반격, 미국이 파산하는 날』에서 향후 미국과 중국의 패권경쟁 시나리오 네 가지를 다음과 같이 제시하였다.[7] 첫 번째 시나리오는 서구와 신흥국의 경제전쟁은 승패를 아직 점치기는 곤란하지만 장기적으로는 패자는 서구국가이고, 승자는 신흥국가가 될 것이라는 가정이다. 두 번째 시나리오는 중국 정부가 과거 30년의 발전 모델을 지속할 만한 중앙집권적 명령경제체제를 갖추지 못하고 소득격차, 일자리 창출 등 앞으로의 현안을 제대로 해결하지 못하면 경기가 후퇴할 것이라는 가정이다. 다만 미국이 처한 심각한 금융상황을 감안한다면 중국과 여타 신흥국들의 전망은 낙관적이며, 예상치 못한 만일의 사태를 제외한다면 중국이 승자가 될 것이라는 것이다.

세 번째 시나리오는 미국은 지금까지 세계적인 공공재(해상 항로의 안전 유지와 국제 안보)를 거의 혼자 부담해 왔기 때문에 이제부터는 정책 노선을 수정하여 반격을 가할 것이라는 가정이다. 그런데 미국이 소비를 줄이고 양질의 노동력을 바탕으로 제조업을 해야 반격이 가능한데, 그럴만한 돈이 없다는 것이 문제다. 네 번째 시나리오는 미국으로서는 극단적인 선택,

7) 담비사 모요 저, 김종수 역, 『서구의 몰락과 신흥국의 반격, 미국이 파산하는 날』(서울: 중앙 Books, 2011), PP. 288-306.

즉 세계를 향하여 채무불이행을 선언할 것이라는 가정이다. 경제대국 미국이 채무불이행이라는 극단 조치를 취한다면 체면에 손상은 되겠지만 이는 미국이 다시 회생할 수 있는 벼랑끝전술이 될 수 있다는 것이다. 실제로 중국은 미국이 중국으로부터 돈을 빌려 중국 제품을 사 주어야 경제를 유지할 수 있는 형편이기 때문이다.

하여튼 미국과 중국의 경제전쟁은 이미 시작되었고, 앞으로 최후의 승자가 누가 되느냐 보다는 그 전쟁이 파국으로 치닫지 않도록 양국이 외교력을 발휘해야 할 시기가 도래한 것이다.

사이버 스페이스 전쟁

사이버 공격은 자국의 주권을 보호하고 상대 국가를 공격하기 위해 낮은 비용으로 높은 효과를 얻을 수 있는 고효율 전략으로 알려져 있다. 미국과 중국의 해킹전쟁이 마침내 수면 위로 부상함에 따라 국제사회는 냉전종식 20여년 만에 사이버 신냉전에 직면하게 되었다.[8)] 예고도 없이 경제, 군사 통제시스템을 마비시키는 무차별 해킹은 공격의 실체를 쉽게 규명할 수 없다는 점에서 지금까지 존재했던 어떤 전쟁보다 큰 위협이 될 수 있다.

유엔 산하 국제전기통신연합(ITU: International Telecommunication Union)의 하마둔 투레(Hamadoun Toure) 사무총장은 2009년 10월 6일 제네바에서 열린 '텔레콤월드 2009' 포럼에 참여해 "다음 세계전쟁은 사이버 스페이스에서 벌어질 것"이라며 국제사회가 사이버 테러에 대한 대응책을

8) 신경립, "사이버 신냉전시대 오나", 서울경제, 2013.02.20.

강구하여야 한다고 AFP(Agence France-Presse, 프랑스 통신사) 통신이 보도했다.[9] 그는 세계 국가들은 상거래와 금융, 의료보험, 긴급서비스, 식량 보급 등 많은 부분을 첨단 사이버 기술에 의존하고 있기 때문에 사이버 전쟁은 삽시간에 국가의 주요 통신시설을 단절시켜 엄청난 재앙을 몰고 올 수 있다고 경고했다. 한편 2009년 재닛 나폴리타노(Janet Napolitano) 미국토안보부 장관도 100명의 사이버 보안 전문가들을 고용해 미국은 사이버 위협에 대응할 것이라고 밝혔다.

미 국방부는 2009년 미국을 향한 컴퓨터 공격에 대비하기 위해 '사이버 스페이스' 사령부를 신설했다. 이 사이버 스페이스 사령부는 컴퓨터 사용이 증가하는 미군 시설 가운데 중국이나 러시아가 공격해오는 컴퓨터 해킹 등에 대처하는 업무를 맡고 있다. 여기에 맞서 중국도 계속해서 사이버전쟁을 담당하는 첨단 프로그램을 개발해왔는데, 특히 최근에는 F-35를 제작하는 록히드마틴사의 컴퓨터에 침입해 항공기의 설계도를 해킹해 가기도 했다.[10] 미 국방부는 사이버 사령부가 앞으로 안보에 역점을 두고 사이버상의 자유를 확보하기 위한 공격적인 능력을 이용해 운영될 것이라고 발표하였다.

중국 정부가 지원하는 해커들의 공격으로 미국은 2조 달러에 달하는 지적 재산권에 대한 피해를 입었다고 마이크 로저스 미 하원 의원이 하원정보위원회에서 폭로하였다. 그는 중국 군부는 보안에 취약한 미국의 기업을 찾아내 해커들로 하여금 기업의 비밀을 빼내도록 지시해 오고 있다고

9) 이남진, "다음 전쟁은 사이버 스페이스에서…", 뉴시스, 2009.10.07.
10) 최철호, "미 국방부, 사이버사령부 신설", 뉴시스, 2009.06.24. * F 35: 미국과 영국이 설계한 스텔스 전투기.

하면서, 오늘날 대부분의 미국인은 이를 감지하지 못하고 있고, 미국 정부도 중국의 이러한 사이버 공격에 대비가 되어있지 않다고 지적했다.[11] 그는 중국은 이러한 사이버 절도로 매년 7% 이상의 경제성장을 이루고 있는 반면, 중국 때문에 미국의 경기회복은 피해만 입고 있다고 주장했다.

그는 또한 "러시아도 미국의 은행 시스템에 성공적으로 사이버 공격을 가할 수 있는데, 여러분이 지금 지갑에 가지고 있는 신용카드 회사는 오늘도 30만 번의 해킹 공격을 받을 수 있다"고 경고하였다. 러시아, 이란, 북한도 이러한 사이버 공격능력을 가지고 있으며, 중국과 러시아는 미국의 전자통신 시스템에 비밀리에 악성 코드를 심어 넣을 수 있기 때문에 이들이 마음만 먹으면 미국의 시스템을 사용 불가능하게 만들 수 있다고 경고했다.[12]

한 보도에 의하면 미국 정보 당국은 2011년 이란, 러시아, 중국, 북한 같은 적성국을 위주로 모두 231차례의 사이버 공격작전을 벌였으며, 6억 5천200만 달러(약 7천230억 원)를 들여 세계 각국의 컴퓨터 네트워크를 몰래 해킹해 조종하는 '지니(GENIE)'라는 작전을 감행해 왔다는 것이다.[13] 이 작전은 매년 외국의 전산기기 수만 대에 악성 소프트웨어를 심어왔으며, 앞으로 표적 대상을 수백만 대 수준으로 확대할 계획도 갖고 있다는 것이다. 2012년도 기준으로 볼 때 사이버 공격을 많이 주도한 국가 순위는 중국, 미국, 러시아, 대만, 터키 순이었다(도해 7-1 참조).

중국 관영 신화통신은 2013년 6월 23일 지난 수개월간 미국 정치인과

---

11) Adam Kredo, "Mike Rogers: China, Iran, and Russia Launching Cyber Attacks Against US", *Associated Press*, July 22, 2013.

12) *Ibid*.

13) 김태균, "미 2011년 북 · 중 등에 231차례 사이버 공격", 연합뉴스, 2013.08.31.

〈도해 7-1〉 사이버 공격 상위국가 비중

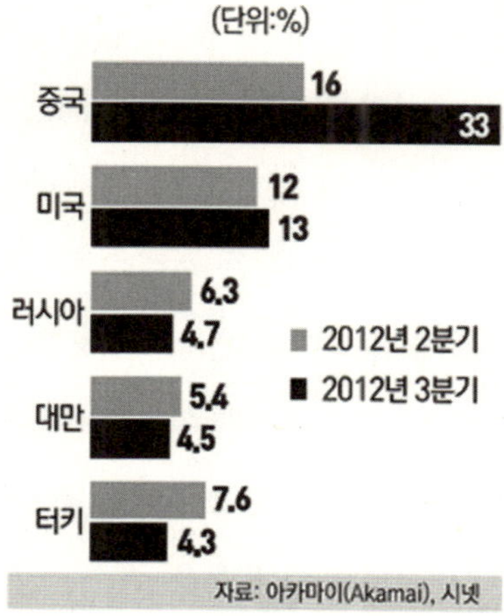

출처: 신경립, "사이버 신냉전시대 오나", 서울경제, 2013.02.20.

언론이 중국을 세상에서 가장 사악한 인터넷 스파이 국가 중 하나로 지목해왔지만, 에드워드 스노든(Edward Snowden)이 잇따라 폭로한대로 미 정부가 중국의 이동통신 기업들과 칭화대(清華大) 등을 해킹한 것에 대해 미국은 전 세계에 해명해야 할 책임이 있다고 논평했다.[14] 신화통신은 이어 미국이 그동안 자국 시민뿐 아니라 전 세계의 정부, 학술기관, 기업을 대상으로 스파이 활동을 해왔다는 스노든의 폭로 이후 상황이 바뀌었다며, 이는 결국 사이버공격 피해자라고 주장해온 미국이야말로 우리 시대에서 가장 사악한 인터넷 스파이라고 주장하며, 지금까지 미국이 비밀리에 운영해온 해킹프로그램의 범위와 목적도 세계에 소상하게 밝히라고 촉구했다.

중국은 세계 최강의 컴퓨터를 보유하고 있을 뿐만 아니라, 화웨이(華爲)

14) 차대윤, 이준삼, "중 신화통신, 미국은 IT 스파이행위서 가장 큰 악당, 연합뉴스, 2013.06.23.

나 중흥통신(ZTE: Zhongxing Telecommunication Equipment Corporation) 같은 세계 최대의 장비 제조업체, 바이두(百度) 같은 검색포털 업체, 차이나 텔레콤 같은 이동통신망 사업자를 보유함으로써 IT 분야에서도 세계 2위를 달리고 있다.[15] 사이버 스페이스 전쟁은 군사작전과 달리 시간과 공간을 초월하여 언제든, 어느 곳에서든 전쟁을 감행할 수 있다는 특징이 있다. 이 전쟁의 전사는 '붉은 해커(오늘날의 홍위병)'와 '해키비스트(hacker와 activist를 결합한 신조어)'들인데, 중국에는 새로운 해킹 툴을 만들어 낼 수 있는 사람이 천 명쯤 있고, 이 해킹 툴을 사용할 줄 아는 사람은 수십만 명에 달한다고 한다.[16] 이들의 해킹 활동은 주로 미국, 대만, 그리고 아시아에 있는 미국의 우방들을 목표로 하고 있다.

또한 중국은 유럽, 북아메리카, 아시아 국가들의 컴퓨터시스템에 중국 해커들의 고차원적 침투를 시도하고 있는데, 특히 2003년부터 미 국방성 컴퓨터시스템, 영국, 프랑스, 독일, 한국, 대만 정부의 컴퓨터에 침투하여 이들 국가의 지휘통제정보정찰 및 감시(C⁴ISR) 능력 와해를 꾀하고 있다.[17] 2006년에는 중국인 해커들이 미 하원의원 8명의 컴퓨터에 접속하여 정보를 빼내갔으며, 2008년 5월에는 미 상무부 장관의 노트북 컴퓨터의 자료가 도둑맞았다.

2009년 이후로 한국, 대만, 영국, 호주, 인도, 벨기에, 뉴질랜드, 일본도 중국 발 사이버테러의 피해를 호소해 왔다. 중국에서 성업 중인 구글도 중국 해커들의 공격을 받아 장애를 일으키는 사례가 발생했다. 중국 해커

---

15) 프랑수아 랑글레 저, 이세진 옮김, 『제국의 전쟁』(서울: 소와당, 2012), pp. 171-172.
16) *Ibid.*, pp. 172-173.
17) 스테판 할퍼 저, 권영근 옮김, *op. cit.*, p. 28-30.

들이 베이징 정부에 반감을 품고 있는 것으로 의심되는 운동가들과 언론인들에 대한 기밀을 확보하기 위해 이들의 이메일 계정을 턴 것이다. 중국인 3천만 명 이상이 구글 이메일 계정을 사용하고 있는 상황에서 이런 사건이 발생한 것이다.

중국의 인민해방군은 1998년부터 보안 업무를 담당하는 영리기업의 직원들과 국가보안기관 직원들로 사이버부대를 구성했는데, 현재 중국에는 공공연구기관, IT기업, 주요대학의 정보공학부를 중심으로 33개 사이버부대가 활동 중인 것으로 추정된다.[18] 이처럼 미국과 중국은 암암리에 사이버부대를 창설하고 그들의 활동을 강화함으로써 사이버 스페이스 전쟁에 대비하고 있는 것이다.

우주경쟁

중국은 건국 직후인 1956년 중국로켓기술연구소를 설립하면서 우주 발사체 연구에 돌입했고, 1965년에는 위성설계원을 발족시켜 인공위성의 설계도 시도했지만 성과는 미미했다. 그러다가 중국은 1970년 첫 인공위성인 '둥팡훙(東方紅) 1호' 발사에 성공했다. 이로써 러시아, 미국, 프랑스, 일본에 이어 5번째 인공위성 발사국이 됐다. 이후 1981년에는 위성 3개를 발사해 첫 다중위성 발사에 성공하는 등 무인 우주 기술을 하나씩 선보였다. 중국은 1992년 유인 우주개발 프로젝트에 돌입했고, 1997년 러시아에서 2명이 우주선 탑승 훈련을 받았으며, 2003년에는 첫 우주인이 탄생했다.

18) *Ibid.*, pp. 184-185.

양리웨이(楊利偉)를 태운 선저우(神舟) 5호가 성공적으로 발사돼 지구로 무사히 귀환한 것이다. 2005년 두 번째 유인 우주선 선저우 6호가 발사됐고, 2008년에 발사된 선저우 7호는 우주인 3명 가운데 2명이 우주선 밖에서 유영(遊泳)하는데 성공했다. 중국은 우주기술 발달로 2012년 6월에는 유인 우주선 선저우 9호와 실험용 우주 정거장 톈궁(天宮) 1호가 도킹에 성공하면서 사실상 우주 정거장 시대를 열었다.

중국은 우주탐사에도 열을 올리고 있다. 중국은 2013년 12월 2일 달 탐사위성 창어(嫦娥: 창어는 중국 신화에 나오는 달의 여신) 3호를 발사하여 13일 만인 12월 14일 중국이 자체 제작한 옥토끼(玉兎: 위투)호가 달 표면에 무사히 착륙했다(도해 7-2 참조). 이제 중국은 1972년의 미국과 1976년의 러시아에 이어 세 번째로 달 착륙에 성공한 것이다.

달 표면에는 티타늄, 우라늄, 희토류, 칼륨 등의 광물자원 외에도 동위원소 '헤륨 3'이 존재한다고 하는데, 이 '헤륨 3'은 핵융합 발전용 연료로 이 원소 100톤이면 전 세계 1년간의 전력수요를 충족할 수 있다고 한다.[19] 그런데 '아폴로호'와 '루나호' 등이 탐사한 바에 의하면 달 토양 중에는 '헤륨 3'가 무려 100만~500만 톤이나 존재한다는 것이다. 앞으로 중국은 달 표면에서 다양한 샘플을 지구로 수송하려 할 것인데, 그렇게 하려면 더 큰 우주선과 우주 정거장이 필요하게 될 것이다. 지금 미국이 운용하면서 15개 국가가 사용하는 국제우주정거장은 2020년이면 폐쇄될 예정인데, 그 이후는 중국이 향후 10년 이내에 쏘아 올릴 예정인 우주정거장이 유일한 것이 될 전망이다.[20]

19) 윤영현, "중, '옥토끼' 데리고 드디어 달에 착륙", SBS, 2013.12.16.
20) Chris Buckley, "As Rover Lands, China Joins Moon Club", *The New York Times*,

<도해 7-2> 달에 착륙한 옥토끼호

출처: Chris Buckley, "As Rover Lands, China Joins Moon Club", New York Times, December 14, 2013.

해양전쟁

앞으로 제3차 세계대전이 일어날 것인가? 일어난다면 어디에서, 어느 세력끼리 겨루게 될 것인가? 전쟁을 예단하기는 쉽지 않겠지만 제3차 세계대전은 동중국해 일대에서 중국과 일본 사이에서 일어날 가능성이 있다고 보는 견해도 있다.[21] 2014년은 제1차 세계대전 발발 100주년이다. 헨

December 14, 2013.

21) Simon Tisdall, "China's military presence is growing. Does a superpower collision loom?", *The Guardian*, 1 January 2014. and Max Hastings, "Will World War III be between the U. S. and China?", http://www.dailymail.co.uk/debate/article-2066380 (인터넷 검색: 2013/12/27).

〈도표 7-1〉 1차 대전 당시 영 · 독과 현재의 중 · 일 관계 비교

영·독 관계	비교	중·일 관계
독일 부상에 영·불·러 공동 대응	전체 상황	중국 부상에 미·일 공동 대응
발칸 반도	충돌 지역	센카쿠(중국명 댜오위다오)
'게르만주의' 대 '슬라브주의'	민족주의	'중화 부흥' 대 '강한 일본'
식민지 확대	대외 정책	방공식별구역 확대 등
영·독 해군력 증강	군사력	중·일 해군력 증강

출처: 안용현, 양지호, "키신저도 동북아 軍충돌 경고… 1차대전前 유럽과 정말 닮았나", 조선일보, 2014.02.04.

리 키신저 전 미 국무장관은 2014년 2월 1일 독일 뮌헨에서 열린 세계안보회의 석상에서 "현재 아시아는 19세기 유럽의 상황과 비슷하다. 군사적 충돌 가능성도 배제할 수 없다"고 경고했다(도표 7-1 참조). 이보다 앞서 아베 신조(安倍晋三) 일본 총리는 2014년 1월 22일 중일전쟁 발발 가능성을 묻는 기자의 질문에 "현재 중 · 일의 경쟁적 관계에 따른 긴장은 제1차 세계대전이 발발하기 전 독일과 영국의 라이벌 관계와 비슷하다"며, "당시 두 나라는 끈끈한 교역관계였지만 1914년 전쟁의 발발을 가져온 긴장상태를 막아내지는 못했다"고 답변함으로써 파문을 일으킨 바 있다.[22] 전쟁을 원하지는 않으나 굳이 피하지도 않겠다는 의미로 해석되었기 때문이다.

그런데 미국은 지금까지 동중국해에서의 중 · 일 영토분쟁에 대해서는 중립적인 입장을 견지해왔지만, 최근 중국이 자국의 방공식별구역을 확대한 이후에는 동 · 남중국해의 안전에 대해서 중국과 대립하고 있는 실정이다. 이미 중국과 미국은 이 지역에서 해양경쟁에 돌입했다고 할 수 있다. 왜냐하면 중국은 서태평양, 특히 동아시아 해역에서 미 해군이 주도

22) 홍순도, "중국 군사력 진짜 놀랄만한 수준", 아시아투데이, 2014.02.01.

권을 장악하고 있기 때문에 중국이 세계의 대양이나 자원, 그리고 시장에 접근하는데 방해가 된다고 믿고 있고, 미국도 중국의 동·남중국해 영유권 주장이 자국의 국익을 위협한다고 생각하고 있기 때문이다.

중국은 핵심이익이란 용어를 사용하고 있는데, 핵심이익은 기본적으로 타협이 불가능하며, 이것을 지키기 위해서는 전쟁도 불사한다는 것으로 해석할 수 있다. 중국의 핵심이익으로는 대만문제, 동·남중국해 영토문제, 신장·티베트 문제 등을 들 수 있다. 여기에서는 중국과 일본이 영토분쟁으로 대립하고 있는 동중국해의 댜오위다오(釣魚島, 일본명 센카쿠) 제도와 남중국해의 스프래틀리 제도(Spratly 중국명 난사군도 南沙群島) 영유권 문제만을 다루기로 한다. 이 섬들의 영유권 문제는 중국과 일본, 그리고 중국과 필리핀이 연관되어 있다.

댜오위다오 섬들과 관련하여 분쟁이 발발한다면 중국과 대만이 연합하여 일본에 대항하는 시나리오(현대판 국공합작)를 상정할 수 있고, 난사군도와 관련하여 분쟁이 발발한다면 중국과 필리핀이 직접적으로 격돌하게 될 것이다. 두 경우 모두 다 일본과 필리핀이 미국의 오랜 동맹국이기 때문에 미국은 조약의 의무를 다할 것이다. 그렇다면 이들 지역분쟁은 중국과 일본, 중국과 필리핀의 단순 분쟁으로 끝나지 않고 미국이 개입할 공산이 크다. 2014년 미 국방장관 척 헤이글이 베이징에서 중국 국방부장 창완취안(常万全)과 만난 자리에서 헤이글이 중국은 일방적으로 방공식별구역 선포권이 없다고 주장하자, 창완취안은 중국은 영토수호를 위해 필요하다면 군을 사용할 것이며, 전쟁을 하면 반드시 승리할 것이라고 대꾸하였다.

또 최근에는 한 미군 고위 장성이 일본이 실효 지배하고 있는 댜오위다오(일본명 센카쿠)를 중국이 침략하면 미군의 공중 폭격만으로 중국군을 격퇴할 수 있다고 공개적으로 경고하고 나서 파문이 일고 있다[23]. 2014년 4월 13일 중국과 홍콩 언론은 일본 오키나와(沖繩) 주둔 미군 최고사령관 겸 해병대 제3원정군 사령관 존 위슬러 중장이 11일 워싱턴에서 "중국이 센카쿠를 점령한다면 미 태평양 해병대는 이 섬을 탈환할 충분한 능력이 있다. 센카쿠에서 공중 공격만으로 중국군을 격퇴할 수 있다. 현장에서 잘못된 판단이 발생하면 무력 충돌로 이어질 가능성이 여전히 존재한다"고 말했다고 전했다.[24] 중국 언론은 위슬러 사령관의 발언에 대해 댜오위다오에서 중 · 일 간 무력충돌이 발생 때 미군이 즉각적인 군사행동으로 개입할 것임을 처음 공개 선언한 것이며, 이번 언급은 헤이글 국방장관이 7~10일 방중 기간에 "중 · 일 갈등에서 일본을 보호할 것"이라고 경고한 뒤 나와 앞으로 중국의 대응이 어떻게 나올지 귀추가 주목된다.

실제로 중국은 일본과 영토 갈등이 고조되면서 젠(殲)-10과 수호이-27 등 4세대 첨단 전투기를 동중국해에 집중 배치하고 있다. 일본 방위백서에 따르면 중국 인민해방군의 작전기는 2,580기로 일본(410기)과 주일미군(150기), 그리고 미 제7함대(50기)가 보유한 항공기의 합계보다 수적으로 앞선다.[25] 하지만 스텔스기, 핵추진 항공모함을 동북아에 배치한 미군이 정보와 실전 전력에서 중국을 압도하고 있는 만큼 실제로는 중국이 열세라는 견해가 적지 않다. 버락 오바마 미국 대통령은 2014년 4월 28일부터 이틀간 예정된 마닐라 방문 기간에 방위협력확대협정(EDCA)에 서명할 것으로 알려졌는데, 1992년 미군은 필리핀에서 군사기지 조차기간 연장

23) 고기정, "美사령관, 中 센카쿠 침략땐 폭격만으로 격퇴", 동아일보, 2014.04.14.
24) *Ibid*.
25) 防衛省 · 自衛隊, 『防衛白書: 平成 25年版 日本の 防衛』(東京: 日經印刷, 2013), p. 4.

안이 부결돼 수비크 만과 클라크 기지 등에서 철수한 바 있다. 이번 협정을 토대로 미국은 중국의 공세를 견제하기 위해 필리핀과 유대관계를 복원할 것으로 예상된다.

이처럼 중국과 미국이 그들의 우방과 연합하여 해양패권에 도전하게 된다면 이는 21세기의 태평양전쟁으로 비화될 가능성도 있다.[26] 중국의 관영 인민일보는 2013년 5월 8일 일본은 오키나와 섬을 중국에 반환해야 한다고 촉구했다. 이 섬은 중국 황제에게 조공을 바치던 류큐제도의 가장 큰 부속도서였으나 1879년 일본에 귀속됐다는 것이 중국의 주장이다. 하지만 1951년 대일강화조약인 샌프란시스코 조약 체결 당시 중국은 '자유중국'과 '중공'으로 분리되어 참석이 배제됨에 따라 영토귀속문제가 아직도 쟁점화 되고 있다는 것이다. 중국은 1943년 카이로회담에서 제2차 세계대전 승전국 지위를 인정받았기 때문에 일본이 패망 후에 승전국에 영토를 반환하도록 결정한 당시의 합의가 아직도 유효하기 때문에 오키나와 섬을 중국에 반환해야한다는 입장이다.[27]

동아시아에서 가장 첨예하게 영유권 분쟁에 휩싸인 지역이 바로 조어도이다. 만약 여기에서 중국과 일본 사이에 전쟁이 발발한다면, 북방 4개 섬을 두고 러시아가, 독도를 두고 한국이 영토갈등문제로 일본에 공세를 취할 가능성도 있다. 기실 한국은 독도뿐만 아니라 대마도도 역사적으로 한국의 영토라는 주장을 해 온 사례(이승만 정부)가 있다. 이승만 대통령은 1948년 8월 18일 취임 첫 기자회견에서 일본에 대마도 반환을 요구하면서

26) Michael Crowley, "Why a Pacific War Is Possible: The Dangerous Hatred Between China and Japan", *TIME*, Dec. 02, 2013.

27) 오관철, "중국 인민일보, 오키나와 소유권 재논의 해야", 경향신문, 2013.05.08.

대마도는 한 · 일 양국의 중간에 위치한 우리 영토인데 350년 전 일본이 불법으로 강탈해 갔다고 주장하는 등 1950년 6월까지 무려 60여 회에 걸쳐서 일본 정부 및 당시 일본을 통치하고 있던 미국 정부에 대마도 반환을 끈질기게 요구했던 것이다.

한편 지난 2008년 보물 제1591호로 지정된 해동지도(海東地圖: 18세기 중반 제작)에는 '우리나라 지형은 북쪽이 높고 남쪽이 낮으며 중간은 잘록하고 아래는 퍼졌는데 백두산이 머리가 되고 태백산맥이 척추가 되며 영남의 대마도와 호남의 탐라를 양발로 삼는다'라고 명시되어 있다.[28] 대마도가 역사 기록에 분명하게 한국의 영토라고 기록되어 있음에도 불구하고 우리나라가 일본에 강력하게 주장하지 못하고 있기 때문에 오늘날 일본이 독도까지 자기 영토라고 억지주장을 펴고 있는 실정이다.

러시아의 경우도 러 · 일전쟁 당시 일본이 선전포고 이틀 전에 뤼순항에서 러시아 함대에 기습공격을 감행하였고, 그들의 발틱함대가 대한해협에서 일본 해군의 공격으로 참패를 당한 뼈아픈 구원(舊怨)이 있다. 또한 일본은 제2차 세계대전에서 동아시아 국가들에게 저지른 만행을 반성하고 진정한 사과를 해야 함에도 불구하고, 군국주의적 망령을 계속적으로 정당화하려 한다면 주변 국가들로부터 고립을 자초하게 될 것이다. 이 시점에서 일본 정부는 제2차 세계대전이 끝나고 전쟁을 도발한 독일은 연합국에 의해 분할 점령되었는데, 같은 전쟁 도발 국가인 일본은 분할 점령되지 않았다고 과거의 죄과를 면제받았다고 생각하면 안 될 것이다.

역사적으로 해양경쟁은 큰 문제를 야기하기도 했다. 1800년대 말 독일

---

28) 장상용, "일본, '대마도 일본 땅' 주장…한국흔적 지우기 곳곳에", 일간스포츠, 2013.11.26.

은 영국의 우세한 해양세력이 자국으로 하여금 해외진출이나 세계적 강국으로 발돋움하는데 방해요인이 된다고 생각하고 해군력 증강에 박차를 가하였다. 이에 영국도 독일의 해군력 확충을 위협요인으로 보고 해군을 더욱 증강하게 되었다. 영 · 독의 해군경쟁은 결국 1차 세계대전이 끝남과 동시에 영국의 우세로 결판이 났다. 오늘날 중국과 미국의 해양경쟁은 다분히 19세기 말의 영국과 독일의 해군경쟁을 보는 것 같다.[29] 과연 21세기 중반 이후 중 · 미 두 나라 중 누가 해양경쟁에서 우위를 차지할 것인가를 우리는 예의주시할 필요가 있다.

중국의 해양력은 아직 미국에 필적(匹敵)할 수는 없지만 그들은 연안(沿岸)방어에서 이제 동 · 남중국해 분쟁도서 지역으로 해양력을 전개할 수 있게 됨으로써 근해(近海)방어 능력을 갖추었다고 볼 수 있다. 중국 입장에서는 자국 무역의 95%가 바다를 통해서 이루어지고 있기 때문에 미국과 적대적으로 대치하기보다는 긴밀한 협조체제를 유지하는 것이 국익에 유리하다고 볼 수 있다. 그러나 미국과 경쟁하고 있는 중국 입장에서는 미 해군을 중국해군 발전에 대한 걸림돌로 간주하고 있으며, 미 해군 항공모함 전투단을 서태평양에서 중국의 1차적 경계대상으로 삼고 있다.

한편 미 해군도 중국이 자국의 항모전단을 공격하기 이전에 선제공격으로 중국의 무기를 제압한다는 공해전투(AirSea Battle) 개념을 발전시켜 왔다. 그런데 공해전투는 선제공격이 필수적이기 때문에 컴퓨터에 의한 지휘통제통신시스템에 의존할 수밖에 없는데 이들 시스템이 중국의 사이

29) David Gompert, "How to Avert a Sea Catastrophe with China". *US News and World Report*, May 8, 2013.

버공격에 취약하다는 문제점을 안고 있다.[30] 따라서 미국의 입장에서도 중국과 해양경쟁에서 이기려면 사이버전쟁 능력을 강화하지 않을 수 없을 것이다.

중국은 항공모함 랴오닝(遼寧)호를 2012년에 실전배치하였는데, 향후 수 년 내에 핵 추진 항모 2척을 추가로 건조하여 배치할 것으로 보인다. 항모전단은 운영방식에서 3척이 합리적이라고 할 수 있는데, 하나는 작전용, 하나는 훈련용, 또 하나는 보수작업을 해야 하기 때문이다. 중국은 현재 일반 동력 항공모함을 다롄(大連)과 상하이(上海) 조선소에서 건조하는 것으로 알려졌다. 중국은 항공모함 랴오닝(遼寧)호의 함재기로 러시아 수호이(SU)-33 디자인을 바탕으로 젠(殲 Jen)-15 전투기를 이미 20대 가량 자체적으로 생산했다고 한다. 이 항공기는 공중급유기의 도움 없이 젠-15 전투기 간 상호 급유지원으로 작전반경을 1천km까지 확보할 수 있다고 한다.

따라서 미 해군으로서는 다양한 공격수단을 가동하여야 하는데 여기에는 해공군의 첨단무기뿐만 아니라 무인항공기와 사이버전쟁 능력도 필수적이라고 생각하고 있다. 그러나 미국은 예산상의 문제로 이러한 전투준비태세를 갖추기는 쉽지가 않다. 그렇다고 분쟁지역인 동아시아 해역에서 미국이 중국에 주도권을 내줄 수도 없기 때문에 미국은 중국과 대화를 통해서 동아시아 해역에서의 분쟁을 예방하는 방안을 고려하고 있다. 미국은 동아시아해양파트너십 같은 기구를 결성하여 분쟁도서 문제를 평화적으로 해결함으로써 민간선박의 자유로운 항해는 물론 평시 해양 무역활동

30) *Ibid*.

이 위협을 받지 않도록 하는 방안을 강구하는 것이 바람직할 것이다.[31)]

이러한 파트너십에서는 상호 정보교환, 위기관리, 연합훈련, 사고예방 등을 다룰 수 있을 것이다. 이러한 파트너십 외에도 미국과 중국은 다양한 위기관리 모델을 발전시키는 것이 필요하다. 우선 미국과 중국은 경쟁적 해군력 증강을 중단하고, 상호 불신을 줄여나감으로써 전쟁을 미연에 방지하려는 노력이 필요하며, 동아시아에 있는 미국의 우방과 동맹국들도 마치 중국을 포위하여 고립시키려는 전략으로 그들의 해군력을 강화한다면 이 지역에의 평화는 보장받기 어려울 것이다. 동아시아해양파트너십 결성은 많은 시간과 노력을 필요로 하겠지만 이것이 결성되면 이 지역에서 적대적 해양 경쟁은 크게 완화될 것이다.

결론

그렇다면 미국과 중국의 해양경쟁 상황이 아시아-태평양 지역에서 결국 무력 충돌로 이어질 것인가? 조지프 나이 미 하버드대 교수는 지금 상황을 100년 전의 유럽에서 제1차 세계대전이 일어나기 직전의 상황과 유사하다고 비교하는 것은 무리라는 견해를 피력했다. 그 이유는 현재는 중 · 미 간에 핵 억지력이 있고, 군사 · 경제력 차이가 크며, 에너지, 금융, 환경 등 상호협력 필요성이 커지고 있는 점을 들면서 기존 강대국인 미국과 신흥 강국인 중국이 충돌할 가능성은 희박하다고 주장했다.

오늘날 중국은 인도와 러시아를 의식하지 않을 수 없으며 국내의 불안정 요인, 예컨대 인권문제, 티베트와 신장-위구르의 분리주의 운동에도

31) *Ibid.*

긴장을 놓을 수 없는 것이 현실이다. 또한 중국이 미국을 위협할 정도의 힘이나 대결 의지를 가지고 있는 것도 아니다. 중국의 군사력 증강은 당분간 대만의 통합, 인접 국가들과의 영토분쟁, 그리고 국내의 불안정한 사태를 해결하기 위한 목표로 지향될 것으로 보인다. 중국은 미국의 국내총생산을 앞지르기까지는 자국 경제발전에 전념할 가능성이 매우 크다. 물론 그 시기는 대략 21세기 중반쯤으로 예측할 수 있다.

실제로 중 · 미 두 나라 중 누가 해양경쟁에서 진정한 승자가 될 것인가가 중요한 것이 아니다. 강대국의 군사적 충돌은 세계대전으로 비화된다는 것을 우리는 제1차, 2차 세계대전을 통하여 목격하였다. 전쟁은 외교적 노력이 실패할 때 일어난다. 오늘날 국제사회는 시간과 공간의 벽이 존재하지 않을 정도로 체계화되어 가고 있다. 따라서 어느 일방의 오판이나 감정 때문에 전쟁이 발발하지는 않을 것이다. 그러나 작은 군사적 충돌이 대규모 무력 전쟁으로 확전될 수는 있다. 아직도 중국과 미국 사이에는 대만 문제, 동 · 남중국해에 산재한 도서의 영유권 문제, 두 나라의 경제적 마찰 등 갈등요인이 상존하고 있다. 그럼에도 불구하고 중 · 미 두 강대국이 국제사회에서 책임 있는 역할을 수행하려고 노력한다면 이러한 마찰 요인은 결코 전쟁의 빌미가 될 수는 없을 것이다.

냉전 시대에는 미 · 소 두 초강대국 간에 두 경제블록, 그리고 북대서양조약기구와 바르샤바조약기구라는 두 군사블록이 존재했었다. 그러나 지금 중 · 미 두 나라는 과거의 미 · 소와 몇 가지 점에서 차이가 난다고 볼 수 있다. 냉전기 미 · 소는 평화공존이라는 치장에도 불구하고 모든 영역에서 근본적으로 투쟁을 벌였으나, 오늘날 중 · 미 두 나라는 투쟁보다는 경쟁체제로 맞서고 있다고 볼 수 있다. 또한 과거 미 · 소 두 진영은 이데올로기를 앞세워 자기편 블록형성 등 주도권 경쟁을 해 왔지만, 이와는 달리 중국과 미국은 공동 번영과 평화공존을 위해 선의의 경쟁체제를 구축하고 있다고 볼 수 있다.

오늘날 중 · 미 두 나라가 해양경쟁을 지속하고 있는 것은 사실이지만 이 경쟁이 충돌하여 전쟁으로 치달아서는 안 될 것이다. 만약 양국 간에 전쟁이 탈발한다면 핵무기의 사용에 의한 지구의 공멸까지는 아닐지라도 아시아-태평양 지역은 대재앙을 맞게 될 것이며, 이 지역의 경제상황은 크게 악화될 것이다. 따라서 중 · 미 두 나라는 극한 경쟁을 지양하고 국제사회에서 책임 있는 G2로서의 역할을 다하여야 할 것이다.

참고문헌

1. 국내 단행본

Francois Lenglet, 『제국의 전쟁 중국 vs 미국, 누가 세계를 지배할 것인가』(서울: 소와당, 2012)

James L. George 저, 허홍범 역, 『군함의 역사』(서울: 한국해양전략연구소, 2004)

Julian S. Corbett 저, 김종민, 정호섭 역 『해양전략론』(서울: 한국해양전략연구소, 2009)

Tshi Yoshihara and James R. Holme 저, 윤석준 역 『태평양의 붉은 별』(서울: 한국해양전략연구소, 2012)

가오셴민 장카이화 저, 오수현 옮김 『중국은 무엇으로 세계를 움직이는가』(서울: 글로연, 2011)

강명세, 『중국의 부상과 동북아 질서의 재정립』(서울: 세종연구소, 2012)

강준만, 『미국사 산책 4』(서울: 인물과사상사, 2010)

곡금량 저, 김태만 외 옮김, 『바다가 어떻게 문화가 되는가』(부산: 산지니, 2008)

김덕기, 『21세기 중국해군』(서울: 한국해영전략연구소, 2000)

김동하, 『차이나 소프트 파워』(서울: 무한, 2011)

김병국 외, 『미중관계 2025』(서울: 동아시아연구원, 2012)

김영구, 『이어도 문제의 해양법적 해결방법』(서울: 동북아역사재단, 2008)

김종두, 『중국해양전략론』(서울: 문영사, 2002)

김종성, 『동아시아 패권전쟁』(서울: 도서출판 자리, 2011)

담비사 오요 저, 김종수 역, 『서구의 몰락과 신흥국의 반격, 미국이 파산하는 날』(서울: 중앙Books, 2011)

대너 린더만, 카일 워드 저, 박거용 옮김, 『역지사지 미국사』(서울: 이매진, 2009)

데보라 캐드베리 저, 박신현 옮김, 『강철혁명』(서울: 생각의나무, 2011)

마틴 자크 저, 안세민 옮김, 『중국이 세계를 지배하면』(서울: 부키, 2010)

박병구, 『중국의 해양자원 개발』(서울: 한국해양수산개발원, 2008)

박보균, 『살아 숨쉬는 미국역사』(서울: 랜덤하우스중앙, 2005)

반길주, 『국제 현실정치의 바다전략』(서울: 한국해양전략연구소, 2012)

브렛 M. 데커 · 윌리엄 C. 트리플렛2세 저, 조연수 옮김, 『중국패권의 위협』(서울: 갈라

북스, 2012)
사라 치룰 저, 박미화 옮김, 『심해전쟁』(서울: 웅진씽크빅, 2011)
사토 마사투 지음, 이혁제 옮김, 『시진핑 시대의 중국』(서울: 청림출판, 2012)
서광조, 『과학과 철학에서 바라본 미국과 중국, 그 충돌의 그림자』(서울: 과학과 철학, 2010)
스테판 할퍼 저, 권영근 옮김, 『베이징 컨센서스』(경기 파주: 북이십일21세기북스, 2011)
스티븐 솔로몬 저, 주경철, 안민석 옮김, 『물의 세계사』(서울: 민음사, 2013)
신동준, 『팍스시니카』(서울: 이가서, 2011)
신봉수, 『중국은 제국을 꿈꾸는가』(경기 파주: 웅진씽크빅, 2011)
신성원, 『중국의 굴기와 미국의 전략』(서울: 행복에너지, 2012)
안드레 군더 프랑크 저, 이희재 옮김, 『리오리엔트』(서울: 이산, 2003)
안정애, 『중국사 다이제스트 100』(서울: 가람기획, 2012)
안효상, 『미국은 어떻게 만들어졌을까?』(서울: 민음인, 2013)
애런 L. 프리드버그, 안세민 역, 『패권전쟁: 중국과 미국, 누가 아시아를 지배할까』(서울: 까치글방, 2012)
에이먼 핑글턴 저, 이양호 옮김, 『중국과 미국의 헤게모니 전쟁』(서울: 에코리브르, 2010)
와다하루키 저, 임경택 역, 『동북아시아 영토문제, 어떻데 해결할 것인가』(경기 파주: 사계절출판사, 2013)
왕이저우 저, 박종철 옮김, 『글로벌 정치와 중국 외교』(서울: 한울, 2010)
윤석준, 『해양전략과 국가발전』(서울: 한국해양전략연구소, 2010)
윤재웅, 『슈퍼차이나의 미래』(서울: 청림출판, 2012)
이대우, 『인도양 해양질서 변화』(서울: 세종연구소, 2012)
이동률, 『중국의 미래를 말하다』(서울: 동아시아연구원, 2011)
이민효, 『해전과 국제법 지서 해상무역 분쟁법』(경기 파주: 한국학술정보, 2010)
이상국 외, 『후진타오 시기 중국의 안보 · 국방정책 결정 메커니즘 분석』(서울: 한국국방연구원, 2011)
이상현 편, 『새로 그리는 동아시아 안보지도 중국부상의 안보적 함의』(서울: 광일문화사, 2011)
이수형 외, 『중국의 부상과 동아시아』(서울: 백산서당, 2012)
이에추화 저, 전병서 옮김, 『중국은 미국을 어떻게 이기는가?』(서울: 밸류앤북스, 2011)
張文木 저, 주재우 역, 『中國海勸에 관한 論議』(서울: 국방대학교 안보문제연구소, 2010)
정철호, 『미국과 중국의 동아시아 해양전략과 한국의 해양안보』(경기 성남: 세종연구소,

2012)
제임스 왕 지음, 금희연 옮김, 『현대중국정치론』(서울: 그린, 2000)
제프리 와서스트롬 저, 박민호 옮김, 『중국 묻고 답하다』 (경기 파주: 유유, 2013)
조지 프리드먼 저, 김홍래 옮김, 『넥스트 디케이드』(서울: 쌤앤파커스, 2011)
조지프 S.나이 저, 김원식 옮김, 『조지프 나이의 리더십 에센셜』(서울: 교보문고, 2008)
중앙일보 중국연구소, 『공자는 귀신을 말하지 않았다』(서울: 중앙북스, 2010)
차도회, 『동아시아 미중 해양패권 쟁탈전』(경기 성남: 북코리아, 2012)
최종화, 『현대국제해양법』(서울: 두남, 2008)
취엔위엔치 · 랑치뚱 저, 김준우 옮김, 『패권전쟁』(경기 파주: 북이십일21세기북스, 2010)
토시 요시하라, 제임스 홈즈 저, 윤석준 역, 『태평양의 붉은 별』(서울: 한국해양전략연구소, 2012)
프랑수아 랑글레 저, 이세진 옮김, 『제국의 전쟁』(서울: 소와당, 2012)
한국국방연구원, 『미중 '소프트 패권경쟁' 시대 한국의 전략적 선택』(서울: 한국국방연구원, 2013).
한국해양전략연구소, 『중국 해군의 증강과 한 · 미 해군 협력』(서울: 한국해양전략연구소, 2009)
한국해양전략연구소, 『한국의 안보와 한 · 미 해군의 역할』(서울: 한국해양전략연구소, 2011)
헨델 존스 저, 홍윤주 옮김, 『차이나메리카』(서울: 지식프레임, 2010)
헨리 키신저 외 저, 백계문 옮김, 『21세기 패자는 중국인가』(경기 파주: 한울, 2012)
후수리 저, 최지희 옮김, 『중국, 세계경제를 인터뷰하다』(경기 파주: 글항아리, 2013)

2. 외국 단행본

防衛省 · 自衛隊, 『防衛白書: 平成 25年版 日本の 防衛』, 東京: 日經印刷, 2013.
A. James Gregor, *The China Connection*, Stanford: Hoover Institution Press, 1986.
Alfred Thayer Mahan, *The Influence of Sea Power upon History, 1660-1783*(Reprinted in New York: Dover, 1987).
Allen S. Whiting, *China Crosses The Yalu*, New York: The Macmillan Company, 1960.
Arnold Xiangze Jiang, *The United States and China*, Chicago: University of

Chicago Press, 1988.

Bernard D. Cole, *The Great Wall at Sea*, Annapolis: Naval Institute Press, 2001.

Bill Gertz, *The China Threat*, Washington D. C.: Regnery Publishing, Inc., 2000.

Charles Messenger, *The Century of Warfare*, London: Harper Collins Publishers, 1995.

David A. Ross, *Opportunities and Uses of the Ocean*, New York: Springer-Verlag, 1980.

David Thomson, *Europe since Napoleon*, Middlesex England: Penguin Books, 1966.

Denny Roy, *China's Foreign Relations*, Lanhan, Maryland: Rowman & Littlefield Publishers, Inc., 1998.

East Asia Analytical Unit, *Asia's Global Powers: China-Japan Relations in the 21st Century*, Canberra: The Australian Department of Foreign Affairs and Trade, 1996.

EB Potter, ed., *A Naval History*, 2nd Ed., Annapolis Maryland: Naval Institute Press, 1982.

Edward Timperlake and William C. Triplett II, Red Dragon Rising, Washington D. C.: Regnery Publishing, Inc., 1999.

Ellis Joffe, *The Chinese Army after Mao*, London: Weidenfeld and Nicolson, 1987.

Frank Pearce, *Sea War*, London: Robert Hale, 1990.

George Baer, "Alfred Thayer Mahan and the Utility of US Naval Forces Today", in Andrew Dorman. eds., *The Changing Face of Maritime Power*, New York: St. Martin's Press, 1999.

Greg Austin, *China's Ocean Frontier*, St. Leonards, NSW: Allen & Unwin, 1998.

Gwendda Milston, *A Short History of China*, Melbourne: Cassell Australia, 1978.

H. R. Cowie, *Asia and Australia in World Affairs*, South Melbourne: Nelson, 1991.

IISS. "The Military Balance 2012", IISS, March 2012.

Jack Gray, *Rebellions and Revolutions: China from the 1800s*, New York: Oxford University Press, 1994.

J. A. G. Roberts, *Modern China*, London: Sutton Publishing, 1998.

J. A. Hobson, *Imperialism*, Michigan: The University of Michigan Press, 1965.

James Cable, *Navies in Violent Peace*, London: Macmillan, 1989.

James E. Dougherty and Robert L. Pfaltzgraff, Jr., *Contending Theories of International Relations*, 4th Ed., New York: Longman, 1996.

J.C. Revill, *World History*, London: Longmans, 1959.

John Hunter Boyle, Modern Japan, Orlando, Florida: Harccurt Brace & Company Publishers, 1993.

John K. Fairbank, Edwin O. Reischauer and Albert M. Craig, *East Asia*, London: George Allen & Unwin Ltd., 1969.

John King Fairbank, *China: A New History*, Cambridge: Harvard University Press, 1992.

Julian S. Corbett, *Some Principles of Maritime Strategy*, London: Longmans, Green and Co., 1988.

Karl W. Eikenberry, "China's Challenge to Asia-Pacific Regional Security", in Richard J. Ellings an Sheldon W. Simon, eds., *Southeast Asian Security in the New Millennium*, New York: M.E. Sharpe, 1996.

Kuei-Sheng Chang, "The Ming Maritime Enterprise and China's Knowledge of Africa prior to the Age of Great Discoveries", in Felipe Fernandez-Armesto, ed., *An Expanding World: The Global Opportunity*, Brookfield Vermont: Variorum, 1995.

Kung-chuan Hsiao, *A History of Chinese Political Thought*, Translated by F. W. Mote, Princeton: Princeton University Press, 1979.

Liddell Hart, *Thoughts on War*, London: Fáber and Faber Ltd., 1943.

Mark Burles, *Chinese Policy Toward Russia and the Central Asian Republics*, Santa Monica: RAND, 1999.

Michael D. Swaine and Ashley J. Tellis, *Interpreting China's Grand Strategy*, Santa Monica: RAND, 2000.

Michael H. Sedge, *Commercialization of the Ocean*, New York: Franklin Watts, 1987.

P. Bairoch, "International Industrialization Levels from 1750 to 1980", *Journal of European Economic History*; vol. XI (1982).

Michael Schaller, *The United States and China in the Twentieth Century*, 2nd Ed. Oxford: Oxford University Press, 1990.

Paul Kennedy, *The Rise and Fall of the Great Powers*, New York: Vintage Books, 1987.

Peter Kien-hong Yu, "The PLA Navy and Regionalism", in Richard H. Yang et al., eds., *Chinese Regionalism*, Boulder, Colorado: Westview Press, 1994.

R. D. Walshe, *West Como*, N.S.W: Martindale Press Pty.Ltd., 1966.

R. H. P. Mason and J. G. Caiger, *A History of Japan*, Melbourne: Cassell Australia, 1972.

Richard H. Gwynn, *Way of the Sea*, Devon: Green Books, 1978.

R. K. I. *Quested, Sino-Russian Relations*, Sydney: George Allen & Unwin, 1984

S.E. Smith, ed., *The United States Navy in World War II*, 1967

S. G. Gorshkov, *The Sea Power of the State*, New York: Pergamon Press Inc., 1979.

S. K. Wahyono, "Strategic Assessment of the Indian Ocean", in Robert H. Bruce, ed., *Indian Ocean Navies*, Perth: Curtin University of Technology, 1990

Shih-shan Henry Tsai, *The Eunuchs in the Ming Dynasty*, Albany, N.Y.: State University of New York Press, 1996.

Stanley B. Weeks and Charles A. Meconis, *The Armed Forces of the USA in the Asia-Pacific Region*, St Leonards, NSW: Allen & Unwin, 1999.

Stanley Spector, Li Hungchang and the Huai Army, Seattle: University of Washington Press, 1964.

Steven W. Mosher, *China's Plan to Dominate Asia and the World*, San Francisco: Encounter Books, 2000.

Timothy Brook, *The Confusion of Pleasure*, Berkeley: University of California Press, 1998.

Thor Heyerdahl, *Early Man and the Ocean*, London: George Allen & Unwin Ltd., 1978.

Ursula Lamb, ed., *The Globe Encircled and the World Reveals*, Brookfield, Vermont: Variorum, 1995.

William R. Keylor, *The Twentieth-Century World*, 3rd Ed., Oxford: Oxford University Press, 1996.

You Ji, "The PLA's Military Modernization in the 1990s", in Stuart Harris and Gary Klintworth, eds., *China as a Great Power*, New York: St. Martin's

Press, 1995.

3. 국내 저널/신문

강혜란, “중국, 아프리카 물류항 확보…길어지는 ‘진주 목걸이’”, 중앙일보, 2013.03.29
고기정, “中, 중동관문 파키스탄 항구 사들여”, 동아일보, 2013.02.01
______ “中, 탄자니아에 인도양 해군거점 만든다”, 동아일보, 2013.03.26
고두현, “빙하 녹아 새 북극 바닷길 열려…국제무역 변화 초래”, 이데일리, 2013.06.24
김상운, 정효진, “年 72억달러 이란 수출시장 中에 넘어간다”, 동아일보, 2012.01.19
김영현, “공자학원 2015년까지 1천 500개까지 늘릴 것”, 연합뉴스, 2013.05.14.
김우섭, 김대훈, “온난화로 북극항로…한국기업, 中 · 日과 선점 경쟁”, 한국경제, 2013.07.18
김정익, “군사정략 3대 요소의 이론과 적용”, (주간국방논단, 한국국방연구원, 2013.09.30)
김태균, “미국 첩보감시 세계지도’ 공개이란 최고강도 주시”, 연합뉴스, 2013.06.09
모종혁, “미얀마는 왜 친중국 노선을 버렸나”, 시사저널, 2012.09.05
박민희, “중국, 과다르항 운연권 인수…인도양 수송 요충지 확보”, 한겨레, 2013.02.18
박선미, “중국-미얀마 가스관 열렸다..정식 가동 시작”, 아시아경제, 2013.07.20
박일근, “미얀마 친미행보에 속 타는 중국, 전담 특사 보낸다”, 한국일보, 2013.03.13
박희준, “이란산 원유 운송을 위해 꼼수부리는 중국과 이란”, 아시아경제, 2012.06.22
______, “WP, 중국 미국 첨단무기 설계도 훔쳐서 무기 개발했다”, 아시아경제, 2013.05.28
배긍찬, “미중 경쟁과 인도네시아의 중견국 외교”, 국립외교원 외교안보연구소, 2013.
배문규, “벨라루스 손잡는 중국, 동유럽까지 외연 확장”, 경향신문, 2013.07.24
배성식, “중국과 홍콩 미얀마 자원 투자에 ‘열 올려’”, 그린경제, 2013.07.30
손혜정, “‘자원 · 항로’ 북극해 개발 연기…한국은?”, 그린경제, 2013.08.02
신동주, “中, 무역거점 ‘스리랑카 항구’ 가동”, 세계일보, 2013.08.05
______, “중국, 對중동 영향력 강화 ‘박차’. 세계일보, 2013.05.05
신삼호, “중국 국방백서 신빙성 논란…병력수 축소 의혹”, 연합뉴스, 2013.04.17이지예, 中국방부 “日방위백서, 사실 왜곡…위협과장”, 뉴스1, 2013.07.12
______, “중국, 파키스탄과 ‘양다리 외교’”, 연합뉴스, 2013.07.05
신창훈, “국제법적 관점에서 바라본 남중국해 문제의 원인과 전망”, 국립외교원 외교안보연구소, 2012.

아시아경제 사설, “북극항로 개척, 블루오션 찾는 기회로”, 2013.07.26
오관철, “중국, 스리랑카 거점항구 확보”, 경향신문, 2013.08.06
______, “중국, 영국제치고 재래무기 수출 세계 5위로”, 경향신문, 2013.03.18
오성환, “중국의 해킹증가와 미국의 사이버안보”, 세계일보, 2013.07.08
오춘호, “대운하 패권, 한국경제”, 2013.06.07
유창엽, 중국, 파키스탄 에너지난 해소 지원키로”, 연합뉴스, 2013.05.23
윤재순, “中, 파나마운하 대체 철도 콜롬비아에 뚫는다”, 파이넨셜뉴스, 2011.02.14
윤춘호, “중국의 아프리카 장악…그 길고 긴 역사”, SBS, 2013.03.29
이대우, “인도양 해양질서 변화 중국의 진출과 주변국 대응”, 세종연구소, 2012.
이데일리 사설, “북극항로 개척, 적극 나설 때다”, 이데일리, 2013.07.30.
이승연, “일본 파력발전 상용화 나섰다”, 서울경제, 2009.09.02.
이유주현, “독재업고 착취했는데…중, 미얀마 민주화에 몸 낮추기”, 한겨레, 2013.05.19
이재선, “華商과 韓商의 대비연구”, 연세대학교 대학원 중어중문학과 석사학위 논문, 2011년 12월.
이재현, “남중국해 분쟁의 이해와 향후 전망”, 국립외교원 외교안보연구소, 2012.
이준삼, “미얀마 ‘중국 텃밭’서 강대국 각축장으로”, 연합뉴스, 2013.05.24
이지용, “2013년 중국 전국 ‘양회’ 결과분석과 시사점”, 국립외교원 외교안보연구소, 2013.
______, “중국의 해외 에너지 자원 확보전략과 시사점”, 국립외교원 외교안보연구소, 2011.
인지현, “국제사회, 이란 경제제재 효과 크지 않았다”, 문화일보, 2013.04.11
______, “중국, 미제치고 전세계 ‘슈퍼파워’ 될 것”, 문화일보, 2013.07.19
장광익, 김영환, “美 이란제재법 중국도 예외인정”, 매일경제, 2012.06.29
전서린, “G2 ‘황금의 땅’ 미얀마 충돌”, 서울신문, 2012.11.10
정윤식, “중국이 일본의 헬기호위함에 격분하는 까닭은?”, SBS, 2013.08.09
조만규, “세계최대 석유거래시장 구축 꿈 영근다”, 이투뉴스, 2013.04.24.
조백근, “두산중공업, 칠레 해수담수화플랜트 1억 300만달러 수주”, 노컷뉴스, 2013.08.25.
조복래, “파나마 운하 반환”, 연합뉴스, 1999.11.2
조성대, “중국 군수산업 비약적 발전…국제시장서 인기”, 연합뉴스, 2013.07.15
지연진, “빗장 풀린 미얀마, 중국관계 ‘삐걱’”, 아시아경제, 2013.06.18
차대운, “중국 핵무기 연구인력 8천 600명 근무”, 연합뉴스, 2013.05.20
차상근, “사회주의 현대화 국가 ‘중국몽’ 실천”, 파이넨셜뉴스, 2013.03.17

최경선, “美 전쟁계획 ‘재조정’ 착수, 한반도 영향받나?”, 코나스, 2013.08.05
최영해 “美국빙부, 해외 첨보조직 ‘국방비밀국’ 신설북한-이란-중국 등 亞 정보수집 강화”, 동아일보, 2012.04.25
최우선, “오바마 · 시진핑 정부하 미 · 중관계와 한국의 전략”, 국립외교원 외교 안보연구소, 2013.
______, “중국의 부상과 미국의 대응”, 국립외교원 외교안보연구소, 2011.
______, “중국의 부상과 미국주도의 대중국 안보협력”, 국립외교원 외교안보연구소, 2012.
______, “중국의 지역접근저지 능력 증강과 미국의 대응”, 국립외교원 외교안보연구소, 2011.
최형규, “미 · 파키스탄 불화 틈 파고드는 중국”, 중앙일보, 2012.01.07.
______, “중국, 아이슬란드와 FTA 체결…북극자원 확보항 교두보 마련”, 중앙일보, 2013.04.16.
최형규, 유지혜, “앞마당 미얀마 미국 넘보자 중국, 내전 중재 카드 맞불”, 중앙일보, 2013.02.05
한국대학신문, “이란에 중동중국 유학생 몰려”, 한국대학신문, 2013.07.21
한희라, “중의 시멘트외교, 헤랄드경제”, 2013.01.25
홍순도, “중국 무기수출 대국으로 부상”, 아시아투데이, 2013.07.28
홍현익, “미 · 중 · 러 3각관계의 변화와 한국의 대응”, 세종연구소, 2011.

4. 외국 저널/신문

Adam Kredo, “Mike Rogers: China, Iran, and Russia Launching Cyber Attacks Against US”, *Associated Press*, July22, 2013.
Angus Maddison, “Chinese Economic Performance in the Long Run, Second Edition, Revised and Updated 960-2030 AD”, (OECD Development Centre, 2007).
Bill Gertz, “Red Tide: China deploys new class of strategic missile submarines next year.”, *Washington Times*, July 23, 2013.
Bruce Stokes, “China, US Vie for World Approval”, *China Focus*, August 27, 2013.
Chris Buckley, “As Rover Lands, China Joins Moon Club”, *The New York Times*, December 14, 2013.

Chu Shulong, "Bilateral and Regional Strategic and Security Relationship between China and the US after the Cold War", *CICIR*, vol, 10, no. 5. (May 2000).

Department of Defence Report to Congress, "Pursuant to the FY 99 Appropriations Bill, The Security Situation in the Taiwan Strait", February 1999.

Doug Struck, "Asian Allies See Hazards Ahead Bush Plan Raises Sensitive Defence Issues for Japan and South Korea", *The Washington Post*, 3 May 2001.

Harry S. Truman, "Statement by the President on the Situation in Korea" 27 June, 1950.

JIang Shixue, "The U.S. Factor in Sino-Latin America Relations", *Chinausfocus*, 2011.11.03.

Jane Perlez, "American and Chinese Navy Ships Nearly Collided in South China Sea", *The New York Times*, December 14, 2013.

International Energy Agency, *Redrawing the Energy-Climate Map*, 10 June 2013.

Lu Qichang and Zhang Yanyu, "Taiwan Security Enhancement Act is a Dangerous Political Bill", *CICIR*, vol, 10, no. 4, (April 2000).

Office of the Secretary of Defense, "Annual Report to Congress, Military and Security Developments Involving the People's Republic of China 2013" (Washington D.C. Office of the Department of Defense 2013).

Peter Apps, "China, Russia, U.S. raise Mediterranean naval focus", *Reuters*, Jan 24, 2013.

Peter Hirschberg, "China boosts defense spending as military modernizes arsenal", *Bloomberg News*, March 5, 2013.

Robert Marguand and Ann Scott Tyson, "More Angst between China, US" *The Christian Science Monitor*, 2 April 2001.

Ronald O'Rourke, "China Naval Modernization: Implications for U.S. Navy Capabilities-Background and Issues for Congress"(Congress Research Service, July 5, 2013).

Terry Macathy and Jaime A. Florcruz, "Collateral Damage", *Time*, 24 May 1999.

The US Library of Congress, Congressional Research Service, "China/Taiwan:

Evolution of the One China Policy", (12 March 2001).

Vic Morrow, "China's Arms Require Better US Military Ties with Taiwan", *Time*, November 6, 1997.

Wei Wang, "How we should understand and face the world?", *Liaowang*, No 50, (18 December 1995).

5. 인터넷 기사

"중국은 현재 파나마 운하를 통제하고 있는가?"(인터넷 검색: 2012.12.10), http://transmissionsmedia.com/is-china-in-control-of-the-panama-canal/

"About the US 7th Fleet"(인터넷 검색, 2012.12.21), http://www.c7f.navy.mil/about.htm

Ashley Alexander, "Dual Mediation and the Marshall Mission to China"(인터넷 검색: 2013.09.14), http://wws.princeton.edu/research/cases/WWSCase3-08.pdf

Michael A. Palmer, "The Navy"(인터넷 검색: 2013.12.10), http://www.history.navy.mil/history1.htm

"Naval History-answering the call to serve for 237 years and counting Mission & History"(인터넷 검색: 2013.11.20), http://www.navy.com/about.mission.html

Office of the Historian, US Department of State, "American Spanish war"(인터넷 검색: 2013.11.10), http://history.state.gov/milestones/1866-1898/Spanish_american_war

The International Year of the Ocean(인터넷 검색: 2013.07.24), http://cdiac.ornl.gov/newsletr/fall98/yoto.htm

"The Naval Strategist", Theodore Roosevelt Association(인터넷 검색: 2013.12.20), http://www.theodoreroosevelt.org

US Department of Defense, About the Department of Defense(인터넷 검색: 2013.08.12), http://.www.defense.gov/

Africa-China relations, Wikipedia(인터넷 검색: 2013.12.12), http://en.wikipedia.org/wiki/Africa-China_relations

Which are the fastest growing economies?(인터넷 검색: 2013.12.12), http://www.wisegeek.com/which-are-the-fastest-growing-economies.htm

찾아보기

ㄱ

가나 244, 250
공해전투 201, 285
과다르항 218, 227, 228
광저우 45, 51, 79, 128, 137, 138
구축함 67, 145, 154, 165, 166, 168, 192, 194, 198, 203, 212, 232
국공합작 48, 51, 281
국민당 48, 52, 60, 115, 139, 145, 151
국제통화기금 87, 89, 108, 249
군사기술혁신 150
기축통화 269

ㄴ

난징조약 139
남사군도 125, 156, 231, 232
남중국해 40, 91, 160, 162, 169, 204, 209, 213, 216, 227, 230, 236, 281
남지나해 28, 84, 163, 168, 211
남해함대 154, 167, 168
니카라과 262
닉슨 독트린 57

ㄷ

다롄 50, 53
다만스키섬 113
다보스포럼 78
대륙붕 20, 160, 162, 237
대마도 283, 284
대만 40, 53, 56, 60, 64, 104, 126, 151, 168, 209, 237, 276
대만관계법 66, 210
대만안보증진법 62
대약진운동 147
대운하 131, 134
댜오위다오 70, 162, 215, 281
덩샤오핑 58, 60, 82, 88, 98, 155
도미노 이론 57
동남아시아조약기구 56
동인도제도 31
동중국해 31, 95, 162, 209, 215, 279
동해함대 167, 168

ㄹ

랴오닝호 163, 164, 204, 216, 220, 238
랴오둥 141, 142
러일전쟁 142, 176
러프라이더 175, 176, 179
뤼순항 142, 284
류큐제도 283
리우후아칭 155, 157, 159
리커창 90, 93, 147, 225, 268
리훙장 139, 140

린저쉬 137

ㅁ

마오쩌둥 52, 54, 58, 71, 81, 88, 96, 98, 145, 148, 151
말라카 해협 28, 83, 209, 223, 254
맥아더 55, 195
모겐쇼 39
무기 수출 120
문화혁명 147
미국-스페인 전쟁 175, 188
미국 영토 확장 185, 186
미얀마 83, 221, 224
미일안보조약 70
미해군 238, 258

ㅂ

바가모요항 219, 246
바랴크(Varyag) 163
바르바리(Barbary) 181, 183
바스코 다 가마 22, 24, 34, 126
방공식별구역 204, 214, 280
배타적경제수역 160
베이징조약 139
베트남 57, 86, 113, 154, 230, 236
북극항로 253, 254, 256
북극해 252, 254
북대서양조약기구(NATO) 198, 228, 288
북해함대 163, 167

ㅅ

사이버 전쟁 273
삼보주 150
삼불정책 61
삼통사류 61
상하이협력기구 114, 160, 209
샌프란시스코협정 283
서사군도 113, 125, 154, 236
서인도제도 31, 183
서태평양 40, 60, 117, 157, 162, 209, 234
서태후 140
세계무역기구(WTO) 89
세계의 대항해 24, 26
세이셸 군도 220
센카쿠 162, 217, 281
소브레메니급 165
수단 102, 244, 248
수에즈 운하 83, 93, 259
순양함 194, 198, 212, 238
시모노세키 조약 139, 141, 142
시아오찡광 151, 153
시어도어 루스벨트 173, 178, 187, 258
시진핑 79, 82, 90, 94, 104, 147, 169, 219, 226, 246, 251
시트웨항 218, 224
신장-위구르 287
심해 석유 250
심해 탐사 262
쑨원(孫文) 48, 143

ㅇ

아무르 강 57, 139
아베 91, 222, 230, 280
아시안지역포럼 160
아이훈조약 139
아편전쟁 81, 106, 137
알레스카 46, 212
알제리 181, 182
알프레드 마한 173, 175, 188
앙골라 30, 101, 243, 248, 250
양귀비 136
양안관계 60, 62
애치슨 60
영락제 24, 126, 128, 135
오바마 69, 86, 200, 222, 234, 251, 269
오키나와 114, 132, 157, 282
옥토끼호 279
왕샤조약 139
우주 전쟁 267
원자바오 228, 243
유엔해양법협약 160
의화단 봉기 47
이란 82, 93, 101, 102, 240, 274
이어도 215
인도양 25, 125, 162, 200, 209, 218, 234
인도차이나 30, 57
인민전쟁 113, 145, 151, 155
인민해방군 113, 145, 151, 166, 277, 282
일본 해군 142, 194, 284

ㅈ

잠비아 243, 245
잠수함 19, 37, 119, 121, 145, 154, 166, 192, 198, 203, 209, 237
장정(Long March) 146
장제스 48, 52, 54, 60, 146
장쩌민 68, 82, 159
저우언라이 55, 242
전투력 투사 117, 156, 168, 201
접근차단 및 지역거부(A2/AD) 117
정화 24, 26, 125, 127, 130, 168
주원장 132
줄리안 코르벳 173
중거리탄도미사일 119
중국-아프리카 포럼 243, 246
중국공산당 50, 98, 105, 146
중국 해군 50, 153, 159, 167, 217
중국해양석유공사(CNOOC) 101, 256
중궈멍 90, 148
중소우호조약 148
진먼다오 54
진시황제 133
진주만 46, 49, 193, 194
진주목걸이 전략 218, 219, 220

ㅊ

차욱퓨항 222
천안문 사태 59, 68, 242

ㅋ

캄란만 155, 231

캄보디아 113, 121, 150, 231
콜럼버스 22, 26, 126, 127
콜롬비아 29, 258, 260
쿠릴 열도 157, 198
쿠바 28, 175, 188
쿤밍 222, 224

ㅌ

탄도미사일잠수함 199
탄자니아 218, 245, 246, 251
탈레반 225
태평양 전쟁 34, 50, 195
태평양 함대 192, 197, 212
태평양사령부 211, 212
톈진 138
토레스 해협 84, 211
토르데실라스 조약 27
트라팔가 해전 32
티베트 65, 281, 287

ㅍ

파나마 운하 236, 257, 258, 260
파키스탄 92, 114, 121, 209, 218, 225
팍스브리타니카 257
팍스시니카 95, 116
팍스아메리카나 95, 116, 257
펑더후아이 149
포르투갈 21, 24, 27, 136
프란시스 드레이크 30
프랑스-독일 전쟁 32
필리핀 29, 46, 95, 190, 232, 281

ㅎ

하이난섬 151
한국전쟁 39, 54, 60, 113, 149, 152
함반토타항 218
항공모함 19, 37, 62, 118, 155, 163, 195, 238, 286
항모전단 37, 285
해군 예산 154, 193
해병대 39, 115, 166, 282
해상교통로 80, 161, 174, 203
해양국가 25, 29, 83, 210
해양전략 34, 39, 155, 162, 173
핵미사일 203
호르무즈 해협 129, 227
호위함 199, 216, 232
호주 70, 87, 94, 276
화교 105, 106, 249
후진타오 76, 82, 88, 161, 243, 252